中国人民大学劳动人事学院系列教材

U0853135

职业生涯管理教程

（第2版）

主　编　周文霞

副主编　李梦宜　辛　迅

中国人民大学出版社

·北京·

图书在版编目（CIP）数据

职业生涯管理教程 / 周文霞主编；李梦宜，辛迅副主编．--2 版．--北京：中国人民大学出版社，2024. 12. --（中国人民大学劳动人事学院系列教材）.
ISBN 978-7-300-33046-4

Ⅰ．C913. 2

中国国家版本馆 CIP 数据核字第 2024MM7683 号

中国人民大学劳动人事学院系列教材
职业生涯管理教程（第 2 版）
主　编　周文霞
副主编　李梦宜　辛　迅
Zhiye Shengya Guanli Jiaocheng

出版发行	中国人民大学出版社		
社　　址	北京中关村大街 31 号	**邮政编码**	100080
电　　话	010－62511242（总编室）		010－62511770（质管部）
	010－82501766（邮购部）		010－62514148（门市部）
	010－62515195（发行公司）		010－62515275（盗版举报）
网　　址	http://www.crup.com.cn		
经　　销	新华书店		
印　　刷	北京昌联印刷有限公司	**版　　次**	2021 年 1 月第 1 版
开　　本	787 mm×1092 mm　1/16		2024 年 12 月第 2 版
印　　张	15 插页 1	**印　　次**	2024 年 12 月第 1 次印刷
字　　数	346 000	**定　　价**	55.00 元

序言

这是一本偏重理论和研究的教材。改革开放以来，随着个体职业生涯管理的意识被唤醒，在职业生涯领域，以职业指导、生涯规划、职业生涯设计等不同的名目，出版了数以百计的教材，这些教材大都是面向学生提供求职择业操作性工具的书籍，在普及职业生涯管理的基础知识，为大学生提供认识自我、认识职业的方法以及职业发展建议等方面起到了重要的积极的作用。但是，教材的内容仅仅停留在这个方面是不能满足现实需求的，这个现实的需求表现为两个方面：

第一，个体的职业决策与生涯构建过程需要有价值思想的启迪和相关研究成果的参考。我们所处的时代是一个难以被定义的时代。人工智能时代、量子时代、大数据时代、互联网时代、共享经济时代，如此等等，似乎都是对这个时代的描述，但又都不能全部概括这个时代的特征。这些描述有一个共同点，即它们都是用科学技术的发展来定义时代的。正像托马斯·弗里德曼在《世界是平的》一书中指出的那样，当今世界改变的速度已与过去不同，每当文明经历一个颠覆性的技术革命，都给这个世界带来了深刻的变化。在这个充满了不确定性、多变性、模糊性和复杂性的时代，由于科技的发展，人类的职业生存状态已经发生并将继续发生巨大的改变，例如互联网技术使得人与社会、人与组织、人与人、现实世界与虚拟世界相互关联、彼此交融、互联互通，远程办公、自由职业都成为可能；人工智能已在“听说看”等感知智能领域达到或超越人类水准，大量由人来完成的工作会被机器替代。因此，个人与组织的关系，不再是传统的雇佣关系，而是越来越向合作伙伴关系转换，工作方式也不再是过去那种有固定的时间地点，而是变得越来越灵活与多元。这一方面使个体的价值迅速崛起，人们在职业选择、职业转换方面自由度大大增加；另一方面个体的职业发展也会面临更多的挑战和困境。每个人必须自己承担起自我职业生涯管理的职责，做自己人生事业的首席执行官（CEO)。这种责任的担当，除了需要勇气外，还需要个体的生涯决策力和生涯构建能力，而这些能力的形成与提升，既是教育的结果，也是实践的结果。在职业生涯教学过程中，教育者不能代替被教育者思考和决策，我们的教材不能只提供现成的工具与方案，更需要提供有价值的思想和相关的研究成果，以启迪、训练和培养个体自我职业生涯管理的能力。

第二，社会越来越需要专业化的求职择业指导服务，现有的职业指导工作者的专业化理论化水平需要进一步提升。在我国，职业指导行业是由于社会发展导致产业结构和就业结构调整而产生的新型服务业。进入20世纪90年代，随着经济体制改革的不断深化，大学生不再是不愁嫁的皇帝女儿，其求职择业行为也开始接受市场的检验。教育部相继出台相关政策，要求高等学校和职业学校加强学生就业指导和服务。各高校开始成立“就业中心”“就业指导中心”“就业指导服务中心”，为大学生提供求职择业服务。1994年教育部又颁发了《普通中学职业指导纲要》，正式提出在普通中学引进职业指导。以就业指导为重点的职业指导成为当前我国教育的重要组成部分。特别是新高考制度实施以来，对中学生职业指导的需求也变得十分旺盛。但是各种类型的学校基本上没有职业指导专业人员的储备，多数从事职业指导的老师是由学校行政人员轮岗和刚毕业的学生组成。学校的职业指导队伍急需建立，现有职业指导人员急需提升专业水平。教育行政部门的职业指导中心和社会上的中介机构也同样面临着对专业人才的强烈需求。培养专业化的职业指导人员虽然不是一本教材所能承担的任务，但是编写一本适合职业指导从业者学习的教材，也算是尽了一份绵薄之力。

基于以上认识，本书第1版从职业生涯管理的基本概念和历史发展出发，比较详细地梳理总结了改革开放四十多年来我国职业生涯领域的研究成果并与西方的研究进行了对比分析，以帮助学习者把握职业生涯领域的研究进展；比较系统地介绍了职业生涯领域的各种经典理论，以帮助学习者了解各种理论的来龙去脉；对于职业指导与咨询、自我职业生涯管理、组织职业生涯管理、女性职业生涯管理以及新技术对职业生涯的冲击也都做了专章论述。我们的目的是编写一本适合培养职业指导从业者、人力资源专业职业生涯管理方向学生的教材，它同时也可以作为大学生职业规划课程的补充教材。为达成这一目标，我们详细规划教材体例，挑选合适案例，由执笔人员精心撰写，并经数次修改完善，从筹划、编写到成书，历时近两年，最终定稿。

《职业生涯管理教程》于2021年出版以来，受到广大高校师生的欢迎。为了使内容与时俱进、不断完善、紧跟时代、贴近生活，我们启动了修订再版工作。修订工作以党的二十大精神为指导思想，坚持、运用贯穿其中的立场、观点、方法，坚持守正创新，坚持问题导向，坚持系统观念，全面完整、科学准确地体现党的二十大的理论创新、实践创新和制度创新成果，结合国际和国内职业生涯领域最新的研究成果，在准确、深入、结合上下功夫，力争使教材与实践同频共振、与时代同向而行，力求真正做到让教师好用、学生好学，在学术性、可读性方面取得一些进展和突破。

本次教材修订的重点如下：一是把党的二十大精神贯穿教材，在教材各章节中引用党的二十大报告关于科教兴国战略、以人民为中心等内容的相关论述，以及关于劳动精神、人才强国战略、就业优先战略、健康中国建设等方面的观点，以起到提纲挈领、画龙点睛的效果。二是进一步提高内容的准确性、针对性和可读性，补充未来职业变化的趋势、零工劳动者及其权益保障、大数据时代的组织职业生涯管理、虚拟现实、构建可持续职业生涯等内容，同时充分借鉴和吸收国内外职业领域前沿研究成果。

本书为集体创作成果，我的学生们参加了资料收集和部分初稿写作。他们负责的具体内容为：丁雨辰（第6章、第11章），李梦宜（第2章、第11章），林朴馨（第2章、第5章），刘馨遥（第3章第3节、第11章），王漫丽（第11章），王艳（第3章第1节和第2节、第7章），臧乐迪（第4章、第8章、第10章）。李梦宜博士和辛迅副教授从头到尾与我共同讨论策划本教材，做了大量工作。同时，考虑到著作的严谨性和学术性，书中引用了职业生涯领域专家的研究成果，在此一并向他们表示感谢。

由于篇幅所限，我们在编写过程中只能选取部分有代表性的案例，难以全面反映当代各行各业不同人群职业生涯发展的具体情况。同时，虽然写作时间较长，但成书却仍显仓促，书中一定还存在不少的疏漏和问题，敬请广大读者和专家予以批评指正！

周文霞

目录

第 1 章

基本概念与历史发展

「开篇导读」

未来的路该怎么走

小陈是某重点大学英语专业的应届毕业生。从小学开始，她的成绩一直处于班级中上等。她最喜欢数学，因为她觉得解出一道难题很有成就感。然而，小陈各科的成绩一直比较突出的却是语文。因此，在高中文理分班时，她选择了文科班，并且通过高考进入了现在的大学，学了如今的专业。

小陈的父母十分疼爱她。她的父亲原先是一家公司的职员，母亲自己开了一家便利超市。上高中的时候，小陈的母亲特地关了开了多年的超市，做全职妈妈来更好地照顾她。小陈的父亲通过多年的工作积累下了一定的人脉和资金，离职后开了一家私营企业。虽然规模不大，但全家生活水平还算是小康。

目前小陈临近毕业，父亲和母亲一直都希望她从事教师一职，不仅有寒暑假，而且工作稳定。而小陈除了考虑与本专业有关的翻译等职业之外，还对服装设计感兴趣，因此也想从事设计工作。

家人没有强求小陈。小陈一直以来很感激家人为她的辛苦付出，如果不听从家人的意见，她自己会感到内疚。同时，她又担心自己选择了喜欢的职业，是不是一定有能力做好。小陈即将步入社会，在做第一份职业选择时，她有点迷茫：到底什么是职业？自己应该如何选择职业，找到自己未来的路？

资料来源：根据陆春霞的《未来的路该怎么走：一个高中生的生涯规划案例探究》（载《基础教育参考》，2016（4））改编。

第 1 节　职业生涯的基本概念

党的二十大报告提出，要把提高全社会文明程度作为建设社会主义文化强国的重大任务，努力推动形成适应新时代要求的思想观念、精神面貌、文明风尚、行为规范。长期以来，在党的领导下，全社会奏响“光荣属于劳动者，幸福属于劳动者”的强音，培育形成崇尚劳动、热爱劳动、辛勤劳动、诚实劳动的劳动精神。劳动精神在劳动实践中产生和发展，与劳动者的职业活动密不可分。在当今社会，我们将人生的大部分时间都交给了工作，职业成为多数人生活的重要组成部分。职业将伴随我们一生并不断发展变化，最终每个人都会形成自己不同于他人的职业生涯。年少时，我们对不同的职业充满了朦胧的向往；到了青年时期又为如何择业而烦恼、兴奋；一旦我们确定了自己的职业，职业生涯如何规划发展就成了摆在我们面前的难题。此外，职业生涯管理不仅关系到个人的成长和发展，还与组织的发展有密切的关系。虽然职业生涯如此重要，但我们很少去深究职业、职业生涯这些概念的含义是什么。职业生涯作为一个特定的学术研究领域，其基本概念是开展相关研究的基础，因此明确职业生涯的基本概念成为我们开展职业生涯研究的首要任务。

一、职业

1. 职业的含义与特征

在英文中，occupation 和 vocation 都可以译为职业，但两者的含义并不完全相同。occupation 是一个比较宏观的概念，在社会制度或社会分工的层面上使用，如职业分类等；而 vocation 则是一个比较微观的概念，在个人层面和心理的层面上使用，如职业兴趣和职业能力等。

在中文里，从词义学的角度分析，“职业”一词是由“职”和“业”两字组合而成。“职”字包含责任、工作中所担当的任务等意思；“业”字含有行业、业务、事业等意思。《现代汉语词典》将职业解释为“个人在社会中所从事的作为主要生活来源的工作”。

职业的概念由来已久，但对职业的学术定义，不同学派的专家和学者基于不同的研究目的和研究角度，从不同的立场进行了阐述，比较有代表性的是社会学家和经济学家的观点。

美国社会学家泰勒在其《职业社会学》一书中指出：“职业的社会学概念，可以解释为一套成为模式的与特殊工作经验有关的人群关系。这套成为模式的工作关系的结合，促进了职业结构的发展和职业意识形态的显现。”美国社会学家塞尔兹认为，职业是一个人为了持续取得个人收入而从事的具有市场价值的特殊活动，这种活动决定着从业者的社会地位。日本社会学家尾高邦雄认为，职业是某种一定的社会分工或社会角色的持续实现，因此包括工作、工作场所和地位。我国学者吴国存综合以上观点，将职业的社会学含义概括为：（1）职业首先是一种社会位置，个人可以通过社会资源的继承或社会资源的获取取得这种位置。但是职业不是继承性的，而是获得性的，是个人进入社会生产过程之后获得的。（2）职业是已经成为模式并与专门工作相关的人群关系，或者说是已经成为模式的工作关系的结合。它是从事某种相同工作内容的职业群体。（3）职业同权力紧密相连。一种是垄断权，每一种职业（群体）在社会分工中都有自身的位置和作用，即别人依赖他们、需要他们，这就在一定程度上拥有了对他人的权力，并且要一直维持这种权力以维持自身的垄断领域；另一种是经济收益权，任何一种职业（群体）凭其被他人所需要、所依赖，获得经济收入。（4）职业是国家授予的。任何一种职业，必定为社会所承认，职业的存在有法律效应。所以，职业为国家授予和认可（吴国存，1999）。

职业的经济学概念与社会学概念存在着明显区别。从经济学的角度看，日本劳动问题专家保谷六郎认为，职业是有劳动能力的人为了生活而从事的连续活动。国内有些学者认为，职业是指人们从事的相对稳定的、可获得收入的、专门类别的工作。职业是人的社会角色中一个极为重要的方面（姚裕群，朱启臻，1991）。另有学者对职业做如下定义：职业是劳动者足够稳定地从事某项有酬工作而获得的劳动角色（潘锦棠，1991）。经济学中的职业概念更强调职业的经济特性。人们从事某种职业，必然要从中取得经济收入。概言之，经济学中的职业概念包括以下四方面的内容：（1）职业是社会分工体系中劳动者获得的一种劳动角色。职业根源于社会分工，在整个社会生产过程中，不同职业赋予劳动者不同的工作内容、职责、声誉和社会地位，以及不同的劳动规范和行为模式，于是劳动者便具有了特定的劳动角色。（2）职业是一种社会性活动，劳动者需要进入社会进行生产劳动。（3）职业具有连续性和稳定性。（4）职业具有经济性。劳动者从事某项职业，必然要从中获得经济收入（关培兰，张爱武，2009）。换言之，劳动者就是为了持续取得收入，才较为稳定、长期地承担某一项社会分工，从事该项社会职业。没有经济报酬的工作，即使其劳动活动较为稳固，也并非职业。经济学家同时也认同职业是一种社会活动，是社会分工体系中劳动者获得的一种社会劳动角色。

从以上的叙述中我们可以看到，虽然社会学家和经济学家对职业概念的分析各有侧重，但都涉及了职业的三个最重要的特征：（1）经济特征。从个人角度看，人们从事特定的职业，必然从职业劳动中获得经济报酬，以满足自身生存和发展的需要。因此，可以说职业是个人获得经济收入的来源，是个人维持家庭生活的手段。从社会角度看，职业的分工是构成社会经济制度运行的主体，职业劳动创造出社会财富，从而为社会的存在和发展奠定物质基础。（2）社会特征。职业本身即社会发展的产物，每一种职业都体现了社会分工的细化。社会成员在一定的社会职业岗位上为社会整体做贡献，社会整体也以全体成员的劳动成果为积累而获得持续的发展和进步。（3）技术特征。任何一个职业岗位，都有相应的职责要求，而要完成职业岗位的职责要求，必须具有特定的知识和技能。所有的职业岗位都对任职者学历证书、职业资格证书、专业技术考核证书、上岗培训合格证书、专业工作年限等有具体规定。只有达到职业岗位的起点要求才能上岗。

综上所述，我们可以为职业下一个比较全面的定义，即职业一般是指人们在社会生活中从事的以获得物质报酬为主要生活来源并能满足自身精神需求的、在社会分工中具有专门技能的工作。它是人类文明进步、经济发展以及社会劳动分工的结果。同时，职业也是社会与个人或组织与个体的结合点。这个结合点的动态相关形成了人类社会共同生活的基本结构。这也就是说，个人是职业的主体，但个人的职业活动又必须在一定的组织中进行。组织的目标靠个体通过职业活动来实现，个体则通过职业活动对组织的存在和发展做贡献。因此，职业活动对员工个人和组织来说都具有重要意义。从个人的角度讲，职业活动几乎贯穿人的一生。人们在生命的早期阶段接受教育与培训，是为职业做准备。从青年时期进入职业世界到老年退离工作岗位，职业生涯长达几十年，即使退休以后仍然与职业活动有密切的联系。职业不仅是谋生的手段，也是个人存在意义和价值的证明。选择一个合适的职业，度过一个成功的职业生涯，是每一个人的追求和向往。对于组织来说，不同的工作岗位需要具有不同能力、素质的人担任，把合适的人放在合适的位置上，是组织人力资源管理的重要职责。只有员工选择了适合自己的职业并获得职业上的成功，真正做到人尽其才、才尽其用，组织才能繁荣发展。一个组织能否激发员工的献身精神、充分调动员工的积极性，关键因素在于其能否为员工创造条件，使他们有机会获得一个有成就感和自我实现感的职业生涯。

2. 职业分层与职业分类

所谓职业分层，就是按照职业的社会地位和社会对职业的价值取向所做的职业等级排位。它以人们所从事职业的社会地位和职业声望为标准，为社会公众所认可。不同职业间存在着很大的差异，比如，职业活动的内容不同、工作的复杂程度不同、所需付出的体力脑力不同、工作环境不同、所需任职资格条件不同、在组织结构中的权利不同、收入水平不同等，这必然使不同职业的社会地位不一样，这是进行职业分层的依据。当一个社会只注重总体而忽略作为其根本要素的个人时，就会以服从社会需要来抹杀职业的层次性，这是违背客观实际的。当社会重视个人时，必然会承认职业的层次性，承认职业存在地位高低的差别，通过给人创造平等竞争、自由择业的机会，促进人的向上流动，进而促进社会的健康发展（姚裕群，朱启臻，1991）。

最早以职业角色为依据确定劳动者社会经济地位的，是美国人口普查局工作人员威廉·翰特。他将全部职业的劳动者分为 4 个等级：产业主、职员、熟练工人、一般体力劳动者。理查德·赛特的职业分层理论也广为流行，该理论将职业社会地位按照由低到高的顺序分为 7 个层次：非熟练体力劳动者、半熟练体力劳动者、熟练体力劳动者、白领工人、小企业所有者和经营者、专业人员以及工商业者。

职业分层与职业分类是两个不同的概念。职业分类是指特定的国家采用一定的标准和方法，依据一定的分类原则，对从业人员从事的各种专门化的社会职业进行全面、系统的划分与归类。社会分工是进行职业分类的依据，工作分析是进行职业分类的基本方法。进行职业分类的工作分析法是根据工作的基本属性对每一种职业活动做分析，按照工作特征的相同和相异程度进行划分与归类。科学的职业分类是职业社会化管理的平台，也是职业自身发展的需要。一个国家职业体系结构的形成，为人们了解社会职业领域的总体状况奠定了基础，也增强了人们的职业意识，促使人们提高自身的职业素质。同时，社会经济的发展也在促使社会对职业的需求不断发生变化，而能够满足社会需要的新职业也在不断产生。因此，职业的分类也处在不断的调整变化之中。

由于各国经济发展水平不同、历史和国情不同，职业分类的具体情况也不同。最早进行职业分类工作的是英美等西方国家。英国在 1841 年将职业分为 431 种。美国在 1820 年的人口普查工作中就已列出职业统计项目。1850 年，美国开展了专门的职业普查，划分了 15 大行业、323 种职业；1860 年增至 584 种；1965 年确定为 21 741 种；到了 1980 年，《美国百科全书》认定本国有 25 000 种职业。20 世纪 80 年代中期，法国确定的职业共 8 600 种。加拿大 1982 年出版的《职业分类词典》将职业分为 23 个主类，81 个子类，499 个细类。日本的职业分为 12 个大类，52 个中类，279 个小类。1986 年，苏联国家劳动和社会问题委员会宣布将职业分为 6 982 种（吴国存，1999）。

从以上各国职业分类的情况可以看出，各国职业分类的标准是不一致的。为了使国际职业分类具有规范化的标准，1949 年国际劳工组织召开的第七届国际劳动统计专家会议通过了《国际标准职业分类（草案）》。后经国际的深入协作，1958 年《国际标准职业分类》得以出版发行。之后又经过 1968 年、1988 年、2008 年的修订，《国际标准职业分类》现已成为世界各国建立本国职业分类体系的蓝本。

《国际标准职业分类》按照所从事工作的类型来归类，并根据具体的职业范围确定从事工作类型的同一性。目前根据国际职业分类的通行做法，职业分类一般划分为大类、中类、小类和细类四个层次。大类依工作性质的同一性进行分类；中类是在大类的范围内，根据工作任务与分工的同一性进行分类；小类在中类之内按照工作的环境、功能以及相互关系进行分类；细类则在小类的基础上，依照工作的工艺技术、操作流程等相似性和同一性再做划分与归类。例如，国际劳工组织就将职业分为 8 大类：专家、技术人员及有关工作者；政府官员和企业经理；事务性工作者和有关工作者；销售工作者；服务工作者；农业、牧业和林业工作者，渔民和猎人；生产和有关工作者，运输设备操作者和劳动者；不能按职业分类的劳动者。《国际标准职业分类》对各国制定符合国情的职业分类有重要的参考作用，但由于存在国情差异，不同国家的职业结构各具特点，职业分类标准、内容和方法也不尽相同。

新中国成立以来，国家有关部门根据我国的国情，开展了大量的职业分类调查工作，制定了有关职业分类的标准与政策。特别是改革开放以后，我国先后制定了国家标准《职业分类与代码》和《中华人民共和国工种分类目录》，之后根据社会经济发展的需要，修订了国家标准《职业分类与代码》，并在此基础上制定了《中华人民共和国职业分类大典》。

《职业分类与代码》于 1986 年首次发布，其后分别于 1999 年、2009 年、2015 年和 2022 年进行了修改完善。最新版的《职业分类与代码》将我国的职业划分为大类、中类、小类三层。8 个大类的排列顺序及名称分别为：第一大类，党的机关、国家机关、群众团体和社会组织、企事业单位负责人；第二大类，专业技术人员；第三大类，办事人员和有关人员；第四大类，社会生产服务和生活服务人员；第五大类，农、林、牧、渔业生产及辅助人员；第六大类，生产制造及有关人员；第七大类，军人；第八大类，不便分类的其他从业人员。

《中华人民共和国职业分类大典》是我国第一部对职业进行科学分类的权威性文献，代表了国家职业分类标准。《中华人民共和国职业分类大典》的编制与《职业分类与代码》的修订同步进行，具有兼容性。两者都将我国的职业分为 8 个大类。2022 年最新版《中华人民共和国职业分类大典》在 8 个大类的基础上，将我国职业分为 79 个中类、449 个小类、1 636 个细类（职业）。

3. 职业的产生与发展

职业的产生与发展反映了社会进步过程。但是，职业不是伴随人类社会的形成而产生的，而是社会劳动分工的必然产物，并随社会劳动分工的深化而改变。

社会劳动分工是职业产生的基础。在原始社会初期，生产力水平低下，劳动过程只存在以性别、年龄为基础的自然劳动分工，还没有形成社会劳动分工；同时由于每个人不固定地从事某项专门活动，无法形成独立的专门职能，也就没有职业可言。随着生产力的发展，人类出现了三次具有特别重要意义的社会分工，即游牧业同农业的分离、手工业同农业的分离、商业和商人阶级的产生。由于这几次分工，最初的职业便出现了，比如牧人、农夫、工匠、商人等。

社会劳动分工的发展和变化决定和制约着职业的发展和变化。科学技术的进步、生产工具的改进和生产社会化使分工更为精细和具体，专业化程度越来越高，从而社会职业的种类也越来越多。有关资料表明，在20世纪70年代，全世界的职业种类就已超过42 000种，目前则更多。同时，由于科学技术和生产力的发展，全社会劳动分工的模式和职业结构也在发生着深刻的变化。社会职业结构变迁的速度越来越快。从农业革命到工业革命经历了数千年，而从工业革命到新的产业革命，才用了200多年。就在这200多年的时间里，新的行业不断涌现，行业主次地位的变化也越来越快。例如，工业革命时期，纺织业一直是受重视的行业，进入20世纪以后，钢铁、汽车和建筑业才先后超过纺织业。但是，电子行业从产生发展到成为一个主要行业，只用了几十年的时间。一般认为自18世纪中叶以来，社会历史上共出现了四次工业革命。第一次工业革命以蒸汽机的发明和改良为标志，引起了从手工业劳动向动力机器生产的转变，火车、轮船等现代交通工具出现并被广泛应用，使农耕文明向工业文明过渡。第二次工业革命是以电的发明和应用为标志，直接开启了人类的电气时代，使得电力、钢铁、汽车、铁路、化工等重工业兴起，石油成为新的能源，交通更加快速和便利，世界各国的交流更加频繁，从而促进了社会政治经济的全球化。第三次工业革命以原子能、电子计算机、空间技术和生物工程的发明和应用为主要标志，涉及信息技术、新能源技术、新材料技术、生物技术、空间技术和海洋技术等诸多领域，开创了信息时代，促进了社会经济结构和生活结构的重大变化，使得第一产业、第二产业在国民经济中的比重下降，第三产业的比重上升。第四次工业革命是以基因、虚拟现实、量子信息技术、可控核聚变、清洁能源、石墨烯以及生物技术为突破口的工业革命，并正在走向我们。工业革命促进新兴行业的不断产生和快速发展，使脑力劳动者职位在社会职位总量中的占比越来越大。

4. 未来职业变化的趋势

走过18世纪60年代至19世纪中期的蒸汽机时代（工业1.0）、19世纪后半期至20世纪初的电气化时代（工业2.0）、20世纪后半期的信息化时代（工业3.0）后，我们进入21世纪，迎来了智能化时代（工业4.0），也即人们常说的第四次工业革命。工业4.0的概念最初在2011年德国汉诺威工业博览会上被正式推出，2010年7月，德国政府出台《德国2020高科技战略》，正式推出“工业4.0”战略，旨在提升制造业智能化水平，建立具有适应性、资源效率及基因工程学的智慧工厂。2015年我国国务院发布《中国制造2025》也是依托于该时代背景而制定的重大战略部署。

新一轮的技术革命必然会引起社会经济结构的变化，从而影响着劳动力市场的供求状况，影响着人们的职业选择。新的时代背景下，未来职业的变化将呈现以下特点：

（1）新职业不断被催生，重复、机械的体力工作实现智能化、自动化。一方面，新技术的发展创造了新的产品与服务，带来了新的职业与岗位需求。宠物医生、健身教练、调酒师、快递配送、外卖配送、电商客服、专车司机、网络主播等新兴职业应运而生，人工智能的发展使社会对高新技术人才的需求不断增长，芯片设计师、数据分析师、逻辑架构师等人才较为稀缺。领英发布的《2017年美国新兴工作岗位报告》总结了未来新职业拥有的以下特点：科技为王、软技能占重要位置、流动性高的工作在增多、高端职位人才供不应求、面向未来的技能至关重要。但另一方面，人工智能等新技术的发展也带来了岗位替代效应，导致一部分劳动力失业并且需要重新寻找岗位。随着工厂"机器换人"的推广，流水线工人逐步被机器替代，许多机械重复、精准操作的工作也被智能化、自动化程序取代，诸如办公室行政、安装与装修等职业都可能受到不小的冲击。

（2）各职业的工作平台和形式更具弹性化。随着共享经济和互联网的发展，职业不再受组织边界、地域等条件的约束，众多的劳动者开始将"互联网＋"与就业相结合，以网约车司机为代表的共享经济平台从业者、以美妆博主为代表的自媒体从业者等新兴从业群体不断涌现。《中国共享经济发展年度报告（2018）》指出，2017年我国共享经济平台企业员工数约716万人，比上年增加131万人，占当年城镇新增就业人数的9.7%，意味着城镇每100个新增就业人员中，就有约10人是共享经济企业新雇用员工。报告预计，未来五年我国共享经济有望保持年均30%以上的高速增长，可以看出共享经济很有可能发展成为未来主流的商业模式，在这一背景下，就业模式也将变得更加灵活与多样化。艾媒咨询（iiMedia Research）发布的《2017年中国自媒体从业人员生存状况调查报告》显示，2014—2016年，自媒体从业人数连续三年增长。虽然在经过前两年的市场筛选与淘汰后，2015—2016年自媒体从业人数增长速率大大放缓，但从业者总数仍呈增长趋势。

（3）受到技术、政策、环境等因素的冲击，未来的职业发展需要个体具备灵活性和专业性，以最大限度规避不确定性带来的冲击。在此背景下，技能对职业发展具有很大影响。党的二十大报告指出，要健全终身职业技能培训制度，推动解决结构性就业矛盾。2022年，一系列重要法律法规和政策举措的出台，为职业教育的发展提供了重要支撑。时代大潮中，职业教育正乘势而上，焕发勃勃生机。

二、职业生涯

在英文中，职业生涯的对应词是"career"，西方学者们对这一概念有不同的解释。研究者对职业生涯的定义，可以分为狭义和广义两大类。狭义的职业生涯是指与个人终身所从事的职业有关的过程，与"事业"同义。广义的职业生涯则是整体人生的发展，除了事业之外，还包括个体的生活。关于职业生涯的定义，不同学者有不同的理解和观点。

在职业生涯研究发展早期，一些学者认为职业生涯是一个人终身经历的职位或职业的总称或整个历程（Super，1957）。经过研究，学者们对职业生涯的定义有了进一步补充。麦克法兰（McFarland）认为职业生涯是一个人根据心中的长期目标参与的一系列工作选择以及相关的教育或训练活动，是有计划的职业发展历程。韦伯斯特（Webster）认为职业生涯是对个人一生职业、社会和人际关系的总称，即个人终身发展的历程。舒伯（Super）在1976年提出的观点获得了多数学者的认可，即生涯是生活中各种实践的演变方向和历程，它统合了人一生中的各种职业和生活角色，并由此表现出个人独特的自我发展形态。

格林豪斯（Greenhaus）对职业生涯的不同定义进行了归纳总结。他指出，传统的观点有两种：一种是将职业生涯理解为一种职业或者一个组织的有结构的属性。例如，对于法律这个职业，可以认为职业生涯是典型的从业者所具有的一系列职位：法律专员、律师事务所的初级成员、律师事务所的高级成员、法官直到最终退休。职业生涯也可以被看作在一个组织中升迁的路径，如销售代表、产品经理、区域市场经理、地区市场经理、市场副总经理。另一种传统的观点是将职业生涯看作一种个人的而不是一个职位或一个组织的特性。然而，即使是持这种观点的人对职业生涯的定义也不尽相同。第一种是“提升的职业生涯观”，主张只有当一个人展现出在地位、金钱等方面有稳定或者快速的提高时才构成其职业生涯。这个定义意指如果人们没有经历提升或取得其他实质性的成就也不能算作真正具有职业生涯。第二种是“专业的职业生涯观”，强调职业生涯必须具有专业化的特点，一个人具有职业生涯意味着其必须获得一个确定的职业或是达到某种社会地位。例如，医师和律师就被认为是具有职业生涯的，而文员和机械工则没有。第三种是“稳定的职业生涯观”，强调在某一职业领域或在多个紧密相关的领域从事一种稳定的职业才可称有职业生涯。在此背景下，我们经常会听到职业士兵或职业警官的说法。类似地，如果人们从事一系列具有内在联系的工作如教师、指导顾问、家教，则可被看作具有一种职业生涯，而从事明显不相关的工作，如小说家、政治家、广告编写人等，违反了工作内容的完美一致性，则不能构成一种职业生涯。

以上各种定义对职业生涯的内涵都做了很严格的限定，它们都强调职业生涯是一个稳定的、长期的、可预测的和组织驱动的纵向移动系列。这些定义的范围过于狭窄，缺乏弹性，只注意到了职业生涯的客观性和稳定性，忽略了其主观性和变动性，这使许多人的工作经历和对职业生涯的主观感受未被纳入职业生涯研究领域，且也限制了职业生涯这一概念的概括力和解释力。

与上述观点不同，格林豪斯认为职业生涯是“贯穿个人整个生命周期的、与工作相关的经历的组合”。他强调职业生涯的定义既包含客观部分，例如工作职位、工作职责、工作活动以及与工作相关的决策；也包括对工作相关事件的主观知觉，例如个人的态度、需要、价值观和期望等。一个人的职业生涯通常包括一系列客观事件的变化以及主观知觉的变化，其可以通过改变客观的环境如转换工作或者改变对工作的主观评价如调整期望来管理自己的职业生涯。因此，与工作相关的个人活动及个人对此活动所做的主观反应都是职业生涯的组成部分，必须把两者结合起来，才能充分理解一个人的职业生涯。同时，这个定义也包含这样一种思想：随着时间的推移，职业生涯是不断向前发展的，并且无论从事何种职业，具有何种晋升水平，工作模式的稳定性如何，所有人都拥有自己的职业生涯。格林豪斯还强调了个人、组织和环境对个人工作生命周期的影响和重要性。个人在职业生涯过程中所做的关于工作和职业方面的选择，在很大程度上取决于个人以及组织内部的力量。当然，其他外部力量（如社会、家庭和教育体系）也起了很重要的作用。一方面，个人受其技能、知识、能力、态度、价值观、个性和生活环境等的影响而做出特定的工作选择；另一方面，组织能够为个人提供的工作及相关信息，以及个人可以在将来谋求其他工作的机会和条件也影响着个人的职业选择和职业生涯的发展。格林豪斯对职业生涯的定义深刻、全面、开阔，具有很强的灵活性。它不仅把传统职业生涯定义的内涵囊括其中，而且其开放性也与现代职场的变化相适应。

科技的迅猛发展和全球经济的一体化给组织带来了巨大的挑战。组织应对变化的措施是缩小规模、减少层级、兼并、裁员等，这些都对个人的职业生涯产生了极大影响。一些学者提出“无边界职业生涯”（boundaryless career）（DeFillippi & Arthur，1994）和“易变性职业生涯”（protean career）的概念（Mirvis & Hall，1994；Hall & Mirvis，1996）来表示现代职业生涯与传统职业生涯的不同。无边界职业生涯强调打破组织界限和组织内部职位界限的职业转换和职业流动；易变性职业生涯源于能够随意改变形状的希腊神普罗透斯（Proteus）的名字，并以此来强调驾驭自己职业生涯的是自己而不是组织，个人在需要时可以随时重新创立其职业，一个人可以在不同的产品领域、技术领域、组织和其他工作环境中自由出入。这些新概念的内涵都可以根据格林豪斯的职业生涯定义得到解释。

从不同角度看待职业生涯可以获得不同的认知。从生命的角度，可以考虑应该树立什么样的工作生活目标，并如何实现这些目标；从心理学的角度，职业生涯可以帮助我们从认知、情感和社会观念等各个方面来认识人的发展历程以及所面临的问题；而从生理学的角度，可以使人清楚地认识自己的体能、智力等从成长到灭亡的过程（汪莉，2008）。在现实生活中，一个人选择一种职业后也许会终身从事这种职业，也许会在一生中转换几种职业，不论怎样，一旦开始进入职业角色，他的职业生涯就开始了，并且随时间的流逝而延续。职业生涯就是一个这样的动态过程，它指一个人一生在职业岗位上度过的、与工作活动相关的连续经历，并不包括在职业上成功与失败或进步快与慢的含义；也就是说，不论职位高低，不论成功与否，每个工作着的人都有自己的职业生涯。职业生涯不仅反映了职业工作时间的长短，而且内含职业发展、变更的经历和过程，包括从事何种职业工作、职业发展的阶段、由一种职业向另一种职业的转换等具体内容。

职业生涯是一种复杂的现象，由行为和态度两方面组成。要充分了解一个人的职业生涯必须从主观和客观两个方面进行考察。表示一个人职业生涯主观内在特征的是价值观、态度、需要、动机、气质、能力、性格等，表示一个人职业生涯客观外在特征的是职业活动中的各种工作行为。一个人的职业生涯受各方面的影响，如个人的职业生涯规划、家人的意见、配偶的理解与支持、组织的需要与人事计划、社会环境的变化等。

三、职业生涯管理

虽然职业生涯是指个体的工作行为经历，但职业生涯管理通常可以从个人和组织两个角度进行定义。

1. 自我职业生涯管理

从个人角度出发的职业生涯管理即自我职业生涯管理。自我职业生涯管理是个人开发、实现和监控职业生涯目标与策略的过程。自我职业生涯管理也是一个长达一生的过程。它能够使人们认识自我、工作、组织，设定个人的职业目标，发展实现目标的战略，以及在工作和生活经验的基础上修正目标。

具体而言，自我职业生涯管理就是一个人对自己所要从事的职业、要服务的工作组织、在职业发展上要达到的高度等做出规划和设计，并为实现自己的职业目标而积累知识、开发技能的过程。它一般通过选择职业，选择工作组织，选择工作岗位，在工作中使技能得到提高、职位得到晋升、才干得到发挥等来实现。在计划经济条件下，我国的就业制度是由国家统一安置的“统包统配”，个人没有择业的自由，没有决定自己职业命运的权利，一经分配基本上确定了终生，个人在职业生涯管理上更多的是依赖组织，谈不上真正意义上的自我职业生涯管理。在市场经济条件下，情况就完全不同了。员工个人真正成为具有自主权的市场主体——自主择业、自主流动，自己管理自己的职业，自己掌握自己的命运。但是，自主择业并不意味着个人可以随心所欲，组织也同样有用人的自主权，任何一个具体的职业岗位都要求从事这一职业的个人具备特定的条件，如受教育程度、专业知识与技能水平、体质状况、个人气质、思想品质等，并不是任何一个人都能适应任何一项职业，这就产生了职业对人的选择。一个人在择业上的自由度很大程度上取决于个人所拥有的职业能力和职业品质，而个人的时间、精力、能量毕竟是有限的，要使自己拥有不可替代的职业能力和职业品质，就应该根据自身的潜能、兴趣、价值观和需要来选择与自身优点匹配的职业，将自己的潜能转化为现实的价值，而这就需要对自己的职业生涯做出规划和设计。因此，人们越来越看重自己的职业发展的机会，也就会越来越重视自我职业生涯的管理。

2. 组织职业生涯管理

职业生涯是个人生命运行的空间，但又与组织有着必然的内在联系。一个人的职业生涯规划得再好，如果不与特定的组织相联系，就没有职业位置和工作场所，职业生涯也就无从谈起。组织是个人职业生涯得以存在和发展的载体。同样，组织的存在和发展依赖于个人的职业工作，依赖于个人的职业开发与管理。在人才竞争日益激烈的今天，如何吸引和留住优秀的职业人才是人力资源管理所面临的难题。如果一个人的职业生涯规划无法在组织内实现，那么他就很有可能离开该组织去寻找新的发展空间。所以，员工的职业发展不仅仅是其个人行为，也是组织的职责。

事实上，筛选、培训以及绩效考评等诸如此类的人力资源管理活动在组织中可以扮演两种角色。从传统意义上讲，这些活动的重要作用在于为组织找到合适的人选，即让能够达到既定兴趣、能力和技术等方面要求的员工来填补工作岗位的空缺。同时，人力资源管理活动还越来越多地在扮演着另外一种角色，即确保员工的长期兴趣受到企业的保护，其作用尤其表现在鼓励员工不断成长，使他们争取发挥出其全部潜能上。人力资源管理的一个基本假设就是企业有义务最大限度地利用员工的能力，并且为每一位员工提供一个不断成长以及挖掘个人最大潜力和实现职业成功的机会。这种趋势得到强化的一个信号是，许多组织越来越强调重视职业规划和职业发展。换言之，许多组织越来越强调为员工提供帮助和职业机会，使他们既可形成较为现实的职业目标，又进一步能实现这一目标。比如，人事计划不仅可以预测企业中的职位空缺情况，而且能够发现潜在的内部候选人，并清楚为了使其适应新职位的需要，应当对他们进行哪些培训。类似地，企业不仅能够通过定期对员工进行绩效评价来确定薪酬，而且可以据此发现员工的发展需要，并设法确保这些需要得到满足。换句话说，所有的人力资源管理活动不仅能满足企业的需要，还能满足个人的需要，实现“双赢”，即组织可以从更具有献身精神的员工所带来的绩效改善中获利，员工则可以从工作内容更丰富、更具挑战性的职业中获得收益。从组织的角度对员工的职业生涯进行管理，集中表现为帮助员工制定职业生涯规划、建立各种适合员工发展的职业通道、针对员工职业发展的需求进行适时的培训、给予员工必要的职业指导、使员工职业生涯获得成功。

四、职业生涯规划

职业生涯规划（career planning）又称职业生涯设计，是一个人对决定自己职业生涯的个人因素、组织因素和社会因素等进行分析和总结，制定个人职业发展的目标与行动计划的过程。道格拉斯·霍尔（Douglas T. Hall）从个体角度出发认为职业生涯规划包含工作选择、职业选择、组织选择和自我职业生涯发展的内容。诺斯维尔认为职业生涯规划是“个人结合自身情况以及眼前的制约因素为实现职业理想目标而确定行动的方向、时间和方案，并进行相关努力的过程”。由此可见，职业生涯规划是个体为了了解和把控其职业生涯而实施的相关活动，包括评估自身优势与劣势及组织存在的机会与限制、选择职业目标和做一系列准备工作（林枚，李隽，曹晓丽，2010）。

张再生（2003）认为个人职业生涯规划一般包括自我剖析、目标设定、目标实现策略、反馈与修正四个方面的内容。

自我剖析是指全面、深入、客观地分析和了解自己。首先要弄清自己为人处世所遵循的价值观念，明确自己为人处世的基本原则和追求的价值目标。其次要明了自己掌握的知识与技能，同时，还应剖析自己的人格特质、兴趣、性格等多方面的个人情况，以便了解自己的优势和不足。通过这几个层次的自我剖析，对自己形成一个客观、全面的认识和定位。

目标设定是在上述自我剖析与定位的基础上，设立明确的职业目标。就个人职业生涯的整个阶段来说，目标设定可以是多层次的、分阶段的。越来越多的人为了追求挑战，愿意在职业生涯中从事不止一种职业。当然，有时是环境迫使我们放弃原有的职业。一个多层次的目标设定结果可以使我们更快地摆脱窘境，保持开放、灵活的心境。根据目标设置理论，一个远大的目标分解成若干易于达到的阶段性目标会更容易实现。由于职业生涯纵跨个人的青年、中年乃至老年，并且人在各个时期的体能、精力、技能、经验、为人处世的特点都有明显差别，所以有针对性地制定阶段性目标将更为切实可行。

目标实现策略是指通过各种积极的具体行动与措施去争取职业目标的实现。目标实现的内容不仅包括个人在工作中的表现及业绩，还包括超出现实工作的一些前瞻性的准备，如参加业余的付费进修班学习，掌握一些额外的技能或专业知识（如进修第二外语、攻读工商管理硕士学位等）。此外，目标实现还包括为平衡职业目标和其他目标（如生活目标、家庭目标）而做出的种种努力。如果忽略了其他目标，要想长久地保持在工作中的出色表现几乎是不可能的，并且职业目标的实现也会遇到许多牵扯精力的障碍。目标实现策略有很多，包括撰写求职简历、参加面试应聘、商议工资待遇、制定和完成工作目标、参加公司组织的培训和发展计划、构建人际关系网、谋求晋升、参加业余的课程学习以及跳槽换工作等，这些都可以看作为达成目标而做的具体努力和采取的措施。

反馈与修正是在实现职业生涯目标的过程中，根据实际情况自觉地总结经验和教训，修正对自我的认知和对最终职业目标的界定。人只有在工作实践中才能更清楚地认识到自己喜爱并适合从事什么职业。因此，对于职业目标的界定，在刚开始时大多是模糊抽象的，有的甚至是错误的。在经过了一段时间的努力后，有意识地回顾自身的言行得失，可以检验自我定位的结论是否贴切，自己对职业目标的设想是否正确。研究表明，许多人都是在尝试和寻找之后，才了解自己到底适合从事何种工作。

第2节　职业生涯管理理论的历史演进

一、心理学角度的理论演进

职业生涯管理的实践最初是以职业指导形式出现的。所谓职业指导就是由专门的机构帮助择业者确定职业方向、选择职业、准备就业并谋求职业发展的咨询指导过程。有学者认为，指导人们去规划自己职业生涯的历史可以追溯到15世纪的欧美国家。职业指导作为一项重要的社会活动，是在西方国家因经济发展、职业分化、技术进步而产生一系列社会矛盾后，社会为解决就业问题而做出努力的产物。职业指导的正式形成一般以美国波士顿大学教授帕森斯（Parsons）在1908年创办职业指导局为标志，他首次提出了“职业指导”这一概念，并使职业指导成为具有组织形态的专业性工作，因而帕森斯被认为是职业指导的创始者。随后，职业指导在苏联、日本、德国、加拿大等国发展起来，并受到社会各界的重视。

在职业指导活动的初期，并无任何成熟的理论可以遵循。职业指导工作者在积累了大量实践经验的基础上，开始进行理论提炼。他们先是推演出若干基本原则与假设，然后加以总结和验证，进而建立起初步的理论框架，并不断地进行修正和完善。职业生涯管理理论的奠基人当属“职业指导之父”帕森斯，他根据多年的工作实践经验总结出，一种明智的职业生涯选择需要经过三个步骤：（1）必须要对自身具有的天赋潜力、个人能力、兴趣爱好、志向、资源、限制条件及其原因有清楚的认识；（2）要对不同职业的构成要素、职业要求、获得职业成功的条件、职位优势和劣势、薪酬待遇、就业机会和发展前景等有较为明确的认识；（3）在这两组要素之间进行最佳搭配。

严格地讲，帕森斯提出的这种“三步范式”法还不能算是一种真正的理论，但是他的这种思想却为后来出现较为系统的职业生涯管理理论奠定了良好的基础，也为许许多多的职业咨询师和专家提供了最初的理论指导。例如，帕森斯提出，如果人们在选择职业时表现得积极主动，按照“三步范式”去行动，而不是简单地被动寻找的话，他们就会对自己的职业更为满意，雇主的成本也会更小，而雇员的工作效率也会相应更高。这些简单的思想直到现在还是现代职业生涯选择理论的核心内容。霍兰德等著名的职业生涯指导专家已经将这种思想视为他们进一步进行实践和理论研究的基石。

心理学的发展特别是心理测量的兴起，为职业生涯管理理论的丰富和成熟奠定了重要基础。在 20 世纪前半叶，职业生涯咨询专业指导的实践主要集中在帕森斯"三步范式"法的第二步上，也就是加深人们对工作场所的认识和了解。然而在第一次世界大战期间，美国的心理测量技术得到了长足发展和广泛运用。心理测量主要是智力测验，它首先用于军队中的人才选拔，之后很快便被普遍用于工业部门和其他领域的人才选拔和安置。职业指导工作者和一些社会学家也开始将心理测量技术引入职业指导工作。这是由于自 20 世纪初开始，大量的新移民涌入美国，形成了一个较大的劳动力供应市场，用人机构有机会在比较大的人群中进行挑选。开始是智力测验，后来由这种测验扩大到了对人们其他方面情况的测验，其中包括 20 年代对人们的兴趣、特殊的天赋以及个性等的测验，这些测验一直延续到今天。这种技术的广泛运用又给帕森斯的"三步范式"赢得了一个新的名称——"特质因素理论"。美国职业指导专家威廉姆斯（E. G. Williamson）进一步发展了这一理论，但它基本上还是一种以经验为导向的职业生涯指导模式，核心是强调择业过程中的人-职匹配。特质因素理论在 20 世纪二三十年代一直占据着绝对的主导地位。虽然也有极个别的学者质疑这一理论，但却没有动摇它的优势地位。

1951 年，金斯伯格等人提出了一种全新的、从心理学视角出发的职业生涯发展理论，这种理论突破了处于静止状态的特质因素理论。他们指出职业生涯开发是一种终其一生的过程，同时还指出，职业生涯选择中也充满了妥协，决定一旦做出绝大多数情况下是不可更改的。金斯伯格和其他研究者的理论开了对职业生涯开发进行动态研究的先河，但当时在实践中占主导地位的仍然是特质因素理论。

1953 年，舒伯发表了他的生涯发展理论，他的理论包括对特质因素理论、发展心理学以及人格结构理论的阐述。舒伯从对这些理论的研究中，引出了他对于自我认知理论和社会学理论的观点。舒伯的理论着重于从生命周期角度来考虑职业的发展，他描述了变化中的职业任务，并关注了不同生命阶段的职业发展状况。总之，他认为职业发展和个人发展是相互作用的，个人的职业发展模式是通过生活角色和工作角色的共同作用来决定的。

1956 年，安妮·罗伊（Anne Roe）出版了一本具有划时代意义的书——《职业心理学》，在这本书中，她提出了一种职业发展理论。她认为，孩童时期的成长环境对于"预言"他们将来要进入某一职业领域来说是有用的。她也根据兴趣和职业两个维度对职业进行了划分。罗伊的理论引出了大量研究分支和项目，但是在实践中却始终没能占据主导地位。

1959 年，霍兰德（John Holland）提出了一种关于职业选择的职业兴趣理论，该理论将 20 世纪三四十年代的特质因素理论从一种静态模式扩展到了一种动态模式。其后，他分别于 1973 年、1985 年和 1999 年对他的理论进行了三次修改，并开发了两种重要的测量工具，使职业兴趣理论变得更为成熟和完善。霍兰德的理论推动了后来者成百上千的相关研究。最重要的是，这一理论在实践中产生了巨大影响，这是因为他所开发的工具是迄今为止在职业选择中最有影响的模型。

自20世纪50年代以来，各种关于职业生涯管理与开发方面的理论纷纷浮出水面。1963年，博尔丁（Bordin）、纳奇曼（Nachmann）和西格尔（Segal）基于心理动力学理论发展出了一种职业生涯发展理论。1969年，洛夫奎斯特（Lofquist）和戴维斯（Dawis）出版了他们第一本关于工作适应理论的书。美国麻省理工学院斯隆管理研究院的施恩（E. H. Schein）教授于1978年出版的《职业的有效管理》（*Career Dynamics*）一书，率先从职业发展观出发，勾勒出了个人与组织相互作用的基本图式，为我们认识个人成长和发展、组织发展与变革、管理角色与管理功能等领域的一系列问题提供了有效的工具。该书由于首次提出了职业锚的概念而成为职业生涯开发与管理的经典著作。1979年，克鲁姆波兹（Krumboltz）提出了职业生涯选择中的社会学习理论。两年后，戈特弗里德森（Gottfredson）出版了关于职业激励理论的著作。1986年，美国著名人力资源管理专家、犹他州立大学管理学系教授勃鲁克林·德尔（C. Brooklyn Derr）出版了专著《管理新职业者：当代工作者的多种职业生涯成功导向》（*Managing the New Careerists: The Diverse Career Success Orientations of Today's Workers*）。书中论述了职业生涯的多样化，将对职业生涯的定位分为进取型、安全型、自由型、攀登型、平衡型五种类型，并对这五种类型从业者的特点及管理进行了研究。1991年，彼得森（Peterson）、桑普森（Sampson）和里尔登（Reardon）提出了职业生涯发展理论，该理论基于认知理论，通过一种信息生成模式来解释职业生涯发展中遇到的问题。1992年，美国学者罗斯威尔（William J. Rothwell）和斯来德尔（Henny J. Sredl）在再版的《专业化的人力资源开发角色与能力》（*Professional Human Resource Development Roles & Competencies*）一书中论述了职业生涯开发与管理工作的一些基本概念和方法。1994年，兰特（Lent）、布朗（Brown）和哈克特（Hackett）发表了职业生涯抉择模式理论。

2002年，美国俄亥俄州立大学职业心理学教授马克·萨维卡提出了生涯建构理论（career construction theory），并于2005年和2013年进一步做了补充与完善（Savickas，2005，2013）。该理论回答了个人建构和社会建构如何形成个人的职业生涯世界（Savickas，2005）。生涯建构理论由人生主题（life theme）、职业人格（vocational personality）、职业生涯适应力（career adaptability）三个主要成分构成。人生主题由个人过去的记忆、当前的经历以及未来的愿望构成，个人通过赋予其个人意义而构建自己的主观职业生涯（subjective career）。职业人格是指与个人职业生涯相关的需求、能力、价值观和兴趣。职业生涯适应力包含三个层次，其中最高层次也最为抽象，包括职业生涯关注（career concern）、职业生涯控制（career control）、职业生涯好奇（career curiosity）和职业生涯自信（career confidence）四个维度，职业生涯关注帮助个体考虑未来，职业生涯控制要求个体深思熟虑、谨慎行动，职业生涯好奇帮助个体积极探索，职业生涯自信帮助个体克服困难；中间层次也被称为职业生涯建构的ABCs，即态度（attitudes）、信心（beliefs）和技能（competencies）；最后一个层次最为具体，是个体的职业行为（vocational behavior），即个体在职业生涯中的一系列反应（reflection）与行动。生涯建构理论不仅帮助个人理解整个生命周期中的职业行为，还有助于职业生涯咨询师为咨询者提供更好的职业建议与策略。

二、社会学角度的理论演进

社会学家认为职业是一种重要的社会现象，其对个人生活和社会发展有不可忽视的作用。他们之所以对职业生涯选择和发展感兴趣，主要是因为选择和发展的结果源于社会经济发展的不平衡。这也对一个人的财富获得、收入、人际关系、生活方式有重要的影响。在某种程度上，年青一代的职业选择与上一代有密切关系，但肯定会出现代际差异。而社会学者们对于职业生涯选择和发展的关注最初主要集中在研究代际的动态变化上。例如，对父子之间的职业选择问题的研究，20世纪60年代就有人提出，教育是父子之间职业选择的一个很重要的调节变量。后来一系列的研究结果都表明，性别、种族、民族、社团规模以及一些家庭特征，如整体特征、子女数量、出生的先后顺序等都会影响到一个人的职业选择。

20世纪80年代，社会学派理论也开始关注个人在特定的社会环境中如何择业，比较有代表性的是戈萨德的职业决策社会学模式。他把影响职业选择的八个因素分为两个层次：第一层次包括社会-经济阶层因素、性别因素、种族因素、身体素质因素和智力因素；第二层次是教育因素、职业知识和职业指导因素、就业可能性因素等。这个理论认为职业决策必须在个人因素和社会因素之间保持平衡。

社会学家认为，一个人所处的社会环境对其做出职业选择是非常重要的，这种社会环境主要包括以下方面：

● 家庭。家庭独特的社会经济地位对个体职业价值观的形成影响巨大。职业价值观决定了一个人对工作中获得的奖励和报酬的态度。社会学在这方面研究的一个重要发现就是父母对其工作环境的评价对子女职业选择产生的影响。父母的工作特征也会影响到子女的价值观和个性特征，继而影响他们的行为。而父母的言传身教以及他们的工作状况会影响到子女的职业发展兴趣、价值观和对工作的激情。

● 实习经历。青少年的实习经历也是职业社会学研究者关注的内容。经过粗略估计，在美国大约20%的高年级高中学生在上学期间每周会花20小时在实习上。青少年的实习经历对其职业选择有很重要的影响。早期的实习经历对以后的就业起到指导作用，使他们有机会来确定自己的工作习惯、职业兴趣和从业态度。例如，实习经历能够帮助青少年认识到自己的工作兴趣和价值观，鼓励他们去思考自己到底善于做什么，就连那些不太令人满意的实习工作也能够促使他们去思考自己到底喜欢什么样的工作，以及要想获得满意的工作需要具备哪些条件。另外，实习经历能够增加人力资本，这是因为他们知道如何寻找工作并很好地去把握，这就使得年轻人在他们想跳槽的时候能有较高的起点，而且使他们在换工作时有一个良好的“缓冲器”。最后，青少年的实习经历也能通过学校表现来影响职业的选择和发展。如果一项有酬工作影响到了青少年在学校的表现或是几乎将他们“拽”出了学校的话，职业机会就会消失。很多人认为他们早期的实习经历对于今后整个职业生涯的发展都有好处，比如可以培养他们的责任感、独立性，以及良好的工作态度和习惯，还能让他们学到很多无法从学校获得的技能，比如社交技能、服从指挥的习惯以及守时的习惯。当然也有一些人谈到了实习经历的负面影响——娱乐时间的减少、身体的疲惫等。另外，实习经历还可以提升年轻人找工作的技能，比如说如何或者去哪里找工作以及怎么才能在面试中有良好的表现等。随着年轻人工作经验的不断积累，他们的报酬也会不断增加。

● 地域。职业的选择受当地劳动力市场状况的影响。这些影响在劳动力进入阶段显得尤为重要。这是因为最初的就业情况会影响到后续职业生涯的一系列抉择。一个地方的就业率以及工资水平一般都会受当地失业率、平均小时工资数，以及种族或民族的构成等因素的影响。一般来说，社会学家更关注那些生活在贫困地区的青年们的就业状况和职业发展。他们认为就全世界而言，制造业中的工作机会越来越少，更多的就业机会出现于服务业中，而这种职业数量和种类的变化使城市居民获得了更多的就业机会。因为城市居民较之生活在偏远地区的青年受过更多的教育。而生活在偏远地区的青年由于地域条件的限制，可能只能接触到很少的信息，他们不能像生活在城市的同龄人那样拥有各种教育和培训的机会。这些因素对于他们提高自身的就业能力来说无疑是很大的障碍。

社会学家对于职业生涯选择和发展的种种研究，将越来越有助于我们去理解那些存在于现代社会中对个体的职业生涯选择和发展产生重要影响的社会的、地域的以及各种微观环境的因素。同时，他们的研究也有助于我们认识代际变化以及各种社会经济状况对于个人职业生涯选择产生的影响。

● 科技与社会发展。20 世纪 90 年代后，互联网逐渐兴起，全球化浪潮席卷全球。在此时代背景下，无边界职业生涯与易变性职业生涯两个新概念应运而生。德费利佩和亚瑟（DeFillippi & Arthur，1994）系统提出了无边界职业生涯的概念，他们将无边界职业生涯定义为一种不限于单一雇佣范围的一系列职业路径。这里的雇佣范围不仅指当前的组织，还包含不同的岗位、专业、职能、角色，甚至是国别、文化等。米维斯和霍尔（Mirvis & Hall，1994；Hall & Mirvis，1996）提出了易变性职业生涯的概念，认为在易变性职业生涯模式下，员工根据自身的核心价值做出职业决策、管理自己的职业生涯，其职业生涯路径不再受到组织的约束，而是更加追求心理上的成功感。

● 不同社会群体。梅尼埃洛和沙利文（Mainiero & Sullivan，2005）提出了生涯万花筒理论。她们在进行广泛的网上问卷调查和在线访谈之后发现，女性和男性在如何发展、创造和利用职业生涯上具有巨大的差异，女性更喜欢非传统的、适合自身需要的职业，她们对职业如何适应生活更感兴趣。因此梅尼埃洛和沙利文提出用生涯万花筒模型来理解职业选择中的性别和环境差异。生涯万花筒模型认为女性选择职业时必须考虑真实性、平衡和挑战三个因素，即在工作中是否能够保持真实的自我、是否能够保证工作与非工作的平衡以及该职业是否具有一定的挑战性。

影响个体职业生涯选择的环境因素复杂多样，需要一个理论将这些因素系统地归纳整合。普莱尔和布莱特（Pryor & Bright，2003）将动力系统的概念应用于个人职业发展领域，提出了生涯混沌理论。普莱尔和布莱特认为，影响职业发展的因素包括个人因素和环境因素，而生涯混沌理论能够将复杂性、联系性、变化性、偶然性等概念有机地结合起来，用复杂的动力系统描述个体的职业发展。该理论的主要观点有：（1）生涯发展是一种自我组织或自我再生；（2）生涯发展是非线性的；（3）生涯发展中不同时期有不同的吸引因子；（4）生涯发展是阶段转换的变化过程。

第 3 节　职业生涯管理领域的研究方法

职业生涯管理是学术研究中一个特殊的领域，原因在于职业生涯管理具有跨学科属性。研究职业生涯管理的学者广泛分布于管理学、心理学、社会学等学科。此外，职业生涯管理是一个广泛的研究领域，它没有自己独有的研究方法。但是，正是由于职业生涯管理与心理学、社会学、组织行为学等学科的天然联系，该研究领域可以从这些学科中借鉴相关的研究方法。本节系统地介绍了能够应用于职业生涯管理领域的定性和定量研究方法，供职业生涯管理领域研究者参考。

一、定量研究方法

定量研究的哲学基础是实证主义。实证主义强调对社会现象的研究应该像自然科学研究那样，要通过具体客观的观察和经验概括得出结论，并且这种研究过程应该是可重复的。研究程序的标准化、系统化和操作化是定量研究的重要特征。为避免研究者的主观性，定量研究往往十分强调客观事实，强调现象之间的相关性和变量之间的关系。它所采用的研究步骤一般为：第一，明确问题；第二，探索和研究有关理论和模式；第三，形成假设；第四，选择适当的研究方法；第五，通过观察-测验-试验，进行论证（张德，2011）。

定量研究主要可以分为探索性研究、描述性研究、解释性研究三种。所谓探索性研究（exploration research），就是对所要研究的现象或问题进行初步了解，以便为今后更深入系统的研究提供线索、奠定基础。当面对前人没有研究过的新现象和新问题，或人们普遍不够熟悉的问题时，常常采用探索性研究。探索性研究在方法上的要求相对较低。它通常采用参与观察和无结构访谈等方法收集资料，其研究对象的规模通常较小，从资料中所得出的各种结果，既不用来推论研究对象所取自的总体，也不用来检验某种理论假设，而主要用来探测某类现象或问题的基本范围、内容或特征，给人们提供一个大致的轮廓或印象，用来提示深入研究这一问题或现象的可能途径，用来尝试可用于这一现象或问题研究的合适方法和工具。

描述性研究（descriptive research）的主要目的是对某一总体或某种现象进行描述，发现研究对象在某些特征上的分布状况和出现频率。描述性研究通常需要采用严格的随机抽样方法来选择研究对象，并且研究样本的规模要比探索性研究样本的规模大得多。其资料收集过程是在设计以封闭式问题为主的问卷后，以自填、邮寄或结构式访谈等方式进行问卷调查；所得的资料必须经过统计处理，得出以数量形式为主的各种结果，并将这些结果和结论推论到总体。也就是说，要用来自样本的资料去描绘总体的面貌。例如，当你想了解不同职业群体的职业满意度状况，或者想探讨当代大学生的择业倾向时，你就需要进行这种以描述为主要目的的描述性研究。

解释性研究（explanatory research）是一种探寻现象背后的原因、说明各种现象背后的关系、回答各种“为什么”的研究类型。它通常从理论假设出发，在深入实际收集经验材料后，通过对资料的分析来检验假设，最后达到对研究现象做出理论解释的目的。它比描述性研究更严谨，针对性也更强。比如，在研究大学生的择业倾向时，我们除了想知道当代大学生在择业时是怎样想的，以及他们的择业倾向特点外，还希望知道大学生们为什么会表现出这样的择业倾向，为什么不同的大学生在择业上的偏好不同。我们可以通过性别、所学专业、家庭背景、价值取向等变量或因素进行解释和分析。一旦详细考察了这些变量或因素与大学生所希望选择的职业之间的关系，我们就能够尝试解释为什么某些大学生希望选择这些职业，而另外一些大学生却希望选择另一些职业。

以上对研究类型的划分不是绝对的，现实中的大多数研究常常是描述性和解释性兼而有之。

定量研究常用的具体研究方法有问卷调查法、访谈法、实验法、文献研究等。

（1）问卷调查法。问卷调查法是通过设计调查问卷、抽取一定数量的样本填写问卷，并将样本的数据分析结果推论到总体的一种研究方法。这种方法与访谈法互为补充。在设计调查问卷时，可以根据不同的目的与需求，针对不同的调查对象，设计相应的调查问卷。在问卷调查法中有一些技巧和注意事项，如可以采用巧妙的问卷设计避免社会赞许性给被试带来的影响，也可以通过收集多轮数据来避免同源方法偏差。

进行问卷调查时可以采用一般问卷或者标准等级量表。一般问卷可根据调查目的任意设计，不符合科学研究的要求。而量表的开发则经过科学的步骤和方法，进行结果分析时也可以参照明确的、标准化的等级结果评定，使调查结果便于统计分析，具有较高的科学性和严谨性。

（2）访谈法。访谈法是访谈者以面对面交谈的方式获取被访谈者有关信息和资料，并据此描述现状，以构建新的理论的方法。访谈法是调查者获取第一手资料的有效方法。访谈法与问卷调查法存在互补关系。访谈可以核实调查问卷的内容，讨论填写不清或没有反映在问卷中的问题。问卷调查法可以在访谈结果的基础上，提出假设、收集数据，并检验假设，得出相关结论。在使用访谈法时要注意营造良好的访谈氛围，尊重访谈对象，并注意使用适当的访谈技巧，引导启发被访谈者对问题进行全面、充分的回答。

问卷调查法和访谈法有三个主要特征：第一，运用抽样的方法从某个调查总体中抽取一定规模的随机样本，这种随机抽取的、有相当规模的样本特征是其他研究方法所不具备的；第二，资料收集需要采用特定的工具，即调查问卷，并且有一套系统的特定程序要求；第三，研究所得到的是巨大的量化资料，必须在计算机的辅助下完成对资料的统计分析，进而得出研究结论（风笑天，2009）。可见调查研究的基本要素包括抽样、问卷、统计分析和相关关系等，这种方法可以兼顾描述和解释两种目的。它既可以用来描述某一总体的概况、特征，以及对总体的各部分进行比较，同时又可以用来解释不同变量之间的关系。由于调查研究方法严格规范的操作程序，其研究结果具有较高的信度，又由于通过样本可以反映总体的特征，其应用范围十分广泛。

（3）实验法。实验研究方法是一种重要的定量研究方法，主要包括实验室实验和现场实验两种。在职业决策、职业成熟度和职业性别刻板印象的相关研究中，有些学者就采用了实验法或者将量表与实验相结合的研究设计。将实证与实验相结合的研究最早出现于 2003 年对职业性别刻板印象的研究中。于泳红（2003）要求大学生被试分别评价从事专业技术工作的人员和服务业工作的人员，积极评价为 2 分，消极评价为 1 分，两者都有则为 0 分，以此检验被试的外显职业偏见，同时采用内隐联想测验检验被试的内隐职业偏见和职业性别刻板印象。结果表明大学生中普遍存在内隐职业偏见和职业性别刻板印象。现有文章中采用实验和定量相结合的研究方法非常少见，并且这类研究关注的研究主题较少。定量加实验的研究方法不仅有利于深入探讨各个研究主题，还可以减少同源偏差。

1）实验室实验。实验程序的基本思路是控制自变量或刺激变量以观察因变量或反应变量的变化，从而确定自变量和因变量之间的因果关系。它有三个基本要素：实验者，通过基于心理统计的严格的实验设计，控制或者排除种种无关的刺激变量，而使感兴趣的刺激变量凸显出来；被试，作为社会行为的研究对象，在刺激的作用下产生种种反应；实验情景，绝大多数是在模拟自然的社会环境的实验室中进行的。一般来说，实验情景是对日常社会生活情景的模拟或缩微的现实世界，往往能在一定程度上逼近真实的社会情景。但实验室实验在借助严格的实验控制而获得高度的研究内在效度时，其外在效度也在同等程度上丧失了。因为在实验室这种特殊的情景下，主试-被试之间的相互作用、被试的代表性以及被试意识到正被研究而刻意采取某些行动等，都将影响实验结果对真实世界的概括性。

2）现场实验。虽然我们很容易将实验与在实验室的实验画等号，但并不是所有的实验法都是在实验室内进行的，因为许多重要的社会科学实验通常发生在受控制的情景之外，发生在一般社会事件的进展之中。现场实验与实验室实验最大的区别就在于它的情景不是人为设计的，而是自然发生的。例如，一家大公司的管理人员想要了解在 4 天内每天工作 10 小时与传统的在 5 天内每天工作 8 小时相比，缺勤率是否会有所降低。于是，他们选择在两家规模相同又处于同一地区的工厂进行实验。其中一家工厂为实验组，工人们按 4 天工作制工作，另一家工厂则是控制组，即工人们每天仍旧按 5 天工作制工作。两家工厂分别记录 18 个月内的缺勤情况。18 个月后，管理人员发现，实验组工厂的缺勤率下降了 40%，而控制组工厂的缺勤率却只下降了 6%。基于实验设计的可行性，管理人员认为引起实验组工厂缺勤率大幅度下降的原因是工作日的压缩。

可见，现场实验除了在真正的组织中进行实验外，与实验室实验没有多大差别。自然的场景比实验室更真实，这就提高了实验的有效性，但难以对实验条件、实验对象等进行控制。

（4）文献研究。文献研究是一种通过收集和分析现存的，以文字、数字、符号、画面等信息形式保存的文献资料，来探讨和分析各种社会行为、社会关系及其他社会现象的研究方法（风笑天，2009）。文献研究的研究对象是文献资料，由研究者根据研究目的采用量化的方法对现有某个领域的文献资料进行搜集、整理、分析，以了解某个领域或某个主题现有研究的发展现状和趋势走向。

文献研究一般包括内容分析、编码与解码、二次分析、现有统计分析等内容，常常被用于帮助研究者探讨那些既不会引起研究对象反应，又是其他方式在时间和空间上无法了解到的社会现象。相比其他研究方法，文献研究法避免了研究者的主观臆断，结果具有较高的客观性和准确性。但是文献资料搜集的完整性、分析方法的可靠性和合理性则会对研究结果有较大的影响。

在文献研究中，元分析（meta-analysis）是比较常见的一种统计分析方法。它是对现有实证研究文献的再次统计。通过相应的统计公式对某一研究主题相关文献中的统计指标进行再次统计分析，根据获得的统计显著性等来分析两个变量之间的真实相关关系。例如主观幸福感经常作为变量出现在职业生涯管理领域的相关研究中，而愤怒、焦虑、抑郁和消极情绪经常被当作员工主观幸福感的指标。学者通过基于491项研究的元分析数据，验证这四种情绪变量的收敛假设和发散假设，即这四个变量是否可以相互转换（Ng et al.，2019）。此外，创业这一话题也受到了广泛的关注，情绪智力（EI）与创业意向的关系在不同的实证研究中有不同的结论。因此，有学者也就这一问题进行了元分析，提出了影响二者之间关系的调节变量（Miao et al.，2018）。翁清雄等（2016）就采用元分析的方法对大五人格与主观职业成功的关系进行了讨论。结果表明，大五人格均能正向预测职业满意度，并且这一关系受到测试工具、区域文化、岗位类型等调节变量的影响。

二、定性研究方法

定性研究也称质的研究。如果说定量研究有浓厚的科学主义特征，那么定性研究就具有强烈的人文主义色彩。它假定人类的行为是一种有意义的行动，可以通过人的意识和情感作用来完成一切认知。人的行动是社会取向的，人不仅通过自我来追求意义，同时也必须通过他人来赋予世界意义。定性研究侧重于对事物的含义、特征、隐喻、象征的描述和理解。

简言之，定性研究方法是由访谈、观察、案例研究等多种方法组成，原始资料包括场地笔记、访谈记录、对话、照片、录音和备忘录等，目的在于描述、解释事物、事件、现象、人物并更好地理解所研究问题的研究方法。

自20世纪80年代以来，国外关于定性与定量研究的定义和区分出现了争议。有相当一部分推崇定性研究的学者在结果是否量化的问题上做淡化处理，却从另外的角度来重新定义定性研究与定量研究。这就使得多年来西方所尊崇的研究传统受到了挑战。近些年来国外给定性研究下定义时主要采用列举其基本特征的方式，其中获得一致认可的特征主要有以下几个：（1）定性研究是从被研究者的角度来描述、分析人类及群体的文化和行为；（2）定性研究强调对所研究的社会背景做出全面的、整体的理解；（3）定性研究采用的是一种灵活而可重复的研究策略。

在定性研究的各种新定义中，意见最一致也最受强调的特征就是从被研究者的角度进行研究。即在当时当地收集第一手资料，从当事人的视角理解他们行为的意义和他们对事物的看法。也就是说，研究者在获得确实的证据之前，绝不能先入为主，绝不能从主观想象、推测、臆断出发，而必须深入到被研究的人群中去看他们怎样做，听他们怎样说，对他们的说法和做法加以描述和分析，再据此提出假设或理论。根据上述特征还可以看出，定性研究与定量研究之分，已不再是具体运用技术上的不同。定性研究通常也使用一些“定量”的方式，但是对资料的统计分析并不是它的主要手段。定性研究与定量研究的区分是方法论意义上的，它们分别代表了两条不同的研究思路。

定性研究最主要的方法是实地研究。简单地说，实地研究就是在完全没有外界控制的纯自然条件下，深入到研究对象的生活背景中，去观察、访谈以收集资料的研究方法。这种方法的应用非常普遍，我们每个人在日常生活中都持续地进行着实地研究，无论何时何地，当我们观察或参与某一社会行为并试图了解它时，实际上就是在无意识地进行实地研究了。实地研究与其他观察方法的不同之处在于它不仅仅在搜集资料，还是典型的理论生成活动。调查者很少借着需要加以检验的、已明确定义的假设去进行调查，而是试图从事先无法预测的进程中发现有意义的东西，推理出尝试性的一般结论，然后再用这些结论启发进一步的观察或访谈，逐步地修正结论。因此，这种方法看似简单随意，但要得出可靠的结论，就要求调查者具备敏锐的洞察力和深厚的方法论基础。按照不同的标准，实地研究常被分为个案研究和参与观察等。

（1）个案研究。个案研究是一种运用历史数据、档案材料、访谈、观察等方法收集数据，并运用可靠技术对一个事件进行案例式考察与分析，从而得出针对单独的群体或社会的带有普遍性结论的研究方法。当研究的问题是“如何?”“为什么?”时，调查者不能控制事件的发生或进程，而当研究的问题是现实生活背景下的当代现象时，个案研究就有明显的优势。个案一般是社会中真实的事件，是实践的仿真和缩影。因为它是从实际生活中提取出来的，所以它提供了对一种情境的深层次分析。个案的原始资料来源于观察、访谈，有时也会借助记录和文件获得支持证据。个案研究可划分为四个阶段：第一阶段为开放式阶段。研究者不做事先判断，通过阅读历史卷宗、档案材料，运用访谈法、直接观察法、参与式观察法等了解事实真相。第二阶段为重点突破阶段。在这一阶段会更为系统、全面地收集资料、证据，但目的是发现事件或重要人物的本质特征，而不是无的放矢，收集杂乱无章的资料。第三阶段是写作阶段。好的个案报告不仅会反映作者严谨的科学精神，而且也要求作者有一定的文学造诣。第四阶段为检查阶段。所谓检查，是指将报告初稿送交被采访者、被调查者或事件的当事人阅读，由他们判断报告是否与事实有出入并提出修改意见。

（2）参与观察。参与观察是指研究者必须深入到事件和行动发生的地点，去看、听、问、想、体验和感受。参与观察的优势在于，不仅能观察到被观察者采取行动的原因、态度、努力程度、行动决策依据，而且通过参与，研究者能够获得一种特定社会情景中一员的感受，因而能更全面地理解行动。对通过参与观察和访谈获得的资料采用归纳法，使其逐步由具体向抽象转化，并最终形成结论。

总而言之，“量的研究和质的研究各有其优势和弱点。一般说来，量的研究比较适合在宏观层面对事物进行大规模的调查和预测；而质的研究比较适合在微观层面对个别事物进行细致、动态的描述和分析。量的研究证实的是有关社会现象的平均情况，因而对抽样总体具有代表性；而质的研究擅长于对特殊现象进行探讨，以求发现问题或提出新的看问题的视角。量的研究将事物在某一时刻凝固起来，然后进行数量上的计算；而质的研究以语言和图像作为表述的手段，在时间的流动中追踪事件的变化过程。量的研究从研究者事先设定的假设出发，收集数据对其进行验证；而质的研究强调从当事人的角度了解他们的看法，注意他们的心理状态和意义建构。量的研究极力排除研究者本人对研究的影响，尽量做到价值中立；而质的研究十分重视研究者对研究过程和结果的影响，要求研究者对自己的行为进行不断的反思”（陈向明，2000）。

两种研究方法本身并不存在“是”与“非”或“对”与“错”之分，只有在与研究的问题以及研究过程中其他因素相联系时才能衡量出其是否适宜。在职业生涯管理领域，我们应注意根据研究问题的不同来选用不同的研究方法。

复习思考题

1. 职业的内涵是什么？职业的特征有哪些？
2. 未来职业变化趋势是什么？你如何看待其中的机会和挑战？
3. 职业生涯、职业生涯管理及职业生涯规划的内涵各是什么？
4. 心理学和社会学如何影响职业生涯管理理论的发展？
5. 定性和定量的职业生涯管理研究方法各有哪些？

参考文献

［1］Arthur M B. The boundaryless career：a new perspective for organizational inquiry. Journal of Organizational Behavior，1994，15（4）.

［2］DeFillippi R J，Arthur M B. The boundaryless career：a competency-based perspective. Journal of Organizational Behavior，1994，15（4）.

［3］Hall D T，Mirvis P H. The new protean career：psychological success and the path with a heart//Hall D T. The career is dead：long live the career. San Francisco：Jossey-Bass，1996.

［4］Hall D T. The protean career：a quarter-century journey. Journal of Vocational Behavior，2004，65（1）.

［5］Mainiero L A，Sullivan S E. Kaleidoscope careers：an alternate explanation for the “opt-out” revolution. Academy of Management Perspectives，2005，19（1）.

［6］Miao C，et al. Emotional intelligence and entrepreneurial intentions：an exploratory meta-analysis. Career Development International，2018，23（5）.

［7］Mirvis P H，Hall D T. Psychological success and the boundaryless career. Journal of Organizational Behavior，1994，15（4）.

［8］Ng T W H，et al. Anger，anxiety，depression，and negative affect：convergent or divergent? . Journal of Vocational Behavior，2019（110）.

［9］Pryor R G L，Bright J. The chaos theory of careers. Australian Journal of Career Development，2003，12（3）.

［10］Savickas M L. The theory and practice of career construction//Brown S D，Lent R W. Career development and counseling：putting theory and research to work. Hoboken，NJ：John Wiley & Sons，Inc.，2005.

［11］Savickas M L. Career construction theory and practice//Brown S D，Lent R W. Career development and counseling：putting theory and research to work. 2nd ed.

Hoboken，NJ：John Wiley & Sons，Inc.，2013.

[12] Super D E. The psychology of careers：an introduction to vocational development. New York：Harper，1957.

[13] 陈向明．质的研究方法与社会科学研究．北京：教育科学出版社，2000.

[14] 风笑天．社会学研究方法．北京：中国人民大学出版社，2009.

[15] 关培兰，张爱武．职业生涯设计与管理．武汉：武汉大学出版社，2009.

[16] 林枚，李隽，曹晓丽．职业生涯开发与管理．北京：清华大学出版社，2010.

[17] 潘锦棠．劳动与职业社会学．北京：红旗出版社，1991.

[18] 汪莉．职业生涯规划与管理．北京：中国华侨出版社，2008.

[19] 威廉·布里奇斯．创建你和你的公司．王广学，蒋维，许晓，译．北京：中国人民大学出版社，2000.

[20] 翁清雄，等．大五人格与主观职业成功的关系：对过去15年研究的元分析．管理评论，2016 (1).

[21] 吴国存．企业职业管理与雇员发展．北京：经济管理出版社，1999.

[22] 姚裕群，朱启臻．选择职业的艺术．天津：天津人民出版社，1991.

[23] 于泳红．大学生内隐职业偏见和内隐职业性别刻板印象研究．心理科学，2003，26 (4).

[24] 张德．组织行为学．2版．北京：清华大学出版社，2011.

[25] 张再生．职业生涯开发与管理．天津：南开大学出版社，2003.

第 2 章

职业生涯管理领域的研究现状

［开篇导读］

职业生涯管理理论的发展历程

1908 年，帕森斯在波士顿创办职业指导局开启了职业生涯管理的研究，他首次提出“职业指导”这一概念，被称为“职业指导之父”。这一阶段，职业生涯管理理论以职业指导运动为标志，主要探讨个体的差异性以及人格与职位的匹配。20 世纪中叶，人们开始从生命周期的角度对职业生涯管理理论展开探索，提出了职业生涯发展阶段、发展模式和发展路径等一系列概念，开始意识到员工在职业生涯中扮演着多重角色。20 世纪 80 年代，职业生涯管理理论开始引入社会认知的视角，学者们从价值观、经验、动机以及行为等角度研究职业发展的规律，产生了许多经典的理论。步入 21 世纪，在复杂的政治、经济、社会环境下，知识经济和信息技术革命使得工作的结构和性质发生根本性变化，职业发展正向多元延伸，越来越多的个体选择“自雇佣”的形式，并“一人身兼多职”成为“斜杠青年”。在此背景下，学者对职业生涯管理也进行了新的探索，如无边界职业生涯、职业生涯适应力等。

相比之下，我国在相关方面的研究则起步较晚。国内对这一领域的关注始于改革开放初期，同样以“职业指导”这一概念作为切入点。虽然 1978 年我国就开始实行改革开放政策，但在较长的一段时间里，劳动者在就业方面仍然要服从国家分配，缺乏职业自主权和意识。尽管如此，仍有少数眼光超前的学者已感受到职业指导和职业生涯管理即将在国内受到重视，开始系统地引进和介绍国外职业指导的相关理论和实践经验（如：蔡郁毓，1980；高奇，1987；张伟远，1987）。20 世纪 90 年代国家的一系列政策也间接助长了国内职业生涯领域研究的发展，如取消毕业分配、高校扩招等。21 世纪初，随着社会经济的发展，职业领域的研究也开始逐年增多，2009 年后更是迅猛增长。在此过程中，许多国外的研究主题被引入国内，如职业倦怠（郭耀邦，1990）、职业高原（马远，凌文辁，2002）等。20 世纪 90 年代以来，随着科学技术的日益发展，组织边界逐渐被打破，无边界职业生涯也从国外走入了国内研究者的视野。

党的二十大报告指出，要扩大国际科技交流合作，加强国际化科研环境建设，形成具有全球竞争力的开放创新生态。本教材将在梳理国际和国内职业领域相关研究的基础上，提炼出最受关注的热点研究主题，并逐一总结这些研究主题的国内外相关研究成果，最终对职业生涯研究现状展开更全面、细致的分析总结。

第1节　研究主题的选取

本章分别从国外研究和国内研究两方面介绍研究主题的选取过程。

为确定国内职业生涯管理领域的重点研究主题，根据5名人力资源领域的专家学者推荐，我们选取了35本国内重点期刊进行分析，这些期刊详见表2-1。选定这些期刊后，在中国知网（CNKI）的中国期刊全文数据库中进行精确搜索（1978年—2023年11月），共获得829篇文章。通过3名人力资源专家对这829篇文章的研究主题进行归类，我们得出了国内受到广泛关注的研究主题及其发文量。

表2-1　35本重点期刊

期刊类别	期刊名称	合计
管理学类	《公共管理学报》《管理科学》《管理科学学报》 《管理评论》《管理世界》《管理学报》《经济管理》 《科学学研究》《科学学与科学技术管理》 《科研管理》《南开管理评论》《外国经济与管理》 《中国管理科学》《中国人力资源开发》 《中国软科学》《中国行政管理》	16本
心理学类	《心理发展与教育》《心理科学》《心理科学进展》 《心理学报》《中国临床心理学杂志》	5本
社会学类	《青年研究》《人口学刊》《社会》《中国人口科学》	4本
社科综合类	《北京大学学报》《北京师范大学学报》 《复旦学报》《华中师范大学学报》 《南京大学学报》《清华大学学报》 《武汉大学学报》《浙江大学学报》 《中国人民大学学报》《中山大学学报》	10本

国外职业生涯管理研究早于国内，因此相关文献更是浩如烟海，无法穷尽。根据5名人力资源专家的建议，我们选取了4本职业领域的学术期刊进行分析，分别为*Journal of Vocational Behavior*，*Journal of Career Assessment*，*Career Development International*和*Journal of Career Development*，并在中国知网的外文期刊数据库进行精确搜索（截至2023年11月），最终得到3 655篇文献。

首先，采用知网的计量可视化分析对这3 655篇文章的关键词进行排序，得到在文献中出现较频繁的一些关键词，并请5名人力资源专家进行审议，从这些关键词中确定在国外受到较多关注的研究主题。其次，在中国知网的外文期刊数据库中，一一检索这些主题的发文量。具体的检索方式是：选择“刊名”为*Journal of Vocational Behavior*“或者”*Journal of Career Assessment*“或者”*Career Development International*“或者”*Journal of Career Development*，“并且”“主题”为各个主题的英文名称，选择“精确检索”，记录并统计各主题发文数量。

在得出各个主题的国内外发文量后，合计比较发文量，再由 5 名人力资源专家共同选出发文量较多、较为经典或有研究前景的研究主题。在确定本章介绍的研究主题时，专家不仅参考了各个主题在国内外期刊中的发文量，还关注了近年来新兴的职业生涯管理领域的研究热点，如职业生涯适应力、职业使命感、无边界职业生涯和零工经济。结果表明，这些主题不仅获得了较多关注，并且已经产出了相当数量的研究成果，反映了职业生涯领域未来的研究趋势和方向。

本章第 2 节将简要梳理重点研究主题在国内外的研究现状。为使读者更清晰地了解职业生涯管理领域的研究脉络，我们将以这些主题出现的大致时间为顺序展开阐述。由于研究文献很繁杂，我们仅简要地列出一些比较有代表性的文献，难免挂一漏万。

第 2 节　国内外职业生涯研究的重点研究主题

一、职业指导

1. 国外相关研究

关于职业生涯管理的研究最早以职业指导为切入点，以职业指导的理论和实际应用为两大主要的研究内容。在职业指导理论方面，帕森斯（Parsons，1908）和威廉姆斯（Williamson，1939）都认为个体差异（人格特质）影响职业选择。帕森斯的职业指导理论认为，职业指导首先应该在了解个人特质的基础上开展，其次才是了解职业，最后才能够将个人和职业进行适当匹配（龙立荣，李晔，2001）。威廉姆斯继承了帕森斯的思想，将职业指导分为 6 个步骤：收集个人信息（包括兴趣、能力倾向、态度、家庭社会经济地位、受教育程度等）、整理信息分析个体差异、明确个人特质并诊断个人问题、预测个人职业选择和职业成功、与被咨询者沟通择业计划、追踪被咨询者的职业发展。1959 年，霍兰德提出了职业兴趣理论，将职业人格类型分为 6 种：现实型、研究型、艺术型、社会型、企业型和传统型。随后，学者们还提出了动态的职业指导理论，如舒伯的生涯发展理论、金斯伯格的职业生涯阶段理论等。

职业指导的实际应用方面，以国外的职业指导政策和高校职业指导实践为主。瓦茨和苏丹那（Watts & Sultana，2004）对 37 个国家的职业指导政策进行了研究，提出了终身职业指导系统具备的十大特征，如满足不同生命周期、不同种类客户需求，提供灵活和创新的职业指导服务等。美国高校在 20 世纪 40 年代开始进行职业指导，形成了完善的职业指导体系，能够为大学生提供有效、专业的职业指导服务。例如，奥格卜安亚和查克维多（Ogbuanya & Chukwuedo，2017）注意到应届毕业生普遍缺乏的就业技能之一是从学校过渡到工作所需的实际技能，因此他们以 97 名职业电子技术教育专业的学生为对象，通过非等同控制组准实验，发现职业训练辅导干预措施能够显著提升学生的专业满意度和职业好奇。

2. 国内相关研究

职业指导也是国内职业生涯相关研究的起始点。较早发表的文章是《美国“全国职业教育研究中心”》（蔡郁毓，1980），主要介绍了美国的职业教育研究中心情况。起初，关于职业指导的文章主要强调其重要性，介绍其他国家的职业指导情况并为我国的职业指导提出建议。相关研究包括高奇于 1987 年发表在《教育与职业》上的文章《全社会都要关心职业指导工作》，张伟远于 1987 年发表的两篇文章《西方职业指导的理论和模式述评》《我国二十年前后的职业指导》等。这一时期关于职业指导的研究主要是借鉴西方国家的职业指导理论和模式，并进而引导我国的职业指导。职业指导逐渐受到重视。20 世纪 80 年代到 90 年代期间，学者对“职业指导”的热情逐渐被新名词“职业生涯”所代替，而职业生涯管理囊括的范围更加广泛，其中就包括职业指导。这一时期处于计划经济向市场经济转型的过程，员工下岗、“下海”的现象比比皆是，因此职业指导在这个时期仍然获得了较多的关注。

二、职业兴趣

1. 国外相关研究

在职业兴趣领域，斯特朗（Strong）和库德（Kuder）较早开展相关研究。他们将不同职业群体与一般参照群体的职业活动进行比较，再将有差异的项目组成关于该职业的兴趣量表。由斯特朗最初的职业兴趣量表发展而来的基本兴趣量表（basic interest scales）共测试了 23 种基本的活动领域。库德的职业偏好量表将职业兴趣分为 10 种：户外类、机械类、计算类、科学类、说服类、艺术类、文学类、音乐类、社会服务类、文秘类。1974 年，坎贝尔将斯特朗的职业兴趣量表进行了整合和拓展，形成斯特朗-坎贝尔兴趣量表，共有 124 个职业量表，发展出一般职业类型（general occupational themes），并与霍兰德的 6 种类型相对应（刘长江，郝芳，2003）。

此后，大量学者开发了不同的职业兴趣量表和模型。罗伊（Roe，1956）开发了圆形模型，将职业分为 8 个主要领域，这 8 个主要领域在圆周上的排列顺序为技术（Te）、户外（Od）、科学（Sc）、一般文化（GC）、艺术与娱乐（AE）、服务（Sv）、商业接触（Bu）以及组织（Or）。但是罗伊的假设并未得到证实（Rounds & Day，1999）。根据职业人格的 6 种类型，霍兰德（Holland，1973）将职业兴趣类型分为现实型（R）、研究型（I）、艺术型（A）、社会型（S）、企业型（E）、传统型（C），并按照以上顺序用六边形来表示这 6 种类型，相邻的类型最相近，相间的类型次之，相对的类型则相似度最小（刘长江，郝芳，2003）。随后，霍兰德又提出了自我定向探索量表（self-directed search，SDS）。目前 SDS 量表包含职业活动（11 个项目）、职业能力（11 个项目）、职业偏好（14 个项目）、能力自评（每项做两次自评）四部分，每部分都是按 RIASEC 顺序排列。虽然霍兰德的职业兴趣量表是影响最大、应用最为广泛的职业兴趣量表（Athanasou，2001），但是多项研究表明，霍兰德的职业兴趣量表不适用于国际样本（Rounds & Tracey，1996；刘长江，Rounds，2003）。

在霍兰德职业兴趣模型的基础上，朗兹和特雷西（Rounds & Tracey，1996）开发了球形模型。该模型共有三个潜在维度：资料-观念维度、人-事维度、职业声望维度。职业声望维度是该模型区别于其他模型的最大特点。资料-观念维度和人-事维度所构成的平面的圆周上均匀地分布着8种基本的职业兴趣：社会促进、管理、商业细节、数据加工、机械、自然户外、艺术和助人。而在职业声望维度上分布着10种职业兴趣：影响、社会科学、商业系统、财务分析、科学、手工劳动、质量控制、人事服务、建筑修理、基础服务，前5种为高声望，后5种为低声望。特雷西后将其修订为40个条目的简版。职业兴趣的球形模型已经受到多项实证研究的证实（Long et al.，2005；Sverko，2008），但还未应用于相关的个性测量研究。

虽然理论和研究表明职业兴趣能够预测个体在工作、学业和休闲生活中的行为，但相关研究仍然缺少对其中作用机制的探索。在此背景下，奈伊等（Nye，Prasad & Rounds，2021）认为，职业兴趣匹配度能够通过满意度和动机影响个体的学业成绩、公民行为、反生产行为和离职意向。

至今，没有哪一种职业兴趣模型能够完全适用于不同文化背景下的群体。一个适用于所有群体的职业兴趣模型可能是不存在的，但是针对不同文化背景，可能存在有代表性的职业兴趣模型。因此，还需要继续对跨文化的职业兴趣结构进行深入研究。

2. 国内相关研究

国内学者对霍兰德职业兴趣理论和职业兴趣量表的研究是国内开发职业兴趣量表的起源。白利刚、凌文辁和方俐洛（1996a，1996b）先后对霍兰德中国职业兴趣量表的会聚效度、区分效度和方法偏误的影响进行了检验，结果表明量表特质因素的会聚效度和区分效度良好，并且方法偏误的影响作用不大。同时，方俐洛、白利刚和凌文辁（1996）又以霍兰德的职业兴趣理论为依据，自行开发了适合中国国情的霍兰德式职业兴趣量表。在确定量表的项目和结构之后，他们以北京地区6所大学的学生为施测对象，采用因素分析的方法对原始量表的因素结构进行分析检验。筛选后的量表共保留138个项目。其中，原霍兰德量表的项目为78个，研究者新增的项目为60个。各个量表均包含6个因素，分别为现实型（R）、研究型（I）、艺术型（A）、社会型（S）、企业型（E）和传统型（C）。虽然许多研究表明，霍兰德的职业兴趣理论及其量表适用于中国情境，但刘长江和朗兹（2003）则认为霍兰德的圆形假设不完全适用于中国文化。

张厚粲、冯伯麟和袁坤（2004）关注了高中毕业生选报大学专业的问题，编制了一套适合我国高中生兴趣特点的职业兴趣测验《升学与就业指导测验》（升学版）。该测验将职业兴趣分为7种类型：艺术型、事务型、经营型、研究型、自然型、社会型和技术型，具有良好的信效度。初步使用的反馈结果表明，该测验对高中生选报专业帮助较大。

近年来，国内对个人球形职业兴趣量表（PGI）的研究逐渐增多。张宇等（2015）对个人球形职业兴趣量表简版（PGI-S）中文版进行了信效度检验，结果表明该量表的中文修订版有良好的信效度，适合在我国进行职业兴趣的测量。此后，个人球形职业兴趣量表简版中国版（PGI-SC）在个人球形职业兴趣量表简版（PGI-S）的基础上修订而来。该量表把职业兴趣划分为8种类型：社会促进、艺术、助人、自然/户外、机械、数据加工、商业细节和管理。为了验证该量表在中国的广泛适用性，使其更有效地应用于企业招聘和个人职业生涯规划，王宇中等（2016）对该量表的实证效度进行了检验，结果表明，PGI-SC 的内容效度、结构效度和效标效度良好。

总体而言，国内职业兴趣的研究还是以国外理论为基础开展的，量表的开发也都基于国外的理论和模型，缺少自主开发的职业兴趣维度和测量工具。

三、职业价值观

1. 国外相关研究

20 世纪 60 年代开始，职业价值观成为西方国家心理学研究的热门话题。许多学者从不同角度对其进行定义，目前仍未达成一致的观点。国外研究者对职业价值观的定义大致可以分为三类。第一类定义强调个体对工作价值的追求和个人需要的满足，认为职业价值观是个体对工作的内在价值和外部条件的追求（Schwartz，1999）。第二类定义强调个体对工作的信念与标准，将职业价值观看作个体对工作的评价并认为其能够指导工作行为（Schwartz，1999）。第三类定义强调职业价值观是个体对工作的偏好或意向（Brown，2002）。

职业价值观是一个多维度的概念，由于各个学者对其定义不同，职业价值观也相应有不同的分类和结构。舒伯（Super，1970）将职业价值观分为内在价值（如独立性）、外在价值（如社会地位、报酬）和外在报酬（如工作条件、同事关系）三大类。

对职业价值观的测量一般采用量表法。舒伯（Super，1957）编制的职业价值观量表（work values inventory，WVI）是在国外应用较为广泛的测量工具，具有良好的信度和效度。该量表采用李克特 5 级计分法，共 45 项，分为内在价值、外在价值、外在报酬三个维度，各维度的总分即职业价值观的综合评分。此外，在国外研究中被广泛使用的还有沃拉克等（Wollack et al.，1971）编制的职业价值观调查量表（survey of work value，SWV）等。

2. 国内相关研究

中国学者对职业价值观的研究，主要包括三方面的内容。

一是职业价值观的内涵。宁维卫（1996）认为，职业价值观是指人们衡量社会上的各种职业的优点、意义和重要性的内心尺度，它属于个性倾向的范畴。黄希庭等（1994）强调，职业价值观是人们对社会职业需求所表现出来的评价，它是人生价值观在职业问题上的反映，是人生价值观的一个重要方面。而廖泉文（2000）在其论文中提出，职业价值观是人们在人生道路、职业定向与选择、职业工作态度方面的根本性的观念，从最一般的意义上看，职业价值观是人们在从业问题上，或在对以职业为谋生经济来源、发挥才能、为社会做贡献这三项因素不同占比上所表现出来的社会态度。这些定义对职业价值观的内涵表述不尽相同，但都突出了职业价值观的主观特征。

二是职业价值观的结构。楼静波（1993）等一批中国社会科学院的学者曾针对“当代中国青年价值观念演变”加以探讨，研究结果显示在职业价值观方面，青年在选择职业时最重视的决定因素是“发挥个人特长”，接着是“经济收入”“社会地位”“轻松自由”；而青年评价较高的职业为企业家、科学研究人员、艺术家、大学教师和医生，至于党政干部所得评价则较以往明显降低。顾雪英（2001）的职业价值观的11个维度包括交往因素、义利因素、挑战因素、求新因素、成就因素、责任因素、环境因素、归属因素、体认因素、权力因素、创造因素。

三是职业价值观的测量。有关职业价值观的测量以舒伯的职业价值观量表影响较大，该量表能够测量与职业有关的15种价值观。我国学者宁维卫（1996）对舒伯的职业价值观量表进行了修订，使其更加适合我国的国情。修订过的量表比原量表增加了15个测试项目，研究表明这15个测试项目能够较准确地反映上述15种价值观，因此进一步提高了原量表的信度，更能揭示出中国人的职业价值观特点。

四、职业倦怠

首先需要说明的是，“职业倦怠”这一概念的英文名称为“career burnout”，其对应的中文翻译除了“职业倦怠”外，还有“职业枯竭”。但是，国内在研究时较多使用“职业倦怠”这一名词，因此，本教材也统一采用“职业倦怠”作为对“career burnout”的翻译。

1. 国外相关研究

美国临床心理学家弗罗伊登伯格（Freudenberger，1974）首先采用了“职业倦怠”一词来描述助人行业中经历“衰竭”（wear out）的人们。他认为，职业倦怠是因无法应付长期紧张的工作和巨大的工作压力并且无法达到自身和外界期望而形成的一种身心枯竭的状态。这一概念提出后引起了广泛共鸣。于是研究者开始关注这个由社会发展引起的心理现象。1980年第一届国际职业倦怠研讨会召开，职业倦怠成为一个专有名词，被定义为助人者因不能积极地解决问题、化解痛苦而造成的身心疲劳枯竭的状态。

美国社会心理学家马斯拉赫（Maslach，1976）在对社会工作者进行调研时了解到，这些工作者经常感到情感疲惫，他们对他们的当事人或患者产生了负面的看法和感受，情绪波动使他们面临专业技能危机，因此她认为职业倦怠是长期从事一项令人紧张的职业且处于长久压力之下的工作者们产生的疲惫感与挫折感。

以上两种职业倦怠的定义都是国外对职业倦怠比较权威的定义。

国外影响较大的职业倦怠量表是自陈性量表，主要有MBI、BM、OLBI和SMBM。马斯拉赫等编制了马氏职业倦怠量表（Maslach burnout inventory，MBI）（Maslach，1982），用于测量个体情感耗竭、去人格化和成就感降低的水平，该量表也是唯一一个测量了职业倦怠三个核心维度的量表（Maslach，Schaufeli & Leiter，2001）。该量表有三个版本，分别是针对社会工作者和医务人员的MBI-HSS（MBI human services survey）、针对教育工作者的MBI-ES（MBI educators survey）和适用于所有行业的通用调查表MBI-GS（MBI general survey）。该量表共22个项目，采用李克特7级评分标准。MBI已被大量实证研究检验，具有良好的信度和效度（Aiken，Sloane & Clarke，2004；Schaufeli et al.，2002；Schaufeli & Bakker，2004）。哈卡楠等（Hakanen，Bakker & Schaufeli，2006）采用通用调查表MBI-GS对芬兰赫尔辛基的教师进行研究，结果表明该问卷克伦巴赫系数在0.85以上，职业倦怠与工作投入和组织承诺都呈负相关关系。

虽然 MBI 量表是国外研究中影响最大、使用最广泛的职业倦怠量表，但是该量表也存在一定的问题。首先，在 MBI 的结构与测量问题上，国外相关研究至今仍存在广泛的争论。目前，国外的大多数研究都支持了倦怠的三因素结构模型（Gold et al.，1992；Lee & Ashforth，1990），也有研究在删除一些条目后得到可以接受的三因素模型（Yadama & Drake，1995）。其次，MBI 量表中所有项目都是单向题，这样不仅会引发单向性偏差（one-sided bias）（Demerouti et al.，2003），而且会导致问卷的表面效度很高，无形中增加了测量误差。

以色列心理学家派内斯和阿伦森（Pines & Aronson，1988）编制了倦怠量表（burnout measure，BM），用来评估个体身体、情绪和精神耗竭程度。该量表包含 21 个项目，每个维度 7 个项目，采用李克特 7 级评分标准。

德国心理学家德莫拉蒂等（Demerouti et al.，2003）开发了奥尔登堡枯竭问卷（Oldenburg burnout inventory，OLBI）。该问卷包含耗竭（exhaustion）和疏离工作（disengagement from work）两个维度。与 MBI 不同，OLBI 中的耗竭不仅包括情感反应，还包括在应激状态下的身体反应和认知反应。疏离工作是指对工作的态度消极，投入、认同度和继续工作的意愿不高。该问卷共有 15 个项目，采用李克特 4 级评分标准。由于问卷中既有正向题，又有负向题，因此克服了 MBI 的单向性偏差。正向题如“工作之后我常常享受闲暇时光”，负向题如“工作之后我经常感觉到疲倦和厌烦”（王芳，许燕，蒋奖，2005）。该问卷具有良好的内部一致性信度、判别效度和会聚效度（Demerouti et al.，2003）。与 MBI 相比，OLBI 摒弃了备受争议的“个人成就感/职业效能”维度，这种摒弃是否合适还有待考证（王芳，许燕，蒋奖，2005）。

此外，还有学者采用生理指标（Pruessner，Hellhammer & Kirschbaum，1999）测量职业倦怠。

2. 国内相关研究

20 世纪 90 年代，中小学教师大量流失的现象引起了关注。郭耀邦（1990）首次引入“职业倦怠”的概念对此进行分析，认为情绪衰竭和成就感低是造成当时教师群体流失的主要原因，从此开始了我国职业倦怠的相关研究。

起初主要的研究对象是教师，但基本上都是对职业倦怠的理论探讨，缺少实证研究。此后，随着改革开放和经济社会的发展，生活步伐日渐加快，工作压力也逐渐增大，社会中职业倦怠的现象越来越普遍。职业倦怠负向预测个体的工作绩效（刘文利，等，2016）、工作满意度（唐芳贵，彭艳，2008），正向预测个体的离职倾向（孙少星，等，2014），不仅不利于个体的职业生涯发展，还会在多个方面给企业经营造成负面影响。因此，职业倦怠成为众多国内研究者关注的焦点。2003 年以后，国内关于职业倦怠研究的论文发表量逐年上升，至 2014 年左右达到顶峰，共发表了近千篇关于职业倦怠相关研究的文章，虽于 2017 年略有下降，但仍是研究热点之一。研究对象也从一开始的教师扩展到公务员、医护人员、销售人员、企业员工等群体。

2003 年，国内学者开始尝试自主编制职业倦怠量表。王国香、刘长江和伍新春（2003）借鉴马斯拉赫等人的职业倦怠量表（MBI），编制了教师职业倦怠量表，通过对 170 名中学班主任的调查发现，教师职业倦怠有 3 个因子：情绪衰竭、去个性化和自我成就感。教师职业倦怠量表共21个项目，内部一致性系数在0.80和0.86之间，具有较高的分半信度和重测信度。

徐富明（2003）也自编了中小学教师职业倦怠问卷，探讨了教师的工作压力与其职业倦怠的关系。该问卷有三个维度——情绪疲劳、少成就感和去个人化，共15个项目，采用李克特量表形式，分5级记分。经检验，该问卷克伦巴赫系数为0.834 5，具有较高的分半信度。

王芳和许燕（2004）对中小学教师进行研究，验证了中国教师职业倦怠四维度模型，提出了“知识枯竭”这一新的维度，并编制了中小学教师职业倦怠量表。研究结果表明，来源于学生和领导的情感型支持对缓解中小学教师的职业倦怠更有效。该量表在对中小学教师职业倦怠的研究中多次被采用，表现出了一定的影响力，并具有良好的信度和效度（董莉萍，朱殊，杜瑞红，2010；张国礼，边玉芳，董奇，2013；赵飞，等，2011；朱姝，信红，2010）。

李永鑫和吴明证（2005）参考了马斯拉赫和派内斯等的研究，通过文献研究和个案访谈编制了适合中国文化背景的中式职业倦怠量表（Chinese Maslach burnout inventory，CMBI）。与MBI类似，CMBI也包括个体情感耗竭、去人格化和成就感降低三个维度，每个维度7个项目，共21个项目。经检验，该问卷具有较高的同质信度、分半信度和重测信度，并具有较好的效度。

国内学者还针对不同人群编制了职业倦怠量表。郭文斌（2008）通过访谈和文献综述，发现幼儿教师职业倦怠主要表现为个人职业成就感、职业负荷和压力感受、工作热情衰减，并编制了幼儿教师职业倦怠问卷。经检验，该问卷内部一致性系数在0.825和0.898之间，具有较高的分半信度和重测信度，是一种有效可行的测量工具。李国红和王力男（2008）编制了高校体育教师职业倦怠量表。该量表有3个分量表：情绪衰竭、去个性化、低成就感，共19个项目。总量表及分量表的克伦巴赫系数在0.655和0.887之间，并具有良好的结构效度和内部一致性信度。此外，还有针对军人的中国军人职业倦怠量表（董薇，等，2014）、针对医生的医生职业倦怠量表（徐航，等，2013）等。

可以看出，国内关于职业倦怠的量表开发主要是以马斯拉赫、派内斯等人的理论模型为基础。虽然有学者在中国情境下开发了职业倦怠量表，但维度的框架还是马斯拉赫的三维模型，对相关研究的拓展和创新还需要继续深入。

五、职业生涯管理

1. 组织职业生涯管理

（1）国外相关研究。20世纪80年代初，国外学者发现了从组织的角度来管理职业的重要性，并且开始总结组织职业生涯管理的方法和模式。古特里奇（Gutteridge，1986）系统总结了组织管理职业中值得关注的五个方面：向员工提供自我评估的工具和机会、为员工提供针对自身特点的职业发展咨询、发布内部劳动力市场信息、建立潜在评估中心、实施培训发展规划。格兰若思和波特伍德（Granrose & Portwood，1987）认为组织职业生涯管理的主要作用机制可以分为三个方向：通过设置组织层面的职业支持项目提高员工满意度和组织承诺、为员工提供职业信息、要求员工参与职业管理计划。通过这些时间较早的模型框架来看，国外早期关于组织职业生涯的研究核心主要围绕组织的信息支持、机会支持、培训支持、管理和政策支持等与职业生涯管理关系紧密的方面，且这些维度被普遍地认知、接受并运用。

（2）国内相关研究。在中国，关于组织职业生涯管理的相关研究起步较晚，这个领域中较早的研究可以追溯到龙立荣等在 2002 年的研究。龙立荣、方俐洛和凌文辁（2002a）通过开放式问卷调查和访谈的方式统计了武汉、襄樊、广州等地 12 家国有企业、私营企业和股份制企业员工的信息，通过探索性因素分析和验证性因素分析，将组织职业生涯管理分为 4 个方面：职业发展、注重培训、公平晋升、提供信息。这个量表在中国的使用率比较高，很多关于组织职业生涯管理的研究都是以这 4 个维度为基础进行的，例如郝冬梅、赵煜和朱焕卿（2016）的研究仍然使用龙立荣等开发的量表。这从侧面反映了开发一个新的 OCM 量表的迫切性。近几年，在国内的核心期刊中，陆续有学者试图开发新的组织职业生涯管理的模型和测量量表，这些发展具有自己的特色。有的学者认为特殊的职业需要设立一套特别的职业管理方法，例如黄洁华和田甜（2007）开发了一个专门针对教师职业生涯管理的模型，主要从“专业支持”“职业通道”“组织公平”“科研激励”方面对教师进行职业管理。类似地，曹科岩、陈永力和杨玉浩（2016）开发了高校组织职业生涯管理量表，包含“注重发展”“明确制度”“组织公平”“科研激励”4 个维度。最近研究中较为热门的“制度理论”也被引用到组织职业生涯管理的研究中来。郭文臣和孙琦（2014）认为职业生涯的管理主要是个人和组织相协调，于是他们提出了个人-组织职业生涯管理契合的概念，主要包含职业生涯观念、职业发展策略、组织社会化、组织生涯管理策略等维度。翁清雄和卞泽娟（2015）认为组织职业生涯管理可以更简洁地分为“职业指导”和“职业支持”两方面，其中“职业指导”设计了 5 个项目帮助员工设计职业发展方向，组织可以通过职业指导帮助员工认清自己；“职业支持”包含了 7 个不定期提供的培训，组织在进行工作调整时需要考虑员工的发展需求。赵庆琳等（Zhao et al.，2022）认为目前组织职业生涯管理缺乏较为统一的定义和广泛应用的测量工具。在此背景下，周文霞等（Zhou et al.，2022）开发了四个维度、共 12 个条目的组织职业生涯管理量表，四个维度分别为无边界工作、工作生活平衡政策、培训和发展，以及多元化。经检验，该量表具有良好的信度和效度。

组织职业生涯管理受到国内学者的欢迎，在中国情境下的组织职业生涯管理量表也不断地被开发与完善。这一概念被引用的次数也较多，成为改革开放 40 多年来职业领域最受欢迎的概念之一。

2. 自我职业生涯管理

（1）国外相关研究。随着经济全球化和无边界职业生涯概念的提出，组织间的竞争加剧，组织发展的不确定性增加。员工逐渐代替组织成为职业生涯发展的主体（Hall & Moss，1998），其不仅需要考虑自身的职业发展，还要通过职业生涯指导，提高自身能力。在此背景下，自我职业生涯管理（individual career management，ICM）的概念应运而生。

国外自我职业生涯管理的研究始于 20 世纪 60 年代。国外的研究对自我职业生涯管理概念的定义侧重点不同，分别强调职业行为、职业目标以及行为目标并重（李云，李锡元，2016）。霍尔和莫斯（Hall & Moss，1998）认为，ICM是个人通过对自我职业生涯的设计、规划和管理来满足自我职业生涯发展的需求。

斯顿夫等（Stumpf et al.，1983）编制了职业探索问卷（career exploration survey，CES），将职业探索分为影响职业探索的信念、职业探索过程和对职业探索的反应三个部分，并且三者相互影响。诺伊（Noe，1996）在斯顿夫等开发的CES的基础上，添加了一些新的项目，形成了新的自我职业生涯管理量表，其分为创造职业机会（creating career opportunities）、自荐（self-nomination）、社交（networking）和职业支持（career support）4个维度，内部一致性系数在0.67和0.85之间。德·沙姆菲莱里等（De Schamphelaere et al.，2004）的研究采用了该量表，结果表明自我职业生涯管理能够影响员工对心理契约和职业行为重要性的感知和评价。斯特奇斯等（Sturges et al.，2000）参考了诺伊等的研究，开发了包含共16个项目的三因素自我职业生涯管理量表，结果显示各因素的同质信度基本都在0.68和0.80之间。

综上所述，国外研究者对ICM的概念、结构已经有了相当多的讨论，但还没有达成共识。总体上看，对ICM的探讨缺乏系统性（龙立荣，方俐洛，凌文辁，2002b）。

（2）国内相关研究。国内关于自我职业生涯管理的相关研究起步较晚，20世纪90年代，我国才开始了相关研究（李云，李锡元，2016）。龙立荣、方俐洛和凌文辁（2001，2002a）首先介绍了自我职业生涯管理的概念和国外研究者对其结构的探索，并探究了这一概念的结构及各个结构之间的关系。龙立荣（2003）的研究发现，影响自我职业生涯管理的因素包括组织职业生涯管理和个人因素（成就动机和一般自我效能）。

2005年起，对自我职业生涯管理的实证研究开始逐渐增多。相关研究的主要研究对象是教师、企业员工，并主要关注这些人群的自我职业生涯管理情况（康廷虎，2010；王宪红，张玉泉，2016），以及职业生涯自我管理与心理资本（商临萍，等，2012）、工作满意度（李国昊，吴冰，白光林，2014；徐富明，相鹏，李斌，2014）、组织支持感（王隽，2015）等。

与国外研究类似，国内的相关研究中，有许多是对自我职业生涯管理结构的探索。从对结构的探索中，许多学者也自主编制了相应的量表。

龙立荣、方俐洛和凌文辁（2002b）通过访谈、开放式问卷等方法，对399名企业员工进行调研，提出员工自我职业生涯管理是一个五维结构，包括职业自我探索、职业目标和策略制定、继续学习、注重关系以及自我展示，并编制了自我职业生涯管理问卷（ICMQ）。该问卷共18个条目，各维度的同质信度在0.667和0.797之间，而且具有较好的构想和实证效度。该量表也是国内相关研究参考和引用最多的量表。龙立荣和毛忞歆（2007）采用该问卷，对IT行业的315名员工进行调查，结果表明自我职业生涯管理和职业承诺对职业生涯成功有预测作用，且自我职业生涯管理在职业承诺与职业生涯成功之间起部分中介作用。

李维和侯光明（2008）对211位软件销售人员进行调查，提出了自我职业生涯管理的三维结构——目标与胜任因子、职业发展准备因子、跨组织流动因子，并编制了自我职业生涯管理问卷。该问卷共15个项目，克伦巴赫系数为0.852。他们的研究发现，销售人员的职业发展意识更强，会为了职位晋升或更高的薪酬而有意识地在多个组织间流动，使人力资本在流动中增值。

此外，马跃如和程伟波（2010）开发了共含 24 个项目的四维度高科技企业经理人自我职业生涯管理测量量表，但其在研究中没有报告该量表的信度和效度指标。赵敏和吕有典（2011）采用自编的问卷对广东省东莞市民办中小学教师的自我职业生涯管理影响因素做了调查研究，研究表明，成就动机、组织职业生涯管理、自我效能感对民办中小学教师的自我职业生涯管理有显著影响，其中成就动机的预测力相对较大。

总结国内外研究可以发现，由于国内外的社会文化环境不同，自我职业生涯管理的结构也存在一定的差异。在中国情境下，"注重关系"是很重要的职业生涯管理因素之一，但国外的研究中几乎没有涉及。虽然目前自我职业生涯管理的研究已经取得了一定的成果，但是研究者对这一概念的内容、维度还没有达成共识，多数实证研究也多是分析这一概念与其他变量的相关关系，对自我职业生涯管理的作用机制等缺乏深入的分析，该方面还需要更多的研究加以充实。逯野等（2023）发现，自我职业生涯管理能够通过提升服务业员工的职业嵌入进而提升美感劳动水平，满足顾客的美感需求。

六、职业成功

1. 国外相关研究

职业成功（career success）是一个经久不衰的研究主题，国内外学者对于职业成功抱有极大的兴趣，也积累了大量的研究成果（周文霞，等，2015）。在学术界，最早关于职业成功的定义是由兰顿和斯顿夫（London & Stumpf，1982）提出的，他们认为职业成功是"一个人所累积起来的积极的心理上的成果或是与工作相关的成就"。这个定义得到了广泛的引用。随着研究的深入，学者们进一步将职业成功区分为客观成功和主观成功（Gattiker & Larwood，1988）。客观成功是指外部可以观察到并可以量化的一些指标，如物质成功（财富、财产、收入）、晋升次数、地位和头衔（等级位置）、可支配的权力、威望、影响力、知识与技能（Dries et al.，2009）。而主观成功标准则是个人从其从事职业的内部或外部所获得的满意度，是个体的主观评价（Greenhaus，Parasuraman & Wormley，1990）。对个体而言，客观职业成功和主观职业成功的评价标准并不总是重合的，高报酬和高职位并不能必然带来自豪感和成功感，有时它却恰恰带来了个人和工作的异化（Korman，Wittig-Berman & Lang，1981）。

2. 国内相关研究

周文霞（2008）将人们在判断职业成功与否时所使用的不同标准称为"职业成功观"。通过访谈她发现在中国社会背景下，员工通常使用"物质报酬""权力地位""绩效贡献""关系网络""安全稳定""才能发挥""获得认同""自由快乐""和谐平衡"等作为判断成功的标准，因此她进一步将职业成功归纳为三个维度——"外部报酬""内部满足""和谐平衡"，通过扎根理论开发了中国情境下的职业成功观测量量表，共 3 个维度 21 个项目（Zhou et al.，2013）。潘静洲和周文霞（Pan & Zhou，2015）在此基础上又将其简化为 10 个项目的职业成功观量表。高婧（2011）认为职业成功自我评价标准具有社会性，主要由社会期许、家庭负担、工作网络体现。王忠军等（2014）通过探讨中国情境下的职业成功，将其看作一个多维构念，含有胜任能力、关系资源、自我实现、经济成功、职业地位等方面，员工的职业成功观受到个人和社会的影响。肖薇和罗瑾琏（2013）以女性群体为研究对象，采用扎根理论开发了女性职业成功的测量量表。顾倩妮和苏勇（2016）在前人研究的基础上，基于儒道二元文化，以中国管理者为研究对象再次对职业生涯主观成功这一构念进行研究，表明职业成功观是一个多维构念，其衡量指标包括家庭和谐、组织和谐、国家和谐、个人发展及自由、身心健康5个维度。职业成功观这一概念在中国情境下有多个版本的测量量表，也说明学者对这一概念的理解差异较大，但学者们对职业成功观是一个多维构念这一点已达成共识。

国内学者对职业成功的兴趣不仅体现在对构念的测量上，还对职业成功的影响因素及作用机制进行了较多的探索。大五人格（翁清雄，等，2016），主动性人格（李焕荣，洪美霞，2012），职业流动（柏培文，2010），人力资本、社会资本和心理资本（王忠军，龙立荣，2005；周文霞，等，2015），社会网络（周含，刘津言，2012），领导成员交换（李燕萍，涂乙冬，2011），徒弟政治技能（韩翼，杨百寅，2012）都可以预测职业成功。在对中介机制的探索上，师徒关系（韩翼，杨百寅，2012）、心理授权（李燕萍，涂乙冬，2011）、政治技能（周文霞，等，2015）、职业弹性（李焕荣，洪美霞，2012）等已被学者研究证实。区域文化（翁清雄，等，2016）、宜人性（周含，刘津言，2012）、政治技能（李燕萍，涂乙冬，2011）等也被研究发现可以作为职业成功观的边界条件。同时，职业成功观也可以影响员工幸福感（潘静洲，等，2016）。于海波等（Yu et al.，2023）的元分析探索了主动性人格对职业成功的作用机制，发现职业生涯适应力在其中起到中介作用。

七、性别与职业性别刻板印象

1. 国外相关研究

一直以来，由性别因素在职场上造成的不平等都是国外学者们热议的话题。哈德斯蒂和贝兹（Hardesty & Betz，1980）调查了42对双职业夫妻婚姻调整水平的预测因素，发现对于女性而言，婚姻给其职业带来的影响较大，由于家庭利益比职业利益更重要，她们会更经常地调整自己的职业规划；对于妻子受教育程度较高、综合收入较高的双职业夫妻而言，婚姻给丈夫和妻子的职业带来的调整都较大。德莱达奇斯（Drydakis，2017）以英格兰、威尔士和苏格兰做过变性手术的员工作为对象进行研究，发现员工在变性手术后的工作满意度、心理健康程度和生活满意度均高于以前。理论上，女性获得的职业指导比男性少，而实证结果发现女性所接受的知识较男性而言是相当的甚至更多，造成这种脱节的原因是感知上的差异而非实际指导的差异（Welsh & Diehn，2018）。

2. 国内相关研究

国内关于性别对职业生涯影响的研究主要集中于职业性别刻板印象这个主题。这一主题的研究对象多为大学生，尤其是女大学生，女性员工也是重点研究对象。在研究方法上，定量研究居多。相关研究关注了职业性别刻板印象的测量、趋势和影响因素，有关影响因素主要包括人口统计学特征（如受教育程度、户口性质、地区等）、性别角色、自我卷入程度、人力资本等。此外，有研究采用心理学实验法，验证了职业性别刻板印象对职业决策的影响。冷静等（2017）采用内隐联想测验对 150 名大学生开展了心理学实验，结果表明，高内隐职业性别刻板印象的个体在职业决策过程中需要用更长的时间来加工信息线索，但是探索的信息更有深度。丘佩凡和王詠（2023）对 209 名新生代女性员工展开三轮问卷调查，结果表明，万花筒职业生涯观的挑战维度直接促进新生代女性员工的职业成功；真实性维度和挑战维度经由生涯适应力和工作重塑间接促进新生代女性员工的职业成功。

八、职业生涯适应力

1. 国外相关研究

职业生涯适应力是舒伯和纳索（Super & Knasel，1981）在对职业生涯成熟构念进行反思时提出的新概念。萨维卡（Savickas，1997）对其进行了详细的阐述，认为职业生涯适应力是个体用来应对工作或角色变化所带来的各种挑战的核心能力，代表着一种心理社会资源。

职业生涯适应力在近 15 年来受到西方学者的广泛关注。2012 年，13 个国家的学者聚集在一起，开发心理测量量表来衡量职业生涯适应力，称为“职业生涯适应力量表”（CAAS）。它由 4 个量表组成，每个量表有 6 个项目。这 4 个量表衡量了关注、控制、好奇心和信心，并将其作为管理职业转换、发展任务和工作挫伤的心理社会资源（Savickas & Porfeli，2012）。索艾尔等（Soares et al.，2023）进一步开发了只有 12 个条目的简版职业生涯适应力量表，并采用多个葡萄牙样本检验了简版量表的信效度。

除了对其结构的探究，对职业生涯适应力的相关变量的研究也从未停歇。有学者指出，经济大衰退后，公司采取的裁员行为能够提升员工的职业生涯适应力，对其职业生涯适应行为有积极影响（Kenny & Bledsoe，2005）。格雷格等（Gregor et al.，2021）研究发现，对障碍的感知和职业生涯适应力之间存在链式中介关系。具体来说，对障碍的感知能够通过勇气和个人成长动力影响对障碍的应对方式，进而影响职业生涯适应力。在影响结果方面，职业生涯适应力能够提升个体的心理幸福感（Nakra & Kashyap，2023）、工作搜寻意向和职业准备就绪程度（Al-Waqfi，Tlaiss & Ghoudi，2023），以及职业决策自我效能感（Stead，LaVeck & Hurtado Rua，2022）。

2. 国内相关研究

“职业生涯适应力”这一主题在近十年得到了国内学者的广泛关注，研究主要探讨了其前因变量和结果变量。前因变量包括个体与组织的匹配、职业成功观等（王元元，时勘，2017；辛璐，等，2017），结果变量主要包括工作绩效、离职意愿、主观职业成功（于海波，郑晓明，2013；闫文昊，于广涛，林琳，2018）。也有学者将职业生涯适应力作为中介变量进行研究，探讨其在领导反馈环境和员工离职倾向之间的中介作用（田慧荣，张剑，陈春晓，2017）。

赵小云和郭成（2010）首先将“职业生涯适应力”这一概念引进国内，介绍了这一概念的起源、理论和研究成果。随后，赵小云等（2015）在萨维卡提出的职业生涯适应力基础上，以中国学生为样本，提出了六维度的职业生涯适应力量表：生涯人际、生涯关注、生涯好奇、生涯自信、生涯控制、生涯调适。新增加的生涯人际和生涯调适体现出中国特色的大学生职业生涯适应力。于海波等（Yu et al.，2020）在CAAS的基础上开发了适合中国情境的12条目简版职业生涯适应力量表。近年来职业生涯适应力的研究备受关注，国内学者的实证研究证明了职业生涯适应力在职业生涯发展中的重要作用，比如它对很多职业结果相关变量都有积极的预测作用，包括绩效（于海波，郑晓明，2013）、创业（梁祺，王影，2016）、离职意向（舒晓丽，叶茂林，2019）、创新行为（盛宇华，邓勇锋，2021）等。

九、无边界职业生涯

1. 国外相关研究

"无边界职业生涯"这一概念最早出现在1993年美国的管理学会年会上，1994年国外学者亚瑟将其定义为可以跨越单一组织边界的就业机会。随后，亚瑟和卢梭（Arthur & Rousseau，1996）又将无边界职业生涯的概念拓展为6个含义：第一，跨越不同雇主的边界，雇员为追求自己的利益最大化而改变组织；第二，得到现任雇主和市场的认可，即员工有能力在当前组织外的组织中工作；第三，受外部关系网络或信息的支撑，这类雇员一般都通过广泛的人际关系网络来发展自己的职业生涯；第四，打破了组织中传统的关于职位等级和晋升等的假设，认为员工追求心理上的职业成功，即使是平级调动也可能是一种成功；第五，个体因个人或家庭原因，拒绝当前的工作机会，如员工期望花更多的时间陪伴家人，他可能就会选择能满足其要求的职位；第六，个体对职业生涯的选择依赖于其个人的理解，他并不认为无边界职业生涯中存在限制自己发展的因素，也就愿意展开这种生涯模式（王忠军，温琳，龙立荣，2015）。

影响无边界职业生涯的既有人口学因素如性别、年龄、婚姻和家庭状况等人口统计学特征（Valcour & Tolbert，2003），也有人格因素、人力资本因素和文化因素（Sullivan & Arthur，2006），而无边界职业生涯会影响个体的职业生涯成功，提高个体的主观成功感（Eby，2001），提高工作转换的可能性（Briscoe et al.，2012；Colakoglu，2011）。坤迪等（Kundi，Hollet-Haudebert & Peterson，2021）探索了无边界职业生涯态度和易变性职业生涯态度的影响结果，发现两者能够通过工作重塑影响主观职业成功。

2. 国内相关研究

该主题发展之初，国内相关研究主要探讨了无边界职业生涯时代组织和个体应该如何把握机会、如何面对挑战。对组织而言，应该培养员工忠诚度（喻剑利，曲波，2009），进行更完善的组织职业生涯管理（白艳莉，2007）。其中，喻剑利和曲波（2009）针对物理流动和心理流动的四种不同组合提出了组织职业生涯管理应有的模式。从个体角度看，郭晓霞和王建红（2005）对大学生提出了有针对性的择业指导。职业生涯无边界，雇佣关系和职业契约也有所转变，因此对个体就业能力的要求大大提高。郭志刚（2007）提出就业能力能够让个体在无边界职业生涯之中获得更多的“弹性和适应性”，是新型雇佣关系的核心。王忠军、黄蜜和王仁华（2017）研究了无边界职业生涯时代不同代际员工组织承诺的影响因素，结果表明组织流动性偏好负向影响组织承诺，组织发展性支持和感知的职业机会正向影响组织承诺，并且影响因素的重要性存在代际差异。

十、职业使命感

1. 国外相关研究

近年来使命感（calling）开始受到西方学者的关注，尤其是从 2002 年开始，关于职业使命感的研究文章每年有近 20 篇，到 2011 年，每年都有超过 50 篇相关研究文章（Baruch et al.，2015）。职业使命感与无边界职业生涯、职业锚、职业资本、职业高原、职业万花筒等概念同被认为是一种隐喻（Baruch et al.，2015）。

目前对职业使命感的研究主要从三大视角开展（谢宝国，辛迅，周文霞，2016），分别为古典主义视角、现代主义视角和新古典主义视角。古典主义视角源自西方的宗教学派，认为职业使命感来自上天的召唤、上帝的指引（Dalton，2001；Ponton et al.，2014；Bunderson & Thompson，2009），员工的才赋是天生的，员工对工作有义务也有使命感。第二个视角是以多布罗夫和托西-卡斯、霍尔和钱德勒为代表的现代主义视角，强调个体的内在驱动和自我价值实现（谢宝国，辛迅，周文霞，2016）。霍尔和钱德勒（Hall & Chandler，2005）认为职业使命感是一个人以生活为目的开展工作。第三个视角是迪克和达菲（Dik & Duffy，2009）倡导的新古典主义视角，其将职业使命感的来源分为三个维度：外在召唤、目的/意义和亲社会动机。

2. 国内相关研究

国内的研究在最近 5 年也如雨后春笋般涌现。廖传景、胡瑜和张进辅（2014）以中小学教师为研究对象，开发了职业使命感测量问卷，包括使命唤起、利他奉献、职责担当、职业坚守 4 个维度。随后，张春雨（2015）从中国 5 所高校抽取 850 名大学生进行 29 个条目的测量，开发出中国人的职业使命感量表（Chinese calling scale，CCS）。该量表分为利他（altruism）、引导力量（guiding force）、意义和目的（meaning and purpose）3 个维度共 11 个条目。其中“利他”这一维度与其他国家量表的表现不同，研究者认为这一结果或许与我国在素质教育阶段所强调的奉献精神有关。尽管有学者认为中西方的职业使命感不完全一致，但是就内驱动这一因素而言，对中国学生群体的职业使命感测试与西方一样都反映出生活的意义和目的，证明在其内驱动上，中西方的职业使命感是一致的。较为有趣的是，贾文文和王忠军（2018）通过对中国老科学家进行案例研究，认为老科学家的职业使命感也是个多元构念，包含着责任心、目的与意义感、亲社会行为与长期性 4 个部分，这一独特样本是对职业使命感研究的进一步延伸。谢宝国等（2023b）对中国情境下职业使命感的结构和维度进行了构想，认为内心呼唤、群己融合是中国情境下职业使命感的核心维度。

在概念检验上，国内学者的研究也逐渐增多。职业使命感可以调节大学生的主动性人格与求职清晰度之间的关系（沈雪萍，胡湜，2015），叶宝娟等（2016）通过对大学生求职次数的分析，发现拥有职业使命感的大学生求职更积极。顾江洪等（2018）通过对不同样本的检验发现，职业使命感驱使员工进行工作投入，预测并验证了职业使命感对工作资源（社会支持、绩效反馈、工作自主性和职业发展机会）与工作投入关系的积极显著的调节效应。谢宝国等（2023a）构建了职业使命感影响科研人员职业幸福感的双过程模型，发现职业使命感通过资源创造过程对科研人员的工作活力和主观专业高原产生影响，通过资源保护过程促进科研人员的工作活力。

十一、零工经济

1. 国外相关研究

零工经济产生于互联网时代的大背景下，以灵活的就业模式、便捷的就业渠道和低要求的就业门槛，成为现代就业的新模式。根据郭彤梅等（2023）的统计，2011—2015年国外学者们开始关注零工经济这一新的就业方式，但文献量较少；2016年以后进入发展期，文献发表数量快速增加，越来越多的学者开始重视该领域的相关研究。

国外零工经济的相关研究取得了较为丰富的成果。现有研究多数关注零工劳动对从业者生计的影响（Graham，Hjorth & Lehdonvirta，2017）、零工工作者对劳动控制的感知和行为（Bellesia，Mattarelli & Bertolotti，2023）、零工经济中无边界职业生涯的挑战和阻碍（Kost，Fieseler & Wong，2020）等，研究成果涉及多学科、多领域及多视角。虽然国外研究已经获得了一些成果，但仍然处于起步阶段。首先，当前研究多侧重于概念阐述、案例分析等定性研究，缺少相关测量工具展开定量研究。其次，研究内容相对分散，尚未形成完善的理论框架。最后，现有研究多从单一视角出发，缺少系统全面地梳理零工经济的理论体系，尚未全面客观地揭示零工经济领域研究的全貌（郭彤梅，等，2023）。

2. 国内相关研究

国内研究稍晚于国外，2016年开始有学者涉足该领域；2019—2021年间属于发展期，零工经济相关研究的发文数量快速增长（郭彤梅，等，2023）。零工经济是互联网、物联网飞速发展的背景下形成的一种新经济形态。基于互联网的新零工经济形式可以进一步分为资本平台零工、众包和基于APP的零工。零工经济能够促进个体人力资本的增值，影响中国企业人力资源管理的未来发展（魏丹霞，赵宜萱，赵曙明，2021）。党的二十大报告提出，要加强灵活就业和新就业形态劳动者权益保障。在党的二十大精神指导下，已有研究探讨了灵活用工对传统组织模式的冲击（戚聿东，肖旭，2020）、零工从业者合法权益的保护（武辉芳，谷永超，2022）、对创业的影响（莫怡青，李力行，2022）等问题。王海江、魏昕和董韫韬（2022）认为可以从以下方向进一步考察零工经济背景下工作与职业的新常态：（1）工作中与时间有关的概念和问题；（2）与临时零工团队有关的概念和问题；（3）加强定性方法在零工经济相关研究中的使用。

第 3 节　国内外职业生涯研究的总结

通过对国内外职业生涯研究状况进行梳理和对比，可以得出以下结论：

一、职业生涯研究起步于心理学，并涉及多学科

20 世纪初，由经济发展、职业分化、技术进步带来的就业难题在西方日益凸显，因此西方国家采取了一系列社会应对措施，职业指导作为最初的职业生涯管理实践方式也应运而生。1908 年，帕森斯在波士顿创办职业指导局开启了职业生涯管理的研究，他首次提出“职业指导”这一概念，被称为“职业指导之父”。国外关于职业生涯的研究起步较早，距今已经一个世纪有余。

真正推动西方职业生涯研究日益丰富并成为学术界相对独立的一个研究领域的，是心理学的发展，尤其是心理测量技术的发展。可以说，20 世纪初至 20 世纪 70 年代之前，心理学在职业指导的理论界占据统治地位，似乎一切职业行为和职业问题都可以通过心理学的技术和方法得以解释和解决。60 年代末 70 年代初的世界经济危机打破了这种不切实际的想法，职业指导已经无力解决社会上普遍存在的失业问题。在这种情况下，对职业生涯的研究开始涉及社会学、经济学等学科。社会学家、经济学家更为重视环境的因素，认为政治、经济、社会、法律等“机会”因素是个体无法自主控制的变量，但却在个人的职业生涯过程中起到不可忽视的重要作用。随着理论的不断发展和应用，职业生涯理论的研究视角变得更加开阔。

二、研究视角不断丰富，形成经典的框架性理论

20 世纪 80 年代，职业生涯理论开始引入社会认知的视角，学者们从价值观、经验、动机以及行为等角度来研究职业发展的规律，产生了许多经典的理论。如霍兰德的职业兴趣理论、舒伯的生涯发展理论和兰特的社会认知职业理论等，这三大传统的理论是研究职业生涯的经典框架，分别体现了职业生涯研究的结构取向、类型取向和过程取向的研究范式。步入 21 世纪，知识经济和信息技术革命使得工作的结构和性质发生了根本性的改变，面对复杂的政治、经济、社会环境，职业生涯的研究也有了新的发展，开始关注对人生信念、人际关系和生存价值的建构。在建构主义背景下，职业生涯领域的研究发展出了系统职业理论和混沌职业理论两种理论成果（黄超，2014）。

三、国外研究成果颇丰，国内研究紧跟国外趋势

西方关于职业生涯的相关研究，从 1908 年伊始至今，已有 110 多年的历史，产生了大量丰富的学术成果。在此基础上，学者们开始对这些研究成果进行系统的梳理整合。

与国外同时期的研究热点相比，我国学者在职业生涯领域的研究一直在追随西方学者的研究轨迹。对比国内外研究可知，多个研究主题都先在国外研究中出现并兴起后，

才被引入国内（如职业指导、职业倦怠、职业生涯管理、职业兴趣、职业成功、职业成熟度、职业生涯适应力等）。国内研究与国外研究的契合度较高，或者说，很多国内学者一直在追随国外的新理念、新理论进行研究。中国职场的环境与西方有很大的不同，中西方文化差异也是显而易见的，中国急需更多的本土化研究，提炼形成自己的职业生涯理论，为学术发展做出贡献。

复习思考题

1. 国内外职业生涯研究都有哪些比较重点的主题？
2. 近年来国内外职业生涯研究出现了一些比较新颖的热门主题，都有哪些？这些主题的研究现状如何？
3. 国内外职业生涯研究有何特点？两者的联系和区别是什么？
4. 你对做好中国本土化的职业生涯研究有哪些建议？
5. 如果你想从事职业生涯管理领域的研究，你最想研究的话题是什么？为什么？

参考文献

[1] Aiken L H, Sloane D M, Clarke S P. Nurse burnout and patient satisfaction. Medical Care, 2004, 42 (2 Suppl).

[2] Al-Waqfi M A, Tlaiss H, Ghoudi K. Career adaptability as a predictor of job search intentions and career readiness of young adults in the United Arab Emirates. Journal of Career Development, 2023, 50 (5).

[3] Arthur M B. The boundaryless career: a new perspective for organizational inquiry. Journal of Organizational Behavior, 1994, 15 (4).

[4] Arthur M B, Rousseau D M. The boundaryless career as a new employment principle//Arthur M B, Rousseau D M. The boundaryless career: a new employment principle for a new organizational era. New York: Oxford University Press, 1996.

[5] Athanasou J A. Analysis of responses to vocational interest items: a study of Australian high school students. Journal of Career Assessment, 2001, 9 (1).

[6] Baruch Y, Szücs N, Gunz H. Career studies in search of theory: the rise and rise of concepts. Career Development International, 2015, 20 (1).

[7] Bellesia F, Mattarelli E, Bertolotti F. Algorithms and their affordances: how crowdworkers manage algorithmic scores in online labour markets. Journal of Management Studies, 2023, 60 (1).

[8] Betsworth D G, Fouad N A. Vocational interests: a look at the past 70 years and a glance at the future. Career Development Quarterly, 2011, 46 (1).

[9] Briscoe J P, et al. Coping with an insecure employment environment: the differing roles of protean and boundaryless career orientations. Journal of Vocational Behavior, 2012, 80 (2).

[10] Brown D. The role of work and cultural values in occupational choice, satisfac-

tion, and success: a theoretical statement. Journal of Counseling & Development, 2002, 80 (1).

[11] Bunderson J S, Thompson J A. The call of the wild: zookeepers, callings, and the double-edged sword of deeply meaningful work. Administrative Science Quarterly, 2009, 54 (1).

[12] Chay Y W, Aryee S. Potential moderating influence of career growth opportunities on careerist orientation and work attitudes: evidence of the protean career era in Singapore. Journal of Organizational Behavior, 1999, 20 (5).

[13] Colakoglu S N. The impact of career boundarylessness on subjective career success: the role of career competencies, career autonomy, and career insecurity. Journal of Vocational Behavior, 2011, 79 (1).

[14] Crites J O. Career maturity. NCME Measurement in Education, 1973 (4).

[15] Dalton J C. Career and calling: finding a place for the spirit in work and community. New Directions for Student Services, 2001 (95).

[16] De Schamphelaere V, De Vos A, Buyens D. The role of career-selfmanagement in determining employees' perceptions and evaluations of their psychological contract and their esteemed value of career activities offered by the organization. Ghent University, Faculty of Economics and Business Administration, 2004.

[17] Demerouti E, et al. The convergent validity of two burnout instruments: a multitrait-multimethod analysis. European Journal of Psychological Assessment, 2003, 19 (1).

[18] Dik B J, Duffy R D. Calling and vocation at work: definitions and prospects for research and practice. The Counseling Psychologist, 2009, 37 (3).

[19] Dries N, et al. Development and validation of an objective intra-organizational career success measure for managers. Journal of Organizational Behavior: The International Journal of Industrial, Occupational and Organizational Psychology and Behavior, 2009, 30 (4).

[20] Drydakis N. Trans employees, transitioning, and job satisfaction. Journal of Vocational Behavior, 2017 (98).

[21] Eby L T. The boundaryless career experiences of mobile spouses in dual-earner marriages. Group & Organization Management, 2001, 26 (3).

[22] Ference T P, Stoner J A F, Warren E K. Managing the career plateau. Academy of Management Review, 1977, 2 (4).

[23] Freudenberger H J J. Staff burnout. Journal of Social Issues, 1974, 30 (1).

[24] Friborg O, et al. A new rating scale for adult resilience: what are the central protective resources behind healthy adjustment? . International Journal of Methods in Psychiatric Research, 2003, 12 (2).

[25] Fourie C, Van Vuuren L J. Defining and measuring career resilience. SA Jour-

nal of Industrial Psychology，1998，24（3）.

[26] Garavan T N，O' Brien F，O' Hanlon D. Career advancement of hotel managers since graduation：a comparative study. Personnel Review，2006，35（3）.

[27] Gattiker U E，Larwood L. Predictors for managers' career mobility，success，and satisfaction. Human Relations，1988，41（8）.

[28] Gold Y，et al. The factorial validity of a teacher burnout measure（educators survey）administered to a sample of beginning teachers in elementary and secondary schools in California. Educational and Psychological Measurement，1992，52（3）.

[29] Gould S，Penley L E. Career strategies and salary progression：a study of their relationships in a municipal bureaucracy. Organizational Behavior and Human Performance，1984，34（2）.

[30] Graham M，Hjorth I，Lehdonvirta V. Digital labour and development：impacts of global digital labour platforms and the gig economy on worker livelihoods. Transfer：European Review of Labour and Research，2017，23（2）.

[31] Granrose C S，Portwood J D. Matching individual career plans and organizational career management. Academy of Management Journal，1987，30（4）.

[32] Greenhaus J H，Parasuraman S，Wormley W. Organizational experiences and career success of black and white managers. Academy of Management Journal，1990，33（1）.

[33] Gregor M A，et al. Positive predictors of career adaptability among diverse community college students. Journal of Career Assessment，2021，29（1）.

[34] Grzeda M M，Prince J B. Career motivation measures：a test of convergent and discriminant validity. International Journal of Human Resource Management，1997，8（2）.

[35] Gutteridge T G. Organizational career development systems：the state of the practice. Career Development in Organizations，1986（15）.

[36] Hakanen J J，Bakker A B，Schaufeli W B. Burnout and work engagement among teachers. Journal of School Psychology，2006，43（6）.

[37] Hall D T，Moss J E. The new protean career contract：helping organizations and employees adapt. Organizational Dynamics，1998，26（3）.

[38] Hall D T，Chandler D E. Psychological success：when the career is a calling. Journal of Organizational Behavior：The International Journal of Industrial，Occupational and Organizational Psychology and Behavior，2005，26（2）.

[39] Hardesty S A，Betz N E. The relationships of career salience，attitudes toward women，and demographic and family characteristics to marital adjustment in dual-career couples. Journal of Vocational Behavior，1980（17）.

[40] Holland J L. Making vocational choices：a theory of careers. Englewood Cliffs，NJ：Prentice Hall，1973.

[41] Jung J，Tak J. The effects of perceived career plateau on employees' attitudes：moderating effects of career motivation and perceived supervisor support with Korean employees. Journal of Career Development，2008，35 (2).

[42] Kenny M E，Bledsoe M. Contributions of the relational context to career adaptability among urban adolescents. Journal of Vocational Behavior，2005，66 (2).

[43] Korman A K，Wittig-Berman U，Lang D. Career success and personal failure：alienation in professionals and managers. Academy of Management Journal，1981，24 (2).

[44] Kost D，Fieseler C，Wong S I. Boundaryless careers in the gig economy：an oxymoron? . Human Resource Management Journal，2020，30 (1).

[45] Kundi Y M，Hollet-Haudebert S，Peterson J. Linking protean and boundaryless career attitudes to subjective career success：a serial mediation model. Journal of Career Assessment，2021，29 (2).

[46] Latack J C，Dozier J B. After the ax falls：job loss as a career transition. Academy of Management Review，1986，11 (2).

[47] Lee R T，Ashforth B E. On the meaning of Maslach's three dimensions of burnout. Journal of Applied Psychology，1990，75 (6).

[48] London M，Stumpf S A. Managing careers. Boston，MA：Addison Wesley Publishing Company，1982.

[49] Long L，Adams R S，Tracey T J G. Generalizability of interest structure to China：application of the personal globe inventory. Journal of Vocational Behavior，2005，66 (1).

[50] Maslach C. Burned-Out. Human Behavior，1976 (5).

[51] Maslach C. Understanding burnout：definitional issues in analyzing a complex phenomenon//Patti R J. Job stress and burnout：research，theory and intervention perspectives. Beverly Hills：Sage Publications，1982.

[52] Maslach C，Schaufeli W B，Leiter M P. Job burnout. Annual Review of Psychology，2001，52 (1).

[53] McCleese C S，Eby L T. Reactions to job content plateaus：examining role ambiguity and hierarchical plateaus as moderators. The Career Development Quarterly，2006，55 (1).

[54] Metz I，Tharenou P. Women's career advancement：the relative contribution of human and social capital. Group & Organization Management，2001，26 (3).

[55] Nachbagauer A G M，Riedl G. Effects of concepts of career plateaus on performance，work satisfaction and commitment. International Journal of Manpower，2002，23 (8).

[56] Nakra N，Kashyap V. Linking career adaptability and psychological well-being：a test of moderated mediation model among Indian employees. Journal of Career De-

velopment，2023，50（6）.

［57］Noe R A. Is career management related to employee development and performance? . Journal of Organizational Behavior，1996，17（2）.

［58］Nye C D，Prasad J，Rounds J. The effects of vocational interests on motivation，satisfaction，and academic performance：test of a mediated model. Journal of Vocational Behavior，2021，127.

［59］Ogbuanya T C，Chukwuedo S O. Career-training mentorship intervention via the Dreyfus model：implication for career behaviors and practical skills acquisition in vocational electronic technology. Journal of Vocational Behavior，2017（103）.

［60］Pan J，Zhou W. How do employees construe their career success：an improved measure of subjective career success. International Journal of Selection and Assessment，2015，23（1）.

［61］Parsons F. The vocation bureau. The Arena，1908，40（244）.

［62］Pines A，Aronson E. Career burnout：causes and cures. New York：Free Press，1988.

［63］Ponton R，et al. Vocational perception：a mixed-method investigation of calling. The Psychologist-Manager Journal，2014，17（3）.

［64］Pruessner J C，Hellhammer D H，Kirschbaum C. Burnout，perceived stress，and cortisol responses to awakening. Psychosomatic Medicine，1999，61（2）.

［65］Reivich K，Shatté A. The resilience factor：7 essential skills for overcoming life's inevitable obstacles. Broadway Books，2002.

［66］Roe A. The psychology of occupations. New York：Wiley，1956.

［67］Rounds J，Day S X. Describing，evaluating，and creating vocational interest structures//Savickas M L，Spokane A R. Vocational interests：meaning measurement，and counseling use. Palo Alto，CA：Davies-Black，1999.

［68］Rounds J，Tracey T J. Cross-cultural structural equivalence of RIASEC models and measures. Journal of Counseling Psychology，1996，43（3）.

［69］Savery L K，Wingham D L. Coping with the career plateau：motivators for directors of child-care centres. Leadership & Organization Development Journal，1991，12（2）.

［70］Savickas M L. Career adaptability：an integrative construct for life-span，life-space theory. The Career Development Quarterly，1997，45（3）.

［71］Savickas M L，Porfeli E J. Career adapt-abilities scale：construction，reliability，and measurement equivalence across 13 countries. Journal of Vocational Behavior，2012，80（3）.

［72］Schaufeli W B，et al. Burnout and engagement in university students：a cross-national study. Journal of Cross-Cultural Psychology，2002，33（33）.

［73］Schaufeli W B，Bakker A B. Job demands，job resources，and their relationship with burnout and engagement：a multi-sample study. Journal of Organizational Behavior，2004，25（3）.

［74］Schwartz S H. A theory of cultural values and some implications for work. Applied Psychology，1999，48（1）.

［75］Soares J，et al. Career adapt-abilities scale-short form：validation among Portuguese university students and workers. Journal of Career Assessment，2023，31（3）.

［76］Stead G B，LaVeck L M，Hurtado Rua S M. Career adaptability and career decision self-efficacy：meta-analysis. Journal of Career Development，2022，49（4）.

［77］Stumpf S A，Colarelli S M，Hartman K. Development of the career exploration survey（CES）. Journal of Vocational Behavior，1983，22（2）.

［78］Sturges J，Guest D，Mac Davey K K. Who's in charge? Graduates' attitudes to and experiences of career management and their relationship with organizational commitment. European Journal of Work and Organizational Psychology，2000，9（3）.

［79］Sullivan S E，Arthur M B. The evolution of the boundaryless career concept：examining physical and psychological mobility. Journal of Vocational Behavior，2006（69）.

［80］Super D E. The psychology of careers：an introduction to vocational development. New York：Harper，1957.

［81］Super D E. Manual of work values inventory. Chicago：Riverside，1970.

［82］Super D E，Knasel E G. Career development in adulthood：some theoretical problems and a possible solution. British Journal of Guidance and Counselling，1981，9（2）.

［83］Sverko I. Spherical model of interests in Croatia. Journal of Vocational Behavior，2008，72（1）.

［84］Tremblay M，Roger A. Individual，familial，and organizational determinants of career plateau：an empirical study of the determinants of objective and subjective career plateau in a population of Canadian managers. Group & Organization Management，1993，18（4）.

［85］Valcour P M，Tolbert P. Gender，family and career in the era of boundarylessness：determinants and effects of intra-and inter-organizational mobility. International Journal of Human Resource Management，2003，14（5）.

［86］Watts A G，Sultana R G. Career guidance policies in 37 countries：contrasts and common themes. International Journal for Educational and Vocational Guidance，2004，4（2-3）.

［87］Welsh E T，Diehn E W. Mentoring and gender：perception is not reality. Career Development International，2018，23（4）.

［88］Weng Q，Mcelroy J C. Organizational career growth，affective occupational commitment and turnover intentions：corrigendum. Journal of Vocational Behavior，

2012，80（2）.

［89］Wickramasinghe V，Jayaweera M. Impact of career plateau and supervisory support on career satisfaction：a study in offshore outsourced IT firms in Sri Lanka. Career Development International，2010，15（6）.

［90］Williamson E G. How to counsel students：a manual of techniques for clinical counselors. New York and London：McGraw-Hill，1939.

［91］Wollack S，Goodale J G，Wijting J P，et al. Development of the survey of work values. Journal of Applied Psychology，1971，55（4）.

［92］Yadama G N，Drake B. Confirmatory factor analysis of the Maslach burnout inventory. Social Work Research，1995（9）.

［93］Yu H，et al. Career adapt-abilities scale-short form（CAAS-SF）：validation across three different samples in the Chinese context. Journal of Career Assessment，2020，28（2）.

［94］Yu H，et al. A multiple mediational meta-analysis of the influence of proactive personality on subjective career success at the career exploration stage. Journal of Career Assessment，2023，31（2）.

［95］Zhao Q，et al. Organizational career management：a review and future prospect. Career Development International，2022，27（3）.

［96］Zhou W，et al. Criteria of career success among Chinese employees：developing a multidimensional scale with qualitative and quantitative approaches. Journal of Career Assessment，2013，21（2）.

［97］Zhou W，et al. Organizational career management in the new career era：scale development and validation. Asia Pacific Journal of Human Resources，2022，60（4）.

［98］白光林，凌文辁，李国昊．职业高原与工作满意度、组织承诺、离职倾向关系研究．软科学，2011，25（2）.

［99］白光林．企业管理者职业高原对工作满意度与离职倾向的影响．暨南学报（哲学社会科学版），2015，37（5）.

［100］白利刚，凌文辁，方俐洛．霍式中国职业兴趣量表构想效度的验证性因素分析（Ⅰ）：量表会聚效度和区分效度的验证性因素分析．心理学报，1996a，28（1）.

［101］白利刚，凌文辁，方俐洛．霍式中国职业兴趣量表构想效度的验证性因素分析（Ⅱ）：多特质多方法矩阵的LISREL模型比较检验．心理学报，1996b，28（2）.

［102］白艳莉．无边界职业生涯时代的职业生涯管理．中国人力资源开发，2007（4）.

［103］柏培文．就业选择、职业流动与职业成功：基于高校毕业生职业调查的研究．经济管理，2010，32（2）.

［104］蔡郁毓．美国“全国职业教育研究中心”．比较教育研究，1980（4）.

［105］曹科岩，陈国梁．高校教师职业韧性的调查与分析．职业技术教育，2014（32）.

［106］曹科岩，刘兰平．高校教师职业韧性的结构与测量．心理研究，2015，8 (1).

［107］曹科岩，陈永力，杨玉浩．高校组织职业生涯管理与教师职业韧性的关系研究．教育评论，2016 (6).

［108］董莉萍，朱殊，杜瑞红．中小学教师职业枯竭与社会支持状况及其相关分析．现代预防医学，2010，37 (7).

［109］董薇，等．中国军人职业倦怠量表的信效度检验．第二军医大学学报，2014，35 (10).

［110］方俐洛，白利刚，凌文辁．HOLLAND 式中国职业兴趣量表的建构．心理学报，1996 (2).

［111］高婧．中国从业者职业成功评定标准相关问题探讨：一项个案研究．云南师范大学学报（哲学社会科学版），2011，43 (1).

［112］高奇．全社会都要关心职业指导工作．教育与职业，1987 (3).

［113］顾江洪，等．职业使命感驱动的工作投入：对工作与个人资源效应的超越和强化．南开管理评论，2018，21 (2).

［114］顾倩妮，苏勇．中国管理者职业生涯主观成功的内涵和测量研究．中国人力资源开发，2016 (3).

［115］顾雪英．职业价值结构初探．心理学探新，2001，21 (1).

［116］郭彤梅，等．零工经济的研究述评与展望．管理学报，2023，20 (6).

［117］郭文斌．幼儿教师职业倦怠量表的初步编制．西北师范大学学报（社会科学版），2008，45 (3).

［118］郭文臣，孙琦．个人-组织职业生涯管理契合：概念、结构和动态模型．管理评论，2014，26 (9).

［119］郭晓霞，王建红．无边界职业生涯对大学生择业的启示．中国人力资源开发，2005 (6).

［120］郭耀邦．中小学教师的职业倦怠问题刍议．东疆学刊，1990 (4).

［121］郭志刚．基于就业能力的无边界职业生涯平衡．经济管理，2007 (19).

［122］韩翼，杨百寅．师徒关系开启徒弟职业成功之门：政治技能视角．管理世界，2012 (6).

［123］郝冬梅，赵煜，朱焕卿．组织职业生涯管理与员工离职意向：情感承诺的中介作用．兰州大学学报（社会科学版），2016，44 (1).

［124］黄超．西方职业生涯理论的最新发展．经营管理者，2014 (7).

［125］黄洁华，田甜．大学教师职业生涯管理因素结构研究．心理科学，2007，30 (3).

［126］黄希庭，等．当代中国青年价值观与教育．成都：四川教育出版社，1994.

［127］贾文文，王忠军．中国老科学家职业使命感的内涵及影响因素的案例研究．科技管理研究，2018，38 (4).

［128］缴润凯，王国霞，刘立立．师范生教师职业成熟度问卷的编制．心理发展与

教育，2010，26（2）.

[129] 康廷虎．不同生涯阶段高校青年教师的自我职业生涯管理．当代教育与文化，2010（2）.

[130] 寇冬泉，黄技．职业韧性与教师职业生涯高原的产生．广西师范学院学报（哲学社会科学版），2008，29（3）.

[131] 寇冬泉，张大均．中小学教师职业生涯高原的结构及其问卷编制．西南大学学报（社会科学版），2009，35（2）.

[132] 冷静，等．内隐职业性别刻板印象、信息完整性对大学生职业决策过程的影响．心理发展与教育，2017，33（3）.

[133] 李国昊，吴冰，白光林．自我职业生涯管理与工作满意度的关系：基于江苏农村基层就业大学生的研究．中国人力资源开发，2014（9）.

[134] 李国红，王力男．高校体育教师职业倦怠量表的编制．北京体育大学学报，2008，31（2）.

[135] 李焕荣，洪美霞．员工主动性人格与职业生涯成功的关系研究：对职业弹性中介作用的检验．中国人力资源开发，2012（4）.

[136] 李珲，丁刚．专业雇员职业成长与离职意愿：组织-专业冲突的调节作用．现代财经（天津财经大学学报），2014（2）.

[137] 李维，侯光明．软件销售人员自我职业生涯管理与三维绩效的实证研究．中国市场，2008（14）.

[138] 李燕萍，涂乙冬．与领导关系好就能获得职业成功吗？一项调节的中介效应研究．心理学报，2011，43（8）.

[139] 李永鑫，吴明证．工作倦怠的结构研究．心理科学，2005，28（2）.

[140] 李云，李锡元．员工自我职业生涯管理研究述评与展望．技术经济与管理研究，2016（1）.

[141] 李志，江婷，邓碧会．国有企业青年科技人员职业高原现象的实证研究．中国青年研究，2006（10）.

[142] 梁祺，王影．生涯适应力、创业激情和创业意愿关系研究．科学学与科学技术管理，2016，37（1）.

[143] 廖传景，胡瑜，张进辅．中小学教师职业使命感与职业承诺的相关调查研究．教育导刊，2014（10）.

[144] 廖泉文．中、日、美价值观对人力资源管理的影响．中国人力资源开发，2000（11）.

[145] 刘长江，郝芳．职业兴趣的结构：理论与研究．心理科学进展，2003，11（4）.

[146] 刘长江，James Rounds. 评估职业兴趣的结构．心理学报，2003（3）.

[147] 刘慧．中学生职业成熟度发展特点研究．重庆：西南师范大学，2004.

[148] 刘文利，等．高校教师职业倦怠与工作绩效相关研究．职业与健康，2016，32（1）.

[149] 龙立荣，方俐洛，凌文辁．组织职业生涯管理的发展趋势．心理科学进展，2001，9 (4).

[150] 龙立荣，李晔．职业辅导思想的历史嬗变：从职业指导到生涯辅导．华中师范大学学报（人文社会科学版)，2001，40 (6).

[151] 龙立荣，方俐洛，凌文辁．组织职业生涯管理及效果的实证研究．管理科学学报，2002a，5 (4).

[152] 龙立荣，方俐洛，凌文辁．企业员工自我职业生涯管理的结构及关系．心理学报，2002b，34 (2).

[153] 龙立荣．企业员工自我职业生涯管理的影响因素．心理学报，2003，35 (4).

[154] 龙立荣，毛忞歆．自我职业生涯管理与职业生涯成功的关系研究．管理学报，2007 (3).

[155] 楼静波．中国青年大透视：关于一代人的价值观演变研究．北京：北京出版社，1993.

[156] 逯野，等．自我职业生涯管理对员工美感劳动的作用研究．管理学报，2023，20 (1).

[157] 罗锡莉，张进辅．大学生职业成熟度结构及问卷编制．心理学探新，2008，28 (2).

[158] 马远，凌文辁．飞越“职业高原”．人力资源，2002 (10).

[159] 马跃如，程伟波．自我职业生涯管理结构维度与人口变量的差异性分析．科技管理研究，2010，30 (9).

[160] 莫怡青，李力行．零工经济对创业的影响：以外卖平台的兴起为例．管理世界，2022，38 (2).

[161] 宁维卫．中国城市青年职业价值观研究．成都大学学报（社会科学版)，1996 (4).

[162] 潘静洲，等．得到的并非我想要的：职业成功观与职业成功感知的差异对幸福感的影响．中国人力资源开发，2016 (11).

[163] 戚聿东，肖旭．数字经济时代的企业管理变革．管理世界，2020，36 (6).

[164] 丘佩凡，王詠．新女性成功之路：万花筒职业生涯观对新生代女性员工职业成功的影响．中国人力资源开发，2023 (7).

[165] 商临萍，等．护士心理资本与自我职业生涯管理的关系研究．中华护理教育，2012，9 (12).

[166] 邵建平，等．员工离职密度与职业成长相关性实证研究．软科学，2013，27 (4).

[167] 沈雪萍，胡湜．大学生主动性人格与求职清晰度的关系：职业使命感的中介与调节作用．中国临床心理学杂志，2015，23 (1).

[168] 盛宇华，邓勇锋．生涯适应力对员工创新行为的影响研究：基于生涯建构理论．中国人力资源开发，2021，38 (9).

[169] 舒晓丽，叶茂林．生涯适应力和员工离职意向的关系：职业生涯成功的作用．

心理科学，2019，42（1）.

［170］宋国学．职业生涯韧性的结构维度：本土化研究．经济管理，2011（11）.

［171］孙少星，等．医务人员职业倦怠对工作满意度及离职倾向的影响．中国医院管理，2014，34（11）.

［172］汤伟娜，姜海云，刘追．新生代员工社会支持感、职业韧性与工作绩效的关系研究．领导科学，2017（8z）.

［173］唐芳贵，彭艳．高校教师职业倦怠与工作满意度、社会支持关系．中国公共卫生，2008，24（8）.

［174］田慧荣，张剑，陈春晓．领导反馈环境对员工离职倾向的影响：以职业适应能力为中介．中国人力资源开发，2017（4）.

［175］王传宏．警察职业韧性及管理探究．山东警察学院学报，2016，28（3）.

［176］王芳，许燕．中小学教师职业枯竭状况及其与社会支持的关系．心理学报，2004，36（5）.

［177］王芳，许燕，蒋奖．职业枯竭的测量方法．心理科学进展，2005，13（6）.

［178］王国香，刘长江，伍新春．教师职业倦怠量表的修编．心理发展与教育，2003，19（3）.

［179］王海江，魏昕，董韫韬．编者按：零工经济背景下工作与职业研究的新探索．中国人力资源开发，2022，39（6）.

［180］王惠雪，等．专科护士职业认同与职业韧性关系中介研究．中国医院管理，2017，37（7）.

［181］王隽．知识型员工职业生涯管理策略研究：基于提升组织支持感的自我职业生涯管理．管理观察，2015（14）.

［182］王宪红，张玉泉．高校体育教师自我职业生涯管理研究．浙江体育科学，2016（4）.

［183］王勇．组织韧性的构念、测量及其影响因素．首都经济贸易大学学报，2016，18（4）.

［184］王勇，蔡娟．企业员工职业生涯韧性构念、影响因素及其提升策略．企业经济，2018（2）.

［185］王宇中，等．个人球形职业兴趣量表简版中国版（PGI-SC）的实证效度：基于20个职业领域的调查资料．中国人力资源开发，2016（11）.

［186］王元元，时勘．P-O匹配对新入职员工职业适应性的影响：P-G匹配的中介效应．中国人力资源开发，2017（2）.

［187］王忠军，龙立荣．知识经济时代社会资本与职业生涯成功关系探析．外国经济与管理，2005，27（2）.

［188］王忠军，等．企业员工职涯成功的结构及其对主观幸福感、组织承诺的影响．心理研究，2014，7（4）.

［189］王忠军，温琳，龙立荣．无边界职业生涯研究：二十年回顾与展望．心理科学，2015（1）.

[190] 王忠军，黄蜜，王仁华．无边界职业生涯时代不同代际员工组织承诺的影响因素．中国人力资源开发，2017（5）．

[191] 卫建国．校长职业成熟度探讨．教学与管理，1990（6）．

[192] 魏丹霞，赵宜萱，赵曙明．人力资本视角下的中国企业人力资源管理的未来发展趋势．管理学报，2021，18（2）．

[193] 温芳芳，佐斌．熟悉性对刻板印象的影响．中国临床心理学杂志，2008，16（5）．

[194] 翁清雄，胡蓓．员工职业成长的结构及其对离职倾向的影响．工业工程与管理，2009，14（1）．

[195] 翁清雄，卞泽娟．组织职业生涯管理与员工职业成长：基于匹配理论的研究．外国经济与管理，2015，37（8）．

[196] 翁清雄，等．大五人格与主观职业成功的关系：对过去15年研究的元分析．管理评论，2016，28（1）．

[197] 翁清雄，胡啸天，陈银龄．职业妥协研究：量表开发及对职业承诺与工作倦怠的预测作用．管理世界，2018，34（4）．

[198] 吴秀玉，刘用玲．低年资护士职业韧性对职业生涯状况影响的相关性分析．当代医学，2018，24（12）．

[199] 武辉芳，谷永超．我国零工劳动者权益保护的困境与出路．北京社会科学，2022（9）．

[200] 项凯标，颜锐，蒋小仙．职业成长、组织承诺与工作绩效：机理和路径．财经问题研究，2017（12）．

[201] 肖薇，罗瑾琏．女性职业成功的特征及评价标准构建问题研究回顾与展望．外国经济与管理，2013，35（6）．

[202] 谢宝国，龙立荣，赵一君．职业高原问卷的编制及信效度研究．中国临床心理学杂志，2008，16（4）．

[203] 谢宝国，辛迅，周文霞．工作使命感：一个正在复苏的研究课题．心理科学进展，2016，24（5）．

[204] 谢宝国，等．职业使命感对科研人员职业幸福感的影响．科研管理，2023a，44（5）．

[205] 谢宝国，等．中国情境下职业使命感的内涵结构、前因变量及激发机制．心理科学进展，2023b，31（12）．

[206] 辛璐，等．职业成功观与生涯适应力：一个多步多重中介模型．中国人力资源开发，2017（5）．

[207] 徐富明．中小学教师的工作压力现状及其与职业倦怠的关系．中国临床心理学杂志，2003，11（3）．

[208] 徐富明，相鹏，李斌．中小学教师的自我职业生涯管理及与职业满意度、工作绩效的关系．教育研究与实验，2014（3）．

[209] 徐航，等．医生职业倦怠量表的编制及信效度检验．现代生物医学进展，

2013，13（8）.

［210］徐燕，周路路．雇佣关系对员工职业成长的影响机制研究：组织支持感的中介作用．经济管理，2012（11）.

［211］许诺，凌文辁．初探职业韧性的培养．企业经济，2007（9）.

［212］闫文昊，于广涛，林琳．生涯适应力对主观职业成功的影响：工作形塑的中介和组织支持感的调节．经济管理，2018（8）.

［213］杨淑艳，张薇．论员工职业韧性的作用机制及其开发．现代商贸工业，2010，22（7）.

［214］杨旭华．大学生职业成熟度结构的探索与验证．中国人力资源开发，2011（11）.

［215］叶宝娟，等．职业使命感对大学生求职行为的影响：求职效能感的中介作用及情绪调节的调节作用．中国临床心理学杂志，2016，24（5）.

［216］于海波，郑晓明．生涯适应力的作用：个体与组织层的跨层面分析．心理学报，2013，45（6）.

［217］喻剑利，曲波．无边界职业生涯时代的员工忠诚度培养．中国人力资源开发，2009（4）.

［218］袁庆宏，王双龙，张田．雇员职业生涯发展中职业成长的驱动作用研究：基于MBA学员深度访谈与自传资料的案例分析．管理案例研究与评论，2009，2（3）.

［219］袁庆宏，丁刚，李珲．知识型员工职业成长与离职意愿：组织认同和专业认同的调节作用．科学学与科学技术管理，2014（1）.

［220］张春雨．职业使命感：结构、测量及其与幸福的联系．重庆：西南大学，2015.

［221］张国礼，边玉芳，董奇．教师工作压力与职业枯竭的关系：职业承诺的调节效应．心理与行为研究，2013，11（1）.

［222］张厚粲，冯伯麟，袁坤．我国中学生职业兴趣的特点与测验编制．心理学报，2004，36（1）.

［223］张莉，赵宁，陈龙．职业成长结构的验证及其对建言行为的影响．工业工程与管理，2017，22（4）.

［224］张伟远．西方职业指导的理论和模式述评．华东师范大学学报（教育科学版），1987（2）.

［225］张宇，等．个人球形职业兴趣量表简版（PGI-S）中文版的信效度检验．应用心理学，2015，21（1）.

［226］张智勇，荣煜，管延军．中国大学生职业成熟度量表的信度与效度．西南大学学报（社会科学版），2006，32（5）.

［227］赵飞，等．中学教师择业动机、职业认同和职业倦怠的关系．中国临床心理学杂志，2011，19（1）.

［228］赵敏，吕有典．民办中小学教师自我职业生涯管理的影响因素研究：来自广东省东莞市的调查．教育理论与实践，2011（28）.

[229] 赵小云，郭成．国外生涯适应力研究述评．心理科学进展，2010，18（9）.

[230] 赵小云，等．大学生生涯适应力问卷的编制．中国心理卫生杂志，2015（6）.

[231] 郑海燕．大学生职业成熟度的结构及其发展特点．重庆：西南大学，2006.

[232] 郑士贵．科学工作者职业成长的动态．管理观察，1996（6）.

[233] 周含，刘津言．社会网络对企业中高层女性管理者职业成功的影响研究．中国人力资源开发，2012（12）.

[234] 周文霞．职业成功观的结构、测量与差异检验．北京：中国人民大学，2008.

[235] 周文霞，等．人力资本、社会资本和心理资本影响中国员工职业成功的元分析．心理学报，2015，47（2）.

[236] 周文霞，辛迅．组织职业生涯管理对个体职业生涯管理的影响：一个被调节的中介模型．中国人民大学学报，2017（3）.

[237] 朱姝，信红．中小学教师职业枯竭与心理健康相关性分析．教育学术月刊，2010（2）.

第 3 章

职业生涯的选择理论

［开篇导读］

逾半数中学生不知自身职业兴趣

一份针对青少年“职商”的最新调查显示：逾半数学生不知道自身职业兴趣所在，但是家长却越来越关注孩子的职业规划，并且有超过八成的家长希望自己的孩子未来在选择职业时能够兼顾赚钱和兴趣。

由腾讯教育联合英孚青少儿英语推出的此次调查，近 5 000 份问卷覆盖了 6 岁以下、小学、初中以及高中阶段的学生家长。其中，2 000 多份面向初中生和高中生家长的调查显示，只有 46%的孩子已经产生职业兴趣；超过半数学生未能发现自身的职业兴趣所在，其中 25%对于未来的职业选择没有想法，另有 29%表示比较迷茫。

在选择希望孩子未来从事的职业方向时，单纯地认为孩子应该选择自己喜欢的职业的父母仅占受调查者的 17%，81%的人希望孩子选择可以兼顾赚钱和兴趣的职业，只有 2%的父母单纯地认为孩子应该选择赚钱多的职业。其中，希望孩子从事金融、医疗、教育和艺术设计的父母最多，分别占到 24.26%、17.97%、20.73%和 10.92%。男孩的父母最希望孩子从事的行业是金融和医疗，分别占 26%和 19%；女孩的父母更希望孩子从事的行业是教育和金融，分别占 31%和 22%。

调查结果显示，越来越多的家长开始关注“早期职业规划”，28%的父母认为应该在 10～13 岁开始“职商”培养，45%的父母认为应该在 14～18 岁开始。但看到孩子繁重的学业压力，家长往往感到心有余而力不足，更有 55%的父母为没有良好途径帮助孩子进行“早期职业规划”而苦恼。

在选择如何培养“职商”这个问题上，41%的父母选择带领孩子进入名企参观，31%的父母希望由学校组织，深入了解不同行业，以发掘职业兴趣。接近八成的父母希望孩子通过职业生涯教育能够发现自己的职业兴趣。

职业生涯教育目前在学校中正得到越来越多的重视。此前，北京市丰台区发布的中小学心理健康教育课程目标体系，就将职业生涯教育从娃娃开始抓起，让孩子从小学会自我管理。如在小学低年级阶段，通过引导孩子合理分配时间和增强自主性来帮助其逐步树立合理分配学习、生活和娱乐时间的意识，使其体验独立完成学习、生活任务的成就感；中年级则开始进行自主时间管理；高年级阶段注重培养孩子的抗逆力。不少学校也通过组织社团、开设选修课等方式培养学生的职业生涯规划意识。如北京市朝阳区东方德才学校就曾通过在校内为高中生举办招聘会的方式，让学生感受职场第一课。

资料来源：青少年“职商”调查：超过半数中学生不知自身职业兴趣．（2016－01－29）．http：//bj. people. com. cn/n2/2016/0129/c82840－27656958. html.

第 1 节　帕森斯的特质因素理论

一、理论的提出

1. 提出背景

特质因素理论又称人-职匹配理论，是广泛应用于职业选择、职业介绍和职业咨询的经典理论。该理论最早由波士顿大学教授帕森斯提出，并由威廉姆斯进一步发展成型。特质因素理论产生于 19 世纪末 20 世纪初的美国，这一理论的诞生与当时的社会背景以及帕森斯的个人经历有密切的关系。

一方面，由于第二次工业革命的推动，19 世纪末美国的工业化与城市化进程不断加快，大量农村人口和外国移民涌入美国城市（吴志功，乔志宏，2004），传统的就业结构发生变化，社会分工越来越细，各种新的职业不断产生。再加上基础教育的普及和职业技术教育的产生和发展，以及大中院校数量及规模的不断扩大，使得毕业生人数不断增加（王素霞，2006）。越来越复杂的劳动力市场导致年轻人以及外国移民难以了解各种职业信息及要求，为了帮他们找到适合自己的工作，促进社会就业，职业指导应运而生（孙震瀚，1991）。

另一方面，当时欧美正兴起心理测验运动，应用心理学被广泛地运用到社会生活的各个领域（李爱梅，2001），这为特质因素理论的产生提供了依据。

从帕森斯的个人经历来看，大学刚毕业时他在一家铁路公司工作，但是在 1873 年的经济危机中，公司破产导致他被迫下岗（Pope & Sveinsdottir，2005），后来他当过教师、咨询师、律师、政治活动家、改革家和作家（Peterson & González，2000），失业、贫穷和疾病的折磨让他产生了建立“职业指导局”的想法。1908 年，帕森斯在波士顿建立职业指导局，成为职业指导理论及实践的开创者（Barry & Wolf，1963）。该局的宗旨是“帮助年轻人进行职业选择、为从事职业做准备、在职业中寻找机会、建立高效和成功的职业生涯”（Parsons，1908）。该局的指导对象主要为青年人、学生以及其他在生活工作方面需要帮助的人。通过给个体的自身能力、机遇、条件进行定位，该局通过多种形式帮助人们解决就业安置问题，获得职业成功。职业指导局的另一个创新是对职业指导工作人员进行职业培训，初步制定了职业指导人员的从业标准。在开设职业指导人员培训班后，“职业指导”这个概念在波士顿的公立学校广为传播，类似的职业指导局相继成立，大大推进了职业指导事业的发展（袁焕伟，张元，2010）。

帕森斯对于时代发展趋势十分敏感，他认为 20 世纪初的美国已在某种程度上存在职业分化迹象并将继续加速（Osipow，1968），他看到年轻人和外国移民由于缺乏对工作要求和机会的了解所以在劳动力市场中遭遇困难（Barry & Wolf，1963）。为此他提出要训练他们了解自己的人格特质，并将其应用到不同的职业情境中。1909年，帕森斯撰写了《选择职业》（*Choosing a Vacation*）一书，首次运用了“职业指导”这一术语，这标志着职业指导的历史开端。

职业指导局成立九个月后，帕森斯便不幸去世，在其生前好友艾伯森（Albertson）的帮助下，帕森斯的代表作《选择职业》才得以出版（Jones，1994）。

经济与教育的发展对特质因素理论的诞生提出了现实的需要，心理学科的发展为其提供了理论基础和方法论依据，而帕森斯的个人经历则直接为他创建该理论提供了动力。该理论开了职业指导理论的先河，并建构了职业咨询指导的“三步范式”。

2. 理论内容

在《选择职业》一书中，帕森斯阐述了特质因素理论的核心内容。该理论认为，每一个人都具有不同的生理和心理特点，即所谓的特质，这种特质是可以通过心理测验认识到的；每一个职业都有不同的用人要求，即所谓的因素；不同的职业岗位需要不同特质的人，也就是说只有将二者进行匹配，才能使个体找到最能体现和发挥其特质的工作（李庶泉，2002）。基于此，帕森斯认为明智的职业选择过程包括三大步骤（见表3-1）。

表3-1 职业选择的三大步骤

步骤	内容
个人特质评价	在进行职业指导前，应该通过心理测验以及其他各种测评手段来清楚地了解个体的天赋潜力、个人能力、兴趣爱好、志向、资源、限制条件及其原因，做出综合性评价。
职业因素分析	了解不同职业的构成要素、职业要求、获得职业成功的条件、职位优势和劣势、薪酬待遇、就业机会和发展前景等。
人-职匹配	在充分了解个人特质和职业因素的基础上将二者进行匹配，选择一种最适合个人特质、能使自己发挥所长并获得成功的职业。

人-职匹配主要分两种：(1) 因素匹配，即根据职位的要求选择适宜的个体；(2) 特质匹配，即根据个体特征选择适宜的职位。

除此以外，帕森斯还提出了一些进行职业咨询的原则，这些原则与其理论是相辅相成的，艾伯森在对《选择职业》一书的介绍中将这些原则总结为以下五条：

(1) 选择一个职业比仅仅找一份工作要好。

(2) 选择职业之前需要有细致、全面、真实的自我分析和指导。

(3) 年轻人应该对职业领域进行充分调查，而不是追求一个便利或者偶然的职位。

(4) 对于年轻人来说，专家的建议或那些对个人、职业和成功条件进行过认真研究的人的建议是更安全、更好的。

(5)“写在纸上”虽然是一件很简单的事，但它也是最重要的事之一。

帕森斯的特质因素理论旨在帮助咨询者找到个人特质和具体职业要求之间的最佳匹配，理论上说，它能够给需要完成的工作和需要工作的人提供巧妙的匹配，使适当的人承担适当的职业，充分发挥每个人的作用，最大限度地提高工作效率（李庶泉，2002）。

二、理论的发展

帕森斯还没来得及检验自己的理论成果便去世了，在此之后，著名的职业咨询专家威廉姆斯等人进一步发展和定型了特质因素理论。1939 年，在明尼苏达大学从事学生指导工作的威廉姆斯在总结测验量表、心理测量学和工业心理学的研究成果的基础上，出版了《怎样给学生提供咨询》（*How to Counsel Students*：*A Manual of Techniques for Clinical Counselors*）一书，进一步拓展了帕森斯的特质因素理论。威廉姆斯在该书中提出了职业咨询的六个步骤：

● 分析。通过各种技术收集来访者信息的过程称为分析，可以用心理测试、案例分析、累计记录和访谈等方式来开展分析，这些资料可以清楚地反映出来访者的基本信息（家庭背景、成长历程、身体状况等）和心理特征（个性、能力、兴趣、态度、价值观等）。

● 综合。将收集到的关于来访者的所有资料进行整理和概括，资料来源可以是多种多样的，比如心理测试报告、亲戚朋友们对于来访者各方面的评价等，其中最重要的是咨询师关于来访者的访谈报告。

● 诊断。通过收集到的资料诊断来访者的才能、兴趣、态度、生理心理健康状况以及其他有助于或阻碍来访者适应工作的一些性格特征。

● 预测。预测可能产生的后果以及进行调整的可能性，为来访者提供选择职业的计划和调整方案。

● 咨商。帮助来访者了解自我、了解职业信息，并与其共同确认目标和现状，商定职业计划，最后帮助其实施计划。

● 重复。在帮助来访者实施职业计划的过程中如果出现了问题，就重复上述相关步骤。

在威廉姆斯的发展之下，帕森斯的特质因素理论逐步得到完善并获得广泛应用，但是越来越多的职业指导者发现这个理论给出的建议具有过强的指导性和强迫性（胡平，2015）。1942 年，心理治疗学家罗杰斯（Rogers）在《咨询和心理治疗》（*Counselling and Psychotherapy*）一书中阐述了其人本主义思想，对帕森斯和威廉姆斯的特质因素理论提出了反驳意见。罗杰斯（Rogers，1942）主张以来访者为中心，无条件尊重来访者，这使传统的带有权威性和家长式作风的职业指导工作受到了严峻挑战。罗杰斯认为，咨询的目的是使来访者能够获得解放、实现自我，所以在咨询过程中要更多地注意他们自身的情感态度，咨询师要尽量少地使用心理测验、累计记录等方式，尽可能营造一种和谐的氛围，帮助来访者自由地表达其情感态度（孙震瀚，1991）。此外，罗杰斯的心理治疗扩大了咨询帮助的范围。1983 年，原美国国家职业指导学会（National Vocational Guidance Association）更名为美国辅导与发展学会（American Association for Counseling and Development）。这一变化反映了强调以人为中心的辅导，辅导员的职责是协助被辅导者了解职业自我、认识职业世界，将自我概念转变为相应的职业角色（林枚，李隽，曹晓丽，2010）。由此帕森斯的直接指导式的理论开始整合人本主义思想，产生了更关注个体发展和生活经验的指导方法（吴志功，乔志宏，2004）。

三、理论的应用

1. 帕森斯特质因素理论在国外的应用

特质因素理论的核心是人与职业的匹配，是一种以经验为导向的理论，该理论强调个体之所以会在职业选择中遇到困难，是因为其对于自我以及职业的认知不够，对于解决这二者之间矛盾冲突的经验不够（胡平，2015）。理论一经兴起，立刻受到职业指导和职业咨询领域学者们的广泛支持，促使职业指导运动轰轰烈烈地展开，同时也大大促进了心理测验量表的开发。

该理论强调对心理测验的运用，通过分析测试的结果来考查被试的个人特质，然后引导他们制定职业计划。所以自该理论诞生以来，一些心理学家开始研究人的个体差异及其测量。第一次世界大战期间，美国军队迫切需要对新兵的能力进行甄别，以便安排适当的工作岗位，在该理论的指导下，心理学家研究编制了一系列军人能力测验量表。战争结束之后，心理学家很快便将这些测量工具民用化，心理测验量表得以广泛应用于职业选拔（孙震瀚，1991）。

研究者基于特质因素理论开发出了能力倾向测验、兴趣量表和价值观量表等多种形式的评估工具。能力倾向测验主要有美国大学入学考试（ACT）、美国职业能力测试（APTICOM）、差异性能力倾向测试（DAT）等；兴趣量表主要有职业评估测量（CAI）和斯特朗职业兴趣量表（SVIB）等；价值观量表主要有明尼苏达价值观问卷（MIO）、罗克奇价值观调查表等（胡平，2015）。

与此同时，美国心理学家闵斯特伯格在该理论的基础上对人的职业选择和工人行为进行了研究。1910—1914年期间，他出版了《心理学与经济生活》《心理学和工业效率》等书，回答了如何根据个人特质把工人安排到最合适的岗位上、工人在什么样的心理条件下可以更有积极性从而使生产达到最佳效果等问题，并提出了心理测验工具的效用和选择雇佣者的技术。

在心理学家忙于研究个体差异的同时，教育工作者开始在帕森斯的理论基础上研究团体职业指导（Baker，2009）。戴维斯（Davis，1914）试图通过英语写作让学生们接触职业规划，他认为让学生探索职业兴趣、野心和个人特征能够帮助他们做出明智的职业选择。

阿特利（Atli，2016）研究了基于特质因素理论的职业咨询课程对高中生职业成熟度和职业决策水平的影响，研究结果显示，以特质因素理论为基础的职业生涯辅导课程，在提升学生职业生涯成熟度的同时，也能降低其对职业生涯决策犹豫不决的程度。

2. 帕森斯特质因素理论在国内的应用

特质因素理论的创建背景和理论内容告诉我们，个体可以通过职业指导获得职业生涯的蓬勃发展，给予个体职业指导、建立职业指导中心有十分重要的意义和价值。

特质因素理论在国内的应用集中在对大学生群体的职业指导中。多数学者采用该理论指导国内大学生群体的职业咨询实践。张海宁（2008）从特质因素理论视角分析了女研究生的择业困境，并针对这些困境提出消弭路径，以实现特质与因素的匹配。田丽华和李春辉（2014）介绍了特质因素理论的要素和条件、人-职匹配的类型和过程，并阐述了这一理论在艺术类大学生职业指导中的全方位应用。邓彩艳（2017）则是在积极心理学的视角下，以特质因素理论等为依据，结合实践经验设计了大学生职业生涯规划团体辅导方案，包括团体成员的招募与甄选方式、团体名称、团体性质、团体目标、团体辅导过程和团体辅导效果评估，并对团体辅导方案的设计提出了自己的思考和建议。另有一些学者采用该理论，对国内职业指导提出了创新性建议。李利军（2011）借助特质因素理论的指导思想，提出高职院校的就业指导课可以在规划思路、内容及形式方面进行若干创新。童丽（2014）基于特质因素理论，探讨了进行职业生涯规划指导的一般流程，并从某具体来访者的真实背景出发进行流程剖析，最后提出了做好职业生涯规划指导的三大思考。

第 2 节　霍兰德的职业兴趣理论

一、理论的提出

1. 提出背景

美国职业指导专家霍兰德于 1959 年首次提出职业兴趣理论，该理论也被称为人格类型理论或者类型理论。这一理论一方面源于在职业指导和心理学领域前人研究所取得的理论成果；另一方面则源于霍兰德本人的职业咨询经验。他经过长时间的研究和多次大规模试验，最终形成了这样一套职业指导理论（俞文钊，2007）。

职业兴趣理论是霍兰德在帕森斯的特质因素理论的基础上发展起来的。特质因素理论提出了“人-职匹配”的概念，这也是职业兴趣理论的核心概念。20 世纪 40 年代后，特质因素理论因为在理论假设与方法论上存在的一些缺陷而受到批评：（1）人是一个整体，人格特质之间是互相联系的，很难说哪种人格特质与某种职业相关，更不能因此而说明人-职匹配；（2）人的个性品质是很难予以客观测量的，因而很难根据对人的个性品质的精确分析形成“刚性”的匹配模式（李爱梅，2001）。霍兰德的职业兴趣理论在很大程度上弥补了特质因素理论的不足。

20 世纪初心理学家对于兴趣测验的研究也激发了霍兰德职业兴趣理论的产生（王来顺，2009）。桑代克（Thorndike，1912）对兴趣和能力的关系进行了初步探讨；斯特朗（Strong，1927）编制了职业兴趣量表，这是最早的职业兴趣测验；库德（Kuder，1953）发表了职业偏好量表。霍兰德（Holland，1959）在此基础上引入人格心理学理论，提出了具有广泛社会影响的职业兴趣理论（赵富强，2015）。

除此以外，霍兰德的职业兴趣理论还来自他从职业生涯决策者那里得到的经验（Osipow，1968）。霍兰德发现大多数人都是从职业性别刻板印象的角度来看待职业的，他认为刻板印象是以个体的工作和现实经验为基础的，有较高的准确性和有效性，不会混淆人们对职业的看法，也不会给咨询师带来麻烦。因此，霍兰德打算开发一套职业名称清单，用作测量能投射个体偏好的生活风格的工具，这促使了霍兰德职业兴趣理论的诞生。

2. 理论内容

霍兰德的职业兴趣理论从 1959 年产生到现在，经过长期的发展，已经形成了较为完善而稳定的结构。该理论基于五个假设（Holland，1985）：

- 人格类型可以划分为六种：现实型、研究型、艺术型、社会型、企业型、传统型。
- 当今社会有六种典型职业环境：现实型、研究型、艺术型、社会型、企业型、传统型。
- 人们寻求能获得技能、培养智力、发展能力倾向、感到愉快的职业环境。
- 一个人的行为取决于个体的人格和所处环境特征之间的相互作用。
- 每种人格类型都有与其协调的职业环境类型，此外，每种人格还有两种与其次协调的职业环境类型。个人如果在次协调的职业环境中工作，也是能够适应的。

霍兰德将人格类型划分为以下六种：

（1）现实型（R）。

共同特点：不善言辞，不善表达感情，社交能力差，喜欢从事与事物、动物有关的工作，而不喜欢从事与想法和人有关的工作；行为积极，动手能力强，喜欢使用工具进行机械操作的工作；运动协调，喜欢从事户外的、耗体力的工作；为人谦虚，做事保守，遵守规则，很少具有创造性；喜欢解决具体的问题，不喜欢处理抽象、理论和哲学的问题。

典型职业：与人打交道较少，需要技巧、力量和协调的职业，比如工匠、厨师、维修工、摄影师、运动员等。

（2）研究型（I）。

共同特点：好奇心强，喜欢钻研，求知欲强；善于思考，喜欢逻辑分析和推理，抽象思维能力强；思维方式理性，做事追求精确；具有创造性和批判性思维，很难接受传统的态度和观点；知识渊博，有学识，有自信；独立性强，喜欢独立工作而不爱社交；缺乏说服他人的能力，不善于领导他人。

典型职业：需要智力作支撑的、进行分析的职业，比如科研人员、数学家、教师、工程师、电脑编程人员、医生、系统分析员等。

（3）艺术型（A）。

共同特点：想象力丰富，具有创造力，喜欢创造新颖的、与众不同的成果，同时注重美和感官享受；在穿着、语言和行为方面都追求无拘无束和标新立异，努力使自己从人群中突显出来；渴望表现自己的个性，实现自身的价值；理想主义，追求完美，希望受到表扬，从他人那里寻求接受和认同；不喜欢被指挥和监督，不看重权威；对批评很敏感，比较冲动，容易感情用事。

典型职业：与音乐、艺术、文学等相关的职业，比如音乐家、舞蹈家、演员、导演、设计师、雕刻家、建筑师、摄影家、画家、诗人、作家、广告制作人等。

（4）社会型（S）。

共同特点：热情、友好，喜欢与人交往，能熟练地处理人际关系，不断结交新的朋友；亲切、友善、慷慨、具有同情心，能深入理解他人的感受和问题，愿意教导别人，喜欢帮助别人；自我表达能力好，善于沟通，说服力强；喜欢成为群体中的焦点，并为他人所喜欢；看重社会义务和社会道德，关心社会问题，渴望发挥自己的社会作用；喜欢处理哲学问题，不喜欢与机器、数字、智力、身体技能有关的工作。

典型职业：与提供信息、启迪、帮助、培训或治疗等相关的职业，比如教师、顾问、咨询师、社会工作者、护理人员、导游、学校领导等。

（5）企业型（E）。

共同特点：支配欲强，具有领导才能，喜欢组织、指挥、控制和管理群体活动并且精力旺盛；看重权力、地位、金钱和物质财富并以此来衡量做事的价值；喜欢竞争，具有冒险精神，有野心和抱负；乐观、自信，擅于发表自己的观点，具有说服力；热情、友好，爱交际，喜欢聚会；为人务实，做事有较强的目的性。

典型职业：与经营、管理、劝服、监督和领导相关的职业，比如企业经理、销售人员、政府官员、企业领导、法官、律师、媒体传播人员等。

（6）传统型（C）。

共同特点：顺从，尊重权威，强烈认同权力和地位，习惯接受他人指挥和领导，不热衷于谋求很高的领导地位；喜欢属于某一集体或组织的安全感，并且会成为好的成员；较为谨慎和保守，遵守规章制度，不喜欢改变规则；自我控制极强，喜欢按计划办事，实践能力强，独立高效；细致、耐心、有条理，踏实、稳重、有责任心；缺乏创造力、竞争力和冒险精神，喜欢在舒适的环境下工作；不愿意表达情感，不喜欢过于亲近的关系，在熟悉的人面前感觉更舒服。

典型职业：与记录、归档和计算等程序性的工作相关的职业，比如秘书、办公室人员、会计、出纳员、行政助理、图书管理员、编辑、银行职员等。

尽管最初这六种类型的预测效力比较令人满意，但是霍兰德发现，在越来越精确的测量中，类型之间的相关程度是不一样的，而且这种差别越来越明显。基于对数据的敏感性，霍兰德开始研究某些职业环境在心理上更相似的问题。一项关于六种类型间关系的调查结果显示，各类型可以用一个简略的六边形来表现（Holland et al.，1969）。六边形的边长揭示了环境间的心理关系。高度相关的环境彼此相似，且比低相关的环境距离近。现实型与研究型和传统型相近（相关系数分别为 0.46，0.36），但是与社会型的距离就较远（相关系数为 0.21）；艺术型邻近研究型和社会型（相关系数分别为 0.34，0.42），但与传统型距离很远（相关系数为 0.10）。

霍兰德设计了一个平面六边形来阐述其研究结果（见图 3－1）。虽然从精确的数字来看，这不能算是一个精准的正六边形，但是其近似程度也足够将霍兰德职业兴趣理论中不同环境的相关程度表现出来。这个图的六个角分别代表了六种人格和职业类型，从图中可以看出，相关程度较高的类型是相邻关系，其次是相隔关系，那些极不相关的则位于六边形中对角线的位置，为相对关系。

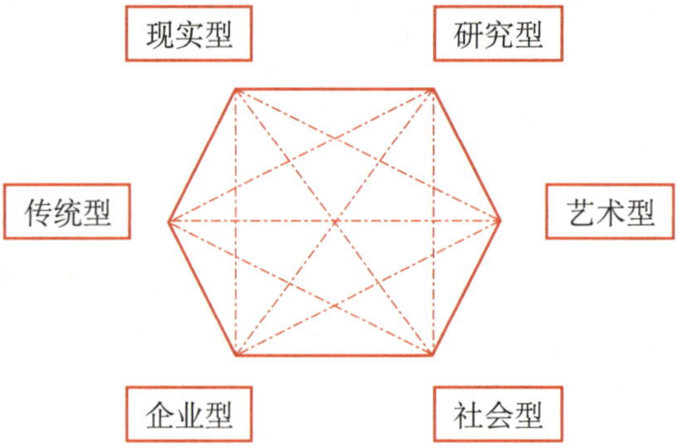

图 3-1 霍兰德职业兴趣理论

资料来源：沈洁．霍兰德职业兴趣理论及其应用述评．职业教育研究，2010（7）．

根据六边形模型的解释，最为理想的职业选择是个人能找到与其人格类型完全重合的职业（胡平，2015）。如果个人不能找到与其人格类型完全重合的职业，也可以寻找与其人格类型相近的职业，因为若两种类型之间有较高的相关度，个人经过努力和自我调整也能适应职业环境。最差的职业选择是个人在与其人格类型相斥的职业环境中工作，在这种环境中个人很难适应工作。

霍兰德用每个人得分较高的三位代码来表示具体的人格类型和职业，如代码 CRI 意味着其人格类型最可能是传统型，其次是现实型，再次是研究型，那么此人最应该选择的职业环境也应该是传统型，其次是现实型，再次是研究型（吴志功，乔志宏，2004）。

为了进一步说明人格类型与职业环境之间的相关度和差异度，霍兰德还提出了 5 个不同的概念来描述人格与职业之间的匹配程度一致性、区分性、同一性、对等性、并存性。

二、理论的发展

霍兰德基于其职业兴趣理论所做的研究相当广泛，除了设计研究方法验证特定假设外，他还通过对其理论验证的补充研究进一步提供了许多职业行为方面的信息。

后来，霍兰德也对其理论提出了不少修改意见或指出了某些不足。比如最初霍兰德（Holland，1959）将六种人格类型定义为运动型、智力型、美学型、支持型、说服型、顺从型，经过多次修订（Holland，1962，1966，1973，1985）形成了现在的现实型、研究型、艺术型、社会型、企业型、传统型。

霍兰德在后续的研究中用大量证据证明，人格与职业类型跟他最初理论中描述的一样多，并且这些类型相当稳定。大多数原测的类型特征在后来的研究中都被发现是确实存在的，而且还有更多的特征和特质可以用于进一步区分各个类型。在一项持续四年的追踪研究中（Holland，1963），霍兰德不断地发现与其早年研究结论相同的特征。在另一项对 8 所大学 3 500 多名男大学生的长期纵向研究中（Holland，1968），霍兰德发现了各类型的更多特征，比如：现实型的技术能力和机械能力等级较高；研究型的科学能力和数学能力较强；社会型的社会教育能力、理解他人的能力较强；传统型的商业能力和保守性得分高；企业型的在领导能力和声望上得分高；艺术型的在艺术能力和创造性上得分较高。

霍兰德陆续发表了许多研究报告，以证明人格类型与行为、教育、职业的相互关系，并在 1985 年的专著中做了很好的总结。其间，他又和其他学者发表了一些论文来总结其理论概念与重要职业行为之间的关系（Holland，Gottfredson & Nafziger，1975；Holland & Gottfredson，1976）。还有一些其他的变量也被引入研究，例如爱好和课外活动（Holland，1962）、职业幻想（Holland，1962，1963，1963—1964）、职业意象（Holland，1963，1963—1964）和专业成就模式（Holland，1962，1963）。总体而言，霍兰德在这些探索中再次发现了支持这些类型内部一致性的结果。

除了霍兰德自己不断地进行后续研究外，还有很多其他学者对他的理论感兴趣，并在此基础上有了一些新的发展。维克菲尔德和道蒂（Wakefield & Doughtie，1973）对 300 名本科生进行了研究，发现霍兰德的六种人格类型呈现为预测的六边形结构。加蒂（Gati，1991）针对霍兰德六边形模型中有关相邻职业群距离相等这一假设的局限性，提出了三层次模型。普雷迪格尔等（Prediger et al.，1993）在霍兰德六边形模型的基础上加上人和物维度、数据和观念维度，使职业的类型和性质得以有机地结合。

三、理论的应用

1. 霍兰德职业兴趣理论在国外的应用

霍兰德职业兴趣理论产生以后引起了学者们的广泛关注，经过整理，我们发现霍兰德职业兴趣理论在国外的应用主要有以下几个方向：

（1）基于霍兰德职业兴趣理论建立量表。霍兰德通过对前人研究的分析，初步构建了将职业分为六种类型的思想，编制了由 160 个职业名称构成的职业兴趣量表（VPI）（Holland，1958）。职业兴趣量表实际上发表于霍兰德提出职业兴趣理论之前，但可以认为该量表的理论基础即职业兴趣理论。最初的职业兴趣量表存在一些问题，比如问卷六方面的项目是随机的，量表项目数不等，以及该问卷没有与职业辞典中的职业名称匹配等。为了解决这些问题，霍兰德又开发了自我定向探索量表（SDS）（Holland，1971）。自我定向探索量表是一种可供受测者自己管理、计分和解释结果的职业咨询工具，整个测验由四部分构成：第一部分是列出理想的职业；第二部分包括活动、潜能、喜欢的职业及能力自评四方面，每一方面都按六种类型编制项目，每个类型题目数相等；第三部分按六种类型的四个方面得分高低由大到小取三种类型构成三个字母的职业代码；第四部分为职业寻找表，包括 1 335 种职业，每种职业都标有职业代码和所要求的教育水平，受测者根据职业代码可在第四部分中寻找相应的职业。

（2）通过霍兰德职业兴趣理论研究职业类型内在结构。坎贝尔和霍兰德（Campbell & Holland，1972）将霍兰德职业兴趣理论应用到斯特朗职业兴趣量表中，他们开发了代表六种类型的六个量表来给斯特朗职业兴趣量表中的 202 个职业样本打分，研究结果表明这些职业与霍兰德职业兴趣理论十分吻合。汉森和约翰逊（Hansen & Johansson，1972）参照斯特朗职业兴趣量表对于男性的研究，基于霍兰德职业兴趣理论开发了适合女性的职业兴趣量表，其数据结果的相关性与基于霍兰德职业兴趣理论的职业兴趣量表是一致的。朗兹等（Rounds et al.，1979）探讨了霍兰德六边形模型与斯特朗-坎贝尔兴趣量表（SCII）一般职业主题量表之间的内在关系，发现女性的SCII-六边形契合度不是很好，但男性的契合度很好。普雷迪格尔（Prediger，1982）就霍兰德提出的六边形模型各个维度的性质提供了经验证据。阿哈迪（Ahadi，1991）研究了API职业因素在多大程度上可以作为霍兰德职业类型来被使用，结果表明霍兰德职业规范与API职业因素之间存在较好的一致性。

（3）对霍兰德职业兴趣理论做进一步研究。部分学者通过在不同特征的人群（如性别、年龄和教育）中施测，研究霍兰德职业兴趣理论的普遍性，并对其内在结构进行评价。普雷迪格尔和汉森（Prediger & Hansen，1976）对从事104个职业的39 000名男女进行了调查，结果发现相同职业的男性和女性，特别是从事非传统职业的男性和女性之间存在着实质性的、系统性的差异，根据这一发现，他们对霍兰德理论进行了修正。康纳伦和哈特曼（Conneran & Hartman，1993）基于霍兰德职业兴趣理论，用职业决策量表对十二年级的学生进行了调查，数据显示，长期职业选择未定的学生一致性程度和职业认同水平较低，这些学生可能需要更多的心理治疗方法来进行职业咨询。特拉斯蒂等（Trusty et al.，2000）对美国的亚太岛民、西班牙裔、黑人和白人进行了研究，结果表明数学成绩和性别对基于霍兰德职业兴趣理论的专业选择的影响在民族及种族间是一致的，而阅读成绩和社会经济地位对其的影响是不同的，白人的结果与霍兰德职业兴趣理论的描述最为一致。

（4）研究霍兰德职业兴趣理论与其他人格理论的关系。斯特拉克（Strack，1994）考察了米伦（Millon，1983）的基本人格风格与霍兰德的职业类型之间的关系，结果显示两个理论在社会支配性、顺从性、情绪性（神经质）和约束性（尽责性）维度上最相似。德芙鲁特和梅维尔德（De-Fruyt & Mervielde，1997）探讨了大五人格与霍兰德职业兴趣理论之间的关系，结果表明，大五人格因子均与至少一种或多种RIASEC类型显著相关，但并非所有的RIASEC量表都与大五人格因子相关，两种模型之间有相当大的重叠部分。布莱克和萨基特（Blake & Sackett，1999）探讨了霍兰德职业兴趣理论与人格五因素模型的关系，评分者根据五因素模型的维度（外向性、神经质、尽责性、亲和性和经验开放性）对霍兰德六种性格类型的形容词描述进行了编码，再对五个形容词的排名、比重进行统计、比较，结果支持了兴趣和人格量表之间的经验关系模式，这与霍兰德对其职业兴趣理论的描述是一致的。

（5）研究霍兰德职业兴趣理论的跨文化适用性。艾伯纳（Arbona，1989）利用1980年的人口普查数据，调查了教育水平不同的西班牙裔在霍兰德各个工作类型中所占的比例，数据显示，儿童和青年在职业类型和职业水平方面都受到有限的职业榜样的影响，低教育水平限制了父母改善孩子职业机会的能力。

2. 霍兰德职业兴趣理论在国内的应用

我国国内对于霍兰德职业兴趣理论的研究及应用相对落后，主要经历了量表的引进、修订、编制及应用这几个阶段。龙立荣（1991）最先对斯特朗职业兴趣量表、库德职业偏好量表和霍兰德的SDS量表进行了介绍。时勘（1993）又在《升学与择业：心理咨询读本》中介绍了SDS及对其的使用。龙立荣、彭平根和郑波（1996）对SDS（1985版）进行了修订，使之更符合中国本土环境，并在武汉市中学生中进行了适用性验证。

方俐洛、白利刚和凌文辁（1996）以霍兰德理论为依据，结合中国职业分类体系的特点，编制了霍氏中国职业兴趣量表，白利刚、凌文辁和方俐洛（1996a，1996b）又对此量表进行了验证性因素分析，结果表明其构想效度较好。刘少文和龚耀先（1999）也以霍兰德职业兴趣理论为框架，从职业、工作活动、娱乐活动、自我评价四个方面进行建构，结果在职业活动与自我评价方面得到了霍兰德六类型结构。苏永华（2000）用修订的霍兰德职业兴趣量表测试成人与中学生的兴趣，结果发现成人与中学生的职业兴趣类型存在显著差异，且其职业兴趣类型在工作前后有很大不同。经过多年的发展，霍兰德职业兴趣理论在我国教育、培训、人事等领域的应用越来越多，对职业研究领域产生了深远影响。

第 3 节　施恩的职业锚理论

一、理论的提出

1. 提出背景

职业锚理论产生于在职业生涯规划领域具有“教父”级地位的美国著名职业指导专家埃德加·施恩教授领导的专门研究小组，是通过演绎法在对该学院毕业生的职业生涯研究中形成的。施恩教授长期在麻省理工学院斯隆管理学院任教，曾受聘于美国多家大型企业，负责人力资源、文化合作、组织发展、职业发展等方面的咨询和顾问工作。在他的指导下，斯隆管理学院的 44 名 MBA 毕业生，自愿形成一个小组接受施恩教授长达 12 年的职业生涯研究，包括访谈、跟踪调查、公司调查、人才测评、问卷等多种方式，最终分析总结出了职业锚（又称职业定位）理论。

施恩等人的研究表明，人们刚步入职业生涯时，有非常多的目标和职业倾向，在职业生涯的前十年，随着他们收到的反馈，这些目标和倾向会逐渐变得更加清晰和具体。职业锚的概念对于理解这个过程非常重要，也是形成成人职业生涯（adult career）概念的重要一环（周文霞，齐乾，2016）。

2. 理论提出的过程

早期心理学家进行的职业生涯研究，几乎只关注对高中生的职业能力倾向的测试和调查。研究职业的社会学家描述了工作和职业，但忽略了做某项工作的人之间存在差异的可能性。在一些关于成年人发展的研究中包含了与职业相关的议题，但是从整体来看，关于人们在中年及之后面临的各种问题和选择的研究很少。施恩及其小组在一开始就认识到对“外部事业”进行区分的重要性。一系列特定职业所需的阶段，如在医学院学习、实习、获得执业医师资格以及“内部事业”，都是职业从事者在经历这些阶段时所发展出的主观自我概念。成人职业生涯还涉及在工作要求、家庭需求和个人发展需求之间的复杂平衡和相互适应。20 世纪六七十年代，越来越多的女性开启管理职业生涯，由此产生了“双职业夫妻”，这更加凸显了该问题的复杂性。

施恩小组中的 MBA 毕业生被问到的问题有：

（1）你当时做了什么?

（2）为什么那么做?

（3）它是怎么运作的?

（4）那种情况下，你对未来的计划和抱负是什么?

（5）你现在的职业目标是什么?

这项关于社会化的研究产生了与各种职业生涯有关的数据。10年之后，在1973年，所有的小组成员又一次被访谈，以追踪在毕业之后的这10年里，他们又进行了怎样的职业探索和尝试。调查内容仍旧是详细的工作历史回顾，并着重强调他们做了什么选择，为什么做此选择，以及对未来他们有什么打算和计划。

所有的44名小组成员在刚步入职业生涯时，都声称想成为CEO。10年之后，他们所从事的工作及其职业生涯目标有很大差别。只有1/4的人成了CEO。一些工程师、销售人员或者金融业从业者仍然继续着自己领域的工作。另一些人则步入了跟最初的工作完全不同的领域，如学术研究、咨询、不动产买卖，或者开始自己创业。最引人注意的是，每个小组成员都根据自我感知的胜任力、职业动机和个人价值观，形成了一个相当明确的自我概念。这个自我概念就是施恩所说的“内部职业生涯”（internal career），是做出职业决策的有效指南和约束，被称为“锚”（anchor）。不同的锚区别明显，每个成员都有一个“主导锚”，它起到了指导职业选择的作用，并帮助他们解答这个问题：“如果不得不做出选择，什么是我不会放弃的?”

研究发现，随着工作经验的增加，人们会越来越加深对自我的认知，逐步认识到自己喜欢什么（兴趣）、擅长什么（能力、技能）、看重什么（价值观），这几方面整合成一个人的自我概念，成为其在面对职业选择时无论如何都不会放弃的东西，施恩称之为一个人的职业锚（周文霞，齐乾，2016）。

施恩教授在其1978年出版的《职业动力论》一书中率先从职业发展观出发，勾勒出个人与组织相互作用的基本图式，为认识个人成长和发展、组织发展与变革、管理角色与管理功能等领域的一系列问题提供了有效的工具。该书由于首次提出了职业锚理论而成为职业生涯开发与管理的经典著作。

3. 职业锚的内涵

施恩在研究中发现，进入组织的新雇员具有典型的“以学校作业或促成他们进入组织的培训为基础的某些专长”。但是在新雇员实际着手开展工作之前，他们和组织都不能真正了解他们的能力是否符合其工作和潜在职业的眼前和未来的要求。此外，新雇员不知道自己到底在多大程度上喜欢这项工作，或者他们的价值观在多大程度上与完成其工作所需的组织价值观相匹配。

因此，施恩认为，早期职业可以看作一个新雇员和组织之间相互了解、相互发现的阶段。通过成功的试用和新工作的挑战，新雇员和组织更加了解对方。

新雇员逐渐获得自知之明，发展出一种更加清晰的职业自我观。这种自我观分三个部分，它们组成了施恩所说的个人的“职业锚”。所谓职业锚，指的是人们在选择并发展自己的职业时所围绕的中心，是一个人哪怕在不得不做出职业选择时，也无论如何都不愿意放弃的职业当中至关重要的东西或价值。

这一概念包含三个方面的内容：(1) 自省的才干和能力（以各种作业环境中的实际成功为基础）；(2) 自省的动机和需要（以实际情境中的自我测试、自我诊断以及他人的反馈为基础）；(3) 自省的态度和价值观（以自我、雇佣组织和工作环境的准则和价值观之间的实际差距为基础）。

由此可见，职业锚是一个比通常意义上的价值观和动机更加宽泛的概念，它整合了个体的能力、动机、需要、态度以及价值观等各方面因素，是个体在早期与各种工作环境相互作用的产物，是个体的一种整体自我观和自我职业价值观。

施恩认为，在分析一个人一生中某个时期的工作时，讲的就是一种职业，在研究职业锚时，必须对职业的概念加以说明，为此引入了外职业和内职业的概念。

外职业指经历一种职业（由教育始、经工作期、直至退休）的通路。在外职业中，下列因素是需要考虑的：一种职业的各个阶段、一种职业提供的主要层面或等级、一种职业暗含的地位等级等。

内职业指从业者个人在一种职业中经历的通路，是“他自己的职业通路”，即客观的外职业的主观面。内职业可能很少涉及阶段性，更多关注所取得的成功或满足的主观感情。在内职业中，人们力图使工作事务与他们的其他需求、家庭义务和个人休闲达到均衡。

研究内职业需要更多地借助心理研究法，便于确定从事同一职业的不同人在经历其职业时是如何产生差异的。职业锚诠释的就是内职业的内涵，以及不同的人是如何通过发展一种由主要的动机、价值观或能力构成的始终如一的自我观使内职业稳定下来的。

关于职业锚的概念需要注意以下四点：

(1) 职业锚是员工自我发展过程中的动机、需要、价值观、能力相互作用逐步整合的结果。早前对职业选择做分析时仅强调动机和价值观，却没有考虑到以实际工作经验为基础的自省才干和能力的限制作用。

(2) 职业锚不是员工根据各种测试测出来的能力、才干或者动机、价值观，而是在工作实践中，其根据自身和已被证明的动机、需要、价值观、能力，现实地选择和准确地进行职业定位。职业锚是个人在早期与工作环境相互作用的产物。它们存在于一个人本身，对职业决策和选择有一系列驱动和制约的功能。如果一个人“流向”了一个有可能失败、不能满足其需要或不符合个人价值观的环境，这个人就会“掉头”进入某种更和谐的环境。这就是锚的含义。

(3) 职业锚以员工习得的工作经验为基础。职业锚产生于早期职业阶段，新员工已经工作若干年、习得工作经验后，方能选定自己稳定的长期贡献区。个人在面临各种各样的实际生活环境以前，不可能了解自己的动机、需要、价值观、能力事实上是如何相互作用的，以及在多大程度上适应可行的职业选择。例如一个人可能自信于自我的能力和意愿，认为自己可以从事咨询工作，也有证据证明他会喜欢这项工作，但结果发现，使自己生活稳定的需要与一个咨询者流动的生活特点完全冲突。或者一个人进入某个公司，找到了一项再适合不过的工作，结果发现自己的价值观和雇主的价值观之间存在较大的差异。也就是说，职业锚在某种程度上由员工的实际工作决定，而不只取决于潜在的能力和动机。

（4）员工个人及其职业不是固定不变的。“职业锚”这个概念倾向于识别个人内在的一种稳定的成长区，但是并不意味着个人会停止变化或成长。确切地说，职业锚允许存在其他方面的成长和变化及稳定源。职业锚本身也会发生变化，员工在职业生涯的中后期可能会根据变化了的情况，重新选定自己的职业锚（Schein & Van Maanen，2016）。

4. 职业锚的类型

1978年，施恩教授将职业锚分为5种类型：自主型职业锚、创业型职业锚、管理能力型职业锚、技术职能型职业锚、安全型职业锚。1996年，施恩教授进行了重新界定，将职业锚的类型扩展至8种：综合管理型、技术职能型、自主独立型、安全稳定型、生活方式型、服务奉献型、纯粹挑战型和创业创新型（见表3-2）。施恩规定，研究时如果发现至少有两个案例不符合这8种类型中的任何一种，则只能添加新的锚。但自施恩的研究之后，在这个规则下，还没有出现其他新的锚。

每种锚都围绕胜任力、关键动机或核心价值观来定义，这形成了职业生涯的综合概念，涉及更喜欢的工作类型、想接受怎样的管理、想获得怎样的回报和个人发展。

表3-2 职业锚的8种类型

名称	内涵
综合管理型（general managerial competence，GM）	职业锚体现的是综合管理能力。不愿放弃的是在组织中爬上足够高的位置、能够整合不同职能部门中其他人的努力及负责组织某个特定单元产出结果的机会。想要对整体的结果负责，需要用自己所属组织的成功来确定自己的工作身份。
技术职能型（technical/functional competence，TF）	职业锚是在某个技术或职能领域的能力，不愿放弃的是将自己的技能应用到该领域和继续提高这些技能的机会。
自主独立型（autonomy/independence，AU）	不愿放弃的是以自己的方式定义工作的机会，在职业中最需要使自己感到自由和独立，有这种职业锚的个体更喜欢自己雇用自己或从事自主度高的工作，他们可能是自由职业顾问、教授、独立的小个体户或一线销售等。
安全稳定型（security/stability，SE）	不愿放弃的是就业带来的安全感或在工作、组织中的任期。主要关心的是获得一种让自己职业稳定下来的感觉。当个体关注财务安全（如养老金、退休计划）、就业保障或地理稳定问题时，就是这种职业锚在发挥作用。
生活方式型（lifestyle，LS）	不愿放弃的是能平衡和整合个人需求、家庭需求和职业需求的机会。希望生活中所有主要方面都能得到整体整合，因此需要具备足够的灵活性来实现这种整合的职业环境。个体对成功的定义不仅仅是职业上的成功，更多的是如何生活、如何处理家庭问题、如何发展自己，而与某个特定的工作或组织无关。
服务奉献型（service/dedication to a cause，SV）	不愿放弃的是追求实现有价值事情的机会，如让世界变得更宜居、解决环境问题、提高人们之间的和谐度、帮助他人、改善人们的安全环境及通过新产品治疗疾病等。
纯粹挑战型（pure challenge，CH）	不愿放弃的是解决看似无法解决的问题、战胜强劲的对手或克服困难的机会。对这样的个体来说，追求一份工作或职业唯一有意义的方面是它能让自己战胜看似不可战胜的挑战。

续表

名称	内涵
创业创新型（entrepreneurial creativity，EC）	不愿放弃的是自己创办组织或企业，在自己的能力和意愿基础上去冒险和克服障碍的机会。当个体在学习或评估未来机会时，可能会在一个组织中为别人工作，一旦个体觉得可以管理一个组织，就会离开去创业。

职业锚的多样性发现也解释了为什么在最初研究企业价值观输入时会有如此复杂的结果。事实证明，那些以安全稳定、综合管理和创业创新为锚点的小组成员表现出了对公司价值观的态度转变，具有自主独立型锚的小组成员表现出了对公司价值观的实际远离，而其余三组没有表现出一致的模式。

对一些小组成员的后续研究表明，一旦一个人"定义"了自己，获得了自我形象和身份，那么他对稳定的心理需求以及他遭遇到的社会力量往往会使其努力去稳定自我形象，因此职业锚也会非常稳定。对于那些根据自己的技术能力来定义自己并且积极抵制进入通才工作（generalist jobs）的人来说，这一点最为明显。例如，其中一个小组成员喜欢制造技术，他在后续的一个访谈中告诉施恩，他很怕自己的成功会让自己晋升成为一个高级的综合管理者，于是他决定积极游说公司总部人员，以确保他的下一次晋升将继续保持在当前的功能区范围内。当施恩多年后再与他交谈时，他仍然留在他想留的部门，并成了生产负责人。

具有自主独立型锚的人同样会避免从事管理工作，因为这些工作要求他们成为"组织里的人"。同样，具有服务奉献型锚的人会抵制被轮换到承担其他一些管理职能。一个极端但有说服力的例子是一个退出了一家大公司、当时正在从事鬼怪小说写作的小组成员，他在后续访谈中被问及，如果有了家庭并需要一份更稳定的工作他会怎么做，他回答说自己会搬到英格兰，在那里古怪的职业生涯更容易被接受，并且他还准备再开一家小店。施恩在 10 年后再次对他进行访谈，发现他和他的家人在牛津郊外经营着一家小的古董商店。

对经济安全的需求在所有小组成员中都有所展现，但只是作为一小部分人的锚点。然而，这种需求有时会让人们陷入一项无法满足自身锚需求的工作。如果人们对某种工作环境怀有感激，但是这种工作环境根本没有表现出主导锚，那就可能是人们在他们的爱好或另一份工作中展现了他们的锚。也就是说，自我概念一旦形成，它不会被轻易改变，即使工作环境有不同的要求也一样。你只会有一个不太开心、不太匹配的员工，而他的任期往往不会太长（Schein & Van Maanen，2016）。

二、理论的发展

尽管施恩提出的职业锚原始概念具有理论贡献，但这之后，几乎没有对职业锚构念本身的后续改进或重构。此外，施恩的学生们后来也进行过一些小规模的职业锚相关研究，这些研究对有多少职业锚类型以及职业锚对职业结果的影响程度有不一致的结论。

费尔德曼和博利诺（Feldman & Bolino，1996）重新整理了职业锚的本质，并梳理了职业锚的类型，尝试提出一系列调节职业锚与职业结果之间关系的变量，并探讨了职业锚研究对于组织职业管理的影响。他们的研究主要有四个目的：

第一，重新研究施恩的职业锚原始类型和模型，提出替代分类方案，对个人可能持有的职业锚的性质和数量提出不同的假设，并分析职业锚可能影响到的其他与职业有关的结果变量。

第二，提出一系列假设，如关于职业锚的各个维度如何影响结果变量，以及环境因素如何调节职业锚与职业结果之间关系。

第三，借鉴职业选择领域的相关研究，探讨可以使职业锚更好地发挥作用的方式，并探究实证所需的其他潜在替代数据。

第四，根据之前的讨论，进一步探讨职业锚理论对个人和组织进行职业规划的实际意义。

施恩（Schein，1987）明确提出的职业结果包括工作效率、工作满意度（对工作本身的满意度、对薪酬的满意度、对晋升的满意度、对荣誉的满意度）和工作稳定性。

施恩指出，一个人只有一个主职业锚，且基本不会改变。此外他认为，由于人们无法总是找到与自己职业锚相契合的工作，因此职业锚和职业结果之间的关系并不完美。人们可以充分适应自己所在的环境，但并不能发现真实的自我。因此合理的替代工作可以调节职业锚和职业结果之间的关系，即合理的替代工作处于高水平时，职业锚和职业结果之间的关系增强。

施恩提出的职业锚模型以及费尔德曼和博利诺修订后的职业锚模型分别如图3-2和图3-3所示。

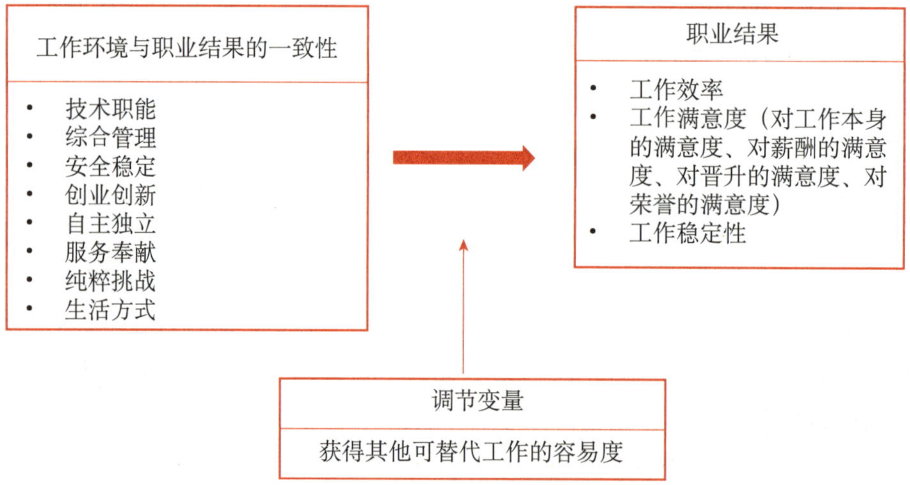

图3-2 施恩提出的职业锚模型

资料来源：Feldman D C，Bolino M C. Careers within careers：reconceptualizing the nature of career anchors and their consequences. Human Resource Management Review，1996，6（2）.

此外，研究还指出，了解职业定位调查问卷的基本因素结构将有利于深入了解多个职业锚之间的关系，探究哪些职业锚具有一致特征，或具有对立特征，并研究这些关系对职业结果的影响程度。

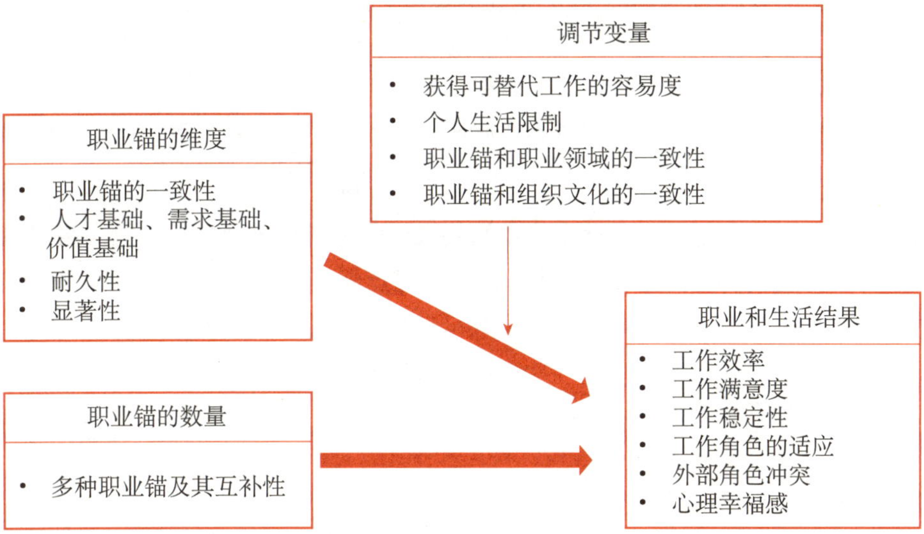

图 3-3　费尔德曼和博利诺修订后的职业锚模型

资料来源：Feldman D C，Bolino M C. Careers within careers：reconceptualizing the nature of career anchors and their consequences. Human Resource Management Review，1996，6（2）.

三、理论的应用

1. 职业锚理论的相关实证研究

大部分关于职业锚的研究是施恩及其学生做的。最初的研究小组包含 44 名男性参与者，他们普遍拥有 10～12 年的工作经历（Schein，1978）。随后，由施恩指导的 14 篇硕士论文也使用了他的总体框架。这些论文基本上完全依赖于所得的访谈数据。这些研究中最多的有 40 个样本，平均样本量是 23 个（Schein，1987）。除了麻省理工学院体系的研究，样本量最大的研究是诺德维克（Nordvik，1991）进行的研究，他的研究样本包含 725 个挪威成年人，但是诺德维克并未使用上述职业定位调查问卷，而是强制被试在众多锚点中做出选择，结果就是某些锚点分数低，则另一些锚点必定分数高（Feldman & Bolino，1996）。

此外，也有研究把霍兰德的人格类型、施恩的职业锚以及 MBTI 职业性格测试做比较（Nordvik，1996）。该研究进行了回归分析，将 MBTI 的变量作为自变量，人格类型和职业锚因子作为因变量，结果表明外向-内向预测了企业型-研究型，感知-直觉预测了传统型-艺术型，思维-感觉预测了现实型-社会型。MBTI 与职业锚变量之间则没有明显相关性。

关于职业锚在现代的应用，也有学者进行了探讨（Rodrigues，Guest & Budjanovcanin，2013）。现代社会中的人们对于自己职业生涯的理解不再总受客观职业成功的影响，比如薪酬增长和晋升。相关研究者强调要关注能反映个体职业选择和行为的需要、价值观和目标的主观标准。

另有学者关注特殊人群的职业锚。卡普兰（Kaplan，2014）的研究搭建了一个了解同性恋和双性恋（GLB）人群职业经历和选择的框架。该研究的一个重要贡献是指出个体对GLB身份的自我识别是个人职业生涯的前因，而不是职业生涯的结果。具体来看，GLB员工是否出柜的决定促进了基于需要的职业锚的发展（安全稳定、生活方式、自主独立），并影响其随后的职业道路（无边界、变化不定）。了解耻辱感在GLB员工生活中的作用，可以帮助解释个体如何做到使职业无边界但又并非变化不定；反之亦然。

2. 职业锚访谈法

施恩职业锚研究的受访者反馈说，他们从未如此了解自己的职业生涯，并且很高兴有机会可以谈论他们的"内部职业生涯"。这种观点促使施恩把这种研究访谈转变为对成年人各个人生阶段都有用的自我管理职业锚训练。事实证明，对于年轻人来说，这个训练的用处不大，因为年轻人对大部分锚点涉及的内容都感兴趣。而了解一个人真正想要的、无论怎样都不会放弃的东西，需要多段不同的工作经历，并逐渐深入了解自己擅长什么（good at）、想要什么（wants）和看重什么（values）。

访谈法逐渐得到更广泛的应用，随之而来的压力是，需要用更短的时间、更偏量化的方法来测试自我概念。因此施恩等人开发了一个含40个题项的自评调查问卷——职业定位调查问卷。每个题项采用1～4分评分制，分别对应"从不""很少""经常""总是"。随着年龄和经验的增长，人们在辨析时更加从容，调查问卷也显示出不同锚点的明显高分和低分。其中一个典型的具有服务奉献倾向的题项是："我梦想着能从事一份对人类和社会有真正贡献的工作。"具有综合管理倾向的题项是："要是在某些组织中成为高层领导，我会觉得很成功。"具有技术职能倾向的题项是："我想对我所从事的工作非常擅长，以至于别人都会来寻求我的专业建议。"通过使用该问卷，人们可以更加清楚地了解自己想要或不想要什么。问卷调查结果表明，越年轻、工作经验越少的人，越会在多个职业定位上得分很高，毕竟这个调查问卷不是一个强制选择测试。

调查的结果很容易偏向于受访者理想中的内容，而访谈则通过了解他的选择和选择理由揭示这个人真正想要的内容。因此调查问卷的得分仅仅作为访谈前的热身（warm-up）。访谈不仅能够帮助受访者了解自己的职业发展，也利于研究者挖掘受访者在调查中可能忽略的信息。职业锚访谈可以帮助人们更加清楚地了解他们的主职业锚究竟是什么（Schein & Van Maanen，2016）。

问卷调查和访谈目前已经在职业咨询、职业发展计划、新职介绍计划中得到了初步应用，即通过雇用外部组织，在锚定诊断练习的帮助下，将被解雇的员工转移到新的工作和职业中。

3. 职业锚在人力资源和人才管理方面的应用

施恩的研究发现，最初人们根据给定的锚来定义职业，但令人惊喜的是在研究其他职业和组织团体时，锚的范围仍然存在，因此得出人们出于不同的个人原因进入某一职业的重要观点，并且大多数职业能够满足多种不同类型的个人需求。在研究样本涵盖的每个职业中，即使某个职业可能凸显了一个或两个锚点，其他不同的锚点也同样有机会发挥作用。更重要的发现是，即使在医生或警察这样的职业中，也有想要锻炼技能的人，想要管理的人，想要自主的人，想要寻求安全或为事业奉献的人，想要纯粹挑战、建立一个组织的人，以及发现自己处于一种复杂的生活环境中而需要到处停留的人。

人力资源实践以及各种绩效评估及奖励、激励制度的支持者尚未认识到这一发现的全部意义，即几乎每个职业都存在具有不同职业锚的人。具有不同职业锚的员工追求的也是完全不同的东西。然而，人力资源和人才管理体系却依然建立在普通人类需要的假设之上——快速晋升、更多责任，以及比其下属更多的薪酬。有很多关于创造“参与文化”（engagement culture）的讨论完全忽视了这样一个事实：即使在同一类工作中，一个人所做的事情也很可能对另一个人来说是诅咒（不愿意做）。这种方法忽略的是，对于特殊的个人贡献者而言，需要比“双阶梯”更广泛的通路，他们愿意与每个下属一起解决其需要什么、想要什么和擅长什么的问题。人才管理必将承认“天赋”中包括动机、价值观和胜任力（Schein & Van Maanen，2016）。

4. 跨文化问题

施恩在他的研究中谈到了两个有关跨文化的问题：第一，职业锚的概念和分类具有多大的文化特殊性（culturally specific）。在其他文化、其他语言、其他经济体、其他劳动力市场中这些概念和分类还依然有用吗？研究没有给出明确的答案，因为多元文化的全球化正在发生，施恩教授在澳大利亚、德国、法国、葡萄牙、丹麦、意大利、墨西哥和巴西都做过相关研讨。此外，他还在职业生涯中期学生的教学中以及各种项目中广泛使用职业锚，其中参与者来自 40～50 个不同的国家。职业锚和工作角色诊断训练已经被翻译成了 8 种语言，包含荷兰语、韩语、汉语、日语以及葡萄牙语等。目前看来，那些了解职业锚的人发现这些概念和分类是有用的。因为不管在任何地方，这些锚点都能最终反映人们在组织和职业生活中所需要的、不能放弃的东西。

第二，亚洲出现了一个重要的文化问题，具体而言，即：这些概念在不太强调个人主义的文化中以及像日本这样的高度程序化的工作体系中是否有意义？问题的关键在于，在雇员的能力、动机和价值观明显存在差异的情况下，规模庞大且相对稳定的日本组织如何整理出各种类型的人群。日本经济在 20 世纪七八十年代的疯狂增长后，陷入了萎缩以及停滞不前。在这种情况下，关于自我管理的锚点和概念将如何发挥作用？施恩于 2005 年在剑桥举办的一场讲座中给出了部分答案，当时有一位参会者是日本职业咨询协会的负责人，于是他邀请施恩去日本东京和大阪分别再进行同样的讲座。令人意外的是，虽然这两场讲座每场只免费提供 300 名与会者的预算，但每场讲座的出席人数都超过 500 人，这表明日本必然在“个人职业发展”领域有“正在发生的事情”，人们才会产生这种兴趣。与此同时，人们越来越关注工作/角色规划，以帮助大型企业优化其传统的职业发展体系。

施恩的研究还发现，对于如何确定和利用职业锚，在日本、中国和新加坡，人们有着与西方十分不同的态度。西方一直强调自我发展的重要性，并且极力避免将职业访谈变为一种“测试”。根据设计，研究者们并未关注衡量职业定位调查问卷的信度和效度，他们将重点放在使用定性和主观的工作史访谈作为一种促进“个人发展和工作选择的个人见解”。但是可量化的压力依然存在，这也使得这个包含 40 个题项的职业定位调查问卷更具有吸引力。如此来看，这种面对面的工作史访谈在一些亚洲国家具有更低的文化可行性。当概念和研究方法跨文化应用时，这种情况经常发生，即概念的本质仍然存在，但本土文化会重新诠释概念的含义，并以各种方式改变判定的方法，使得其在本土可接受并且有意义。由于职业锚和工作/角色规划概念旨在发展而非诊断，上述这种局部变化是需要的（Schein & Van Maanen，2016）。

复习思考题

1. 帕森斯特质因素理论的主要观点是什么？
2. 帕森斯特质因素理论在实践中有哪些应用？
3. 霍兰德职业兴趣理论的具体内容是什么？
4. 霍兰德职业兴趣理论在实践中有哪些应用？
5. 什么是职业锚？职业锚理论对职业生涯理论与实践的贡献各有哪些？

参考文献

[1] Ahadi S A. The use of API career factors as Holland occupational types. Educational and Psychological Measurement，1991，51（1）.

[2] Arbona C. Hispanic employment and the Holland typology of work. The Career Development Quarterly，1989，37（3）.

[3] Atli A. The effects of trait-factor theory based career counseling sessions on the levels of career maturity and indecision of high school students. Universal Journal of Educational Research，2016，4（8）.

[4] Baker D B. Choosing a vocation at 100：time，change，and context. The Career Development Quarterly，2009，57（3）.

[5] Barclay W B，Chapman J R，Brown B L. Underlying factor structure of Schein's career anchor model. Journal of Career Assessment，2013，21（3）.

[6] Barry R，Wolf B. Epitaph for vocational guidance：myths，actualities，implications. The Education Forum，1963，27（3）.

[7] Blake R J，Sackett S A. Holland's typology and the five-factor model：a rational-empirical analysis. Journal of Career Assessment，1999，7（3）.

[8] Campbell D P，Holland J L. A merger in vocational interest research：applying Holland's theory to Strong's data. Journal of Vocational Behavior，1972，2（4）.

[9] Conneran J M，Hartman B W. The concurrent validity of the self directed search in identifying chronic career indecision among vocational education students. Journal of Career Development，1993，19（3）.

[10] Davis J B. Vocational and moral guidance. Boston：Ginn & Co.，1914.

[11] De-Fruyt F，Mervielde I. The five-factor model of personality and Holland's RIASEC interest types. Personality and Individual Differences，1997，23（1）.

[12] Farth J，et al. Cross-cultural validity of Holland's model in Hong Kong. Journal of Vocational Behavior，1998，52（3）.

[13] Feldman D C，Bolino M C. Careers within careers：reconceptualizing the nature of career anchors and their consequences. Human Resource Management Review，

1996，6 (2).

[14] Gati I. The structure of vocational interests. Psychological Bulletin，1991，109 (2).

[15] Hansen J I C，Johansson C B. The application of Holland's vocational model to the Strong vocational interest blank for women. Journal of Vocational Behavior，1972，2 (4).

[16] Holland J L. A personality inventory employing occupational titles. Journal of Applied Psychology，1958，42 (5).

[17] Holland J L. A theory of vocational choice. Journal of Counseling Psychology，1959，6 (1).

[18] Holland J L. Some explorations of a theory of vocational choice part Ⅰ：one-and two-year longitudinal studies. Psychological Monographs：General and Applied，1962，76 (26).

[19] Holland J L. Explorations of a theory of vocational choice and achievement part Ⅱ：a four-year prediction study. Psychological Reports，1963，12 (2).

[20] Holland J L. Explorations of a theory of vocational choice part Ⅳ：vocational preferences and their relations to occupational images，daydreams，and personality. Vocational Guidance Quarterly，1963－1964.

[21] Holland J L. The psychology of vocational choice. Waltham，MA：Blaisdell，1966.

[22] Holland J L. Explorations of a theory of vocational choice Ⅵ：a longitudinal study using a sample of typical college students. Journal of Applied Psychology，1968，52 (1).

[23] Holland J L，et al. An empirical occupational classification derived from a theory of personality and intended for practice and research. Career Choice，1969 (27).

[24] Holland J L. A theory-ridden，computerless，impersonal vocational guidance system. Journal of Vocational Behavior，1971，1 (2).

[25] Holland J L. Making vocational choices：a theory of careers. Englewood Cliffs，NJ：Prentice Hall，1973.

[26] Holland J L，Gottfredson G D，Naziger D H. Testing the validity of some theoretical signs of vocational decision-making ability. Journal of Counseling Psychology，1975，22 (5).

[27] Holland J L，Gottfredson G D. Using a typology of persons and environments to explain careers：some extensions and clarifications. The Counseling Psychologist，1976，6 (3).

[28] Holland J L. Making vocational choices：a theory of vocational personalities and work environments. Englewood Cliffs，NJ：Prentice Hall，1985.

[29] Janis I L，Wheeler D. Thinking clearly about career choices. Psychology To-

day，1978 (5).

[30] Jones L K. Frank Parsons' contribution to career counseling. Journal of Career Development，1994，20 (4).

[31] Kaplan D M. Career anchors and paths：the case of gay，lesbian & bisexual workers. Human Resource Management Review，2014，24 (2).

[32] Kuder G F. Kuder preference record：examiner's manual. Science Research Associates，1953.

[33] Nordvik H. Work activity and career goals in Holland's and Schein's theories of vocational personalities and career anchors. Journal of Vocational Behavior，1991 (38).

[34] Nordvik H. Relationships between Holland's vocational typology，Schein's career anchors and Myers-Br. Journal of Occupational and Organizational Psychology，1996 (69).

[35] Osipow S H. Theories of career development. New York：Meredith Corporation，1968.

[36] Parsons F. The vocation bureau. The Arena，1908，40 (244).

[37] Parsons F. Choosing a vocation. Boston，MA：Houghton Mifflin，1909.

[38] Peterson N，González R C. The role of work in people's lives：applied career counseling and vocational psychology. Wadsworth/Thomson Learning，2000.

[39] Pope M，Sveinsdottir M. Frank，we hardly knew ye：the very personal side of Frank Parsons. Journal of Counseling & Development，2005，83 (1).

[40] Prediger D J，Hanson G R. Holland's theory of careers applied to women and men：analysis of implicit assumptions. Journal of Vocational Behavior，1976，8 (2).

[41] Prediger D J. Dimensions underlying Holland's hexagon：missing link between interests and occupations? . Journal of Vocational Behavior，1982，21 (3).

[42] Prediger D，et al. Extending Holland's hexagon：procedures，counseling applications，and research. Journal of Counseling & Development，1993，71 (4).

[43] Rodrigues R，Guest D，Budjanovcanin A. From anchors to orientations：towards a contemporary theory of career preferences. Journal of Vocational Behavior，2013，83 (2).

[44] Rogers C R. Counselling and psychotherapy. Boston，MA：Houghton Mifflin，1942.

[45] Rounds J B Jr，et al. The fit between Strong-Campbell interest inventory general occupational themes and Holland's hexagonal model. Journal of Vocational Behavior，1979，15 (3).

[46] Schein E H. How career anchors hold executives to their career paths. Personnel，1975 (52).

[47] Schein E H. Career dynamics：matching individual and organizational needs. Reading，MA：Addison-Wesley，1978.

[48] Schein E H. Career anchors：discovering your real values. San Diego，CA：University Associates，1985.

[49] Schein E H. Individuals and careers//Lorsch J. Handbook of organizational behavior. Englewood Cliffs，NJ：Prentice-Hall，1987.

[50] Schein E H. Career anchors：discovering your real values. San Diego：Pfeiffer & Company，1990.

[51] Schein E H. Career anchors and job/role planning：the links between career planning and career development//Montross D H，Shinkman C J. Career development：theory and practice. Springfield，IL：Charles C. Thomas，1990.

[52] Schein E H. Career anchors revisited：implications for career development in the 21st century. Academy of Management Executive，1996，10（4）.

[53] Schein E H. Humble inquiry：the gentle art of asking instead of telling. San Francisco，CA：Berrett-Koehler，2013.

[54] Schein E H，Van Maanen J. Career anchors and job/role planning. Organizational Dynamics，2016，45（3）.

[55] Schein E H，Van Maanen J. Career anchors：the changing nature of work and careers. 4th ed. New York：John Wiley & Sons，2016.

[56] Strack S. Relating millon's basic personality styles and Holland's occupational types. Journal of Vocational Behavior，1994，45（1）.

[57] Strong E K Jr. Vocational guidance of executives. Journal of Applied Psychology，1927，11（5）.

[58] Suutari V，Taka M. Career anchors of managers with global careers. Journal of Management Development，2004（23）.

[59] Thorndike E L. The permanence of interests and their relation to abilities. Popular Science Monthly，1912（LXXX）.

[60] Trusty J，et al. Choice of Holland's social type college majors for US racial/ethnic groups. Journal of Career Development，2000，27（1）.

[61] Van Maanen J. Rediscovering Japan：some thoughts on change and continuity in traditional Japanese careers. Career Development International，2006，11（4）.

[62] Wakefield J A，Doughtie E B. The geometric relationship between Holland's personality typology and the vocational preference inventory. Journal of Counseling Psychology，1973，20（6）.

[63] Williamson E G. How to counsel students：a manual of techniques for clinical counselors. New York and London：McGraw-Hill Book Co.，Inc.，1939.

[64] 白利刚，凌文辁，方俐洛．霍式中国职业兴趣量表构想效度的验证性因素分

析（Ⅰ）：量表会聚效度和区分效度的验证性因素分析．心理学报，1996a，28（1）.

［65］白利刚，凌文辁，方俐洛．霍式中国职业兴趣量表构想效度的验证性因素分析（Ⅱ）：多特质多方法矩阵的LISREL模型比较检验．心理学报，1996b，28（2）.

［66］邓彩艳．积极心理学视角下大学生职业生涯规划团体辅导方案设计．统计与管理，2017（3）.

［67］方俐洛，白利刚，凌文辁．HOLLAND式中国职业兴趣量表的建构．心理学报，1996（2）.

［68］胡平．职业心理学．北京：中国人民大学出版社，2015.

［69］李爱梅．职业指导理论及其实践．中国人力资源开发，2001（8）.

［70］李利军．试析“特质因素论”在高职院校就业指导课中的运用．学校党建与思想教育，2011（5）.

［71］李庶泉．职业指导人职匹配理论评述．职教通讯，2002（8）.

［72］林枚，李隽，曹晓丽．职业生涯开发与管理．北京：清华大学出版社，2010.

［73］凌文辁，李爱梅．职业锚理论在人力资源管理中的应用．人才开发，2003（9）.

［74］刘少文，龚耀先．职业兴趣调查表的编制．中国临床心理学杂志，1999（2）.

［75］龙立荣．国外三个职业兴趣测验的发展趋势．心理科学，1991（6）.

［76］龙立荣，彭平根，郑波．自我职业选择测验（SDS）的试用报告．应用心理学，1996（1）.

［77］龙立荣，李晔．职业辅导思想的历史嬗变：从职业指导到生涯辅导．华中师范大学学报（人文社会科学版），2001，40（6）.

［78］施恩．职业的有效管理．北京：三联书店，1992.

［79］施恩．职业锚理论．中国人才，2002（9）.

［80］时勘．升学与择业：心理咨询读本．北京：中国科学院心理研究所，1993.

［81］苏永华．成人与中学生被试Holland职业定向测验（SDS）结果的比较．人类工效学，2000（3）.

［82］孙震瀚．国外职业指导．杭州：浙江教育出版社，1991.

［83］田丽华，李春辉．特质因素理论在艺术院校职业与就业指导中的应用．数位时尚（新视觉艺术），2014（1）.

［84］童丽．基于特质因素理论的个人职业生涯规划指导．中小企业管理与科技（上旬刊），2014（5）.

［85］王本贤．西方职业生涯理论的发展脉络．中国职业技术教育，2006（27）.

［86］王来顺．霍兰德职业选择理论及其现实运用．求索，2009（7）.

［87］王素霞．当前高校就业指导工作的现状、问题及对策研究．济南：山东师范大学，2006.

［88］吴志功，乔志宏．美国大学生生涯发展与就业指导理论评述．比较教育研究，2004，25（6）.

［89］俞文钊．职业心理学．大连：东北财经大学出版社，2007.

［90］袁焕伟，张元．帕森斯职业指导思想对我国的借鉴．职业技术，2010（2）．

［91］张海宁．女研究生择业困境的出路：特质因素理论的分析视角．河北师范大学学报（教育科学版），2008（4）．

［92］赵凤彪．职业锚理论研究概述．科教文汇（下旬刊），2008（1）．

［93］赵富强．职业生涯管理：理论与实务．北京：科学出版社，2015．

［94］周文霞，齐乾．重新定义你的职业生涯．清华管理评论，2016（6）．

第 4 章

职业生涯的发展理论

［开篇导读］

如何升级大学生职业生涯规划教育

党的二十大报告在“增进民生福祉，提高人民生活品质”中指出，要“实施就业优先战略”。高校毕业生是就业工作的重点人群，其就业是社会关注的焦点。

全社会要群策群力，力促大学生充分合理就业，协助大学生创新创业，进而实现大学生职业发展的可持续性，最大化地实现大学生的个人价值和社会价值。为此，确保大学生在校期间接受良好的职业生涯规划教育，是重要的基础工作。

当前，各高校大学生职业生涯规划教育的实践表明，帮助大学生进行职业生涯规划，有助于大学生的学习以及走向工作岗位后的发展。但实践中也存在一些问题，需要我们关注、解决。

大学生职业生涯规划意识淡薄，需进一步提升科学认识自我的水平。认识自我、了解自我是大学生进行职业生涯规划的基础。但如果大学生缺乏主动进行职业生涯规划的意识，高校相关部门尚未找准与职业相关的专业测量工具和手段，就可能对大学生形成科学、全面的自我认识造成一定困难。

高校职业生涯规划教育要突破就业指导的阈限，形成科学的培育理念和机制。目前，全国大部分高校虽然开设了大学生职业生涯规划教育课程，但是高校的大学生职业生涯规划工作在不同程度上局限于就业指导，服务于就业率，职业生涯规划教育理论与实践存在脱节现象。在这种观念主导下，有些学校只能满足大学生毕业时择业的一时之需，难以顾及大学生的个性要求及一生的职业发展。

急需企业介入，实现高校与企业的有效对接。目前，由于缺乏对人职匹配的科学认识，高校与企业在某种程度上不能实现充分有效对接。一方面是大学生难以找到合适的工作，另一方面是企业难以招聘到合适的人才。企业在大学生职业生涯规划教育中的缺位，直接影响到大学生的职业发展与企业的效益。

相关方面需要加强协同，形成社会合力。目前，高校和社会在大学生职业生涯规划过程中存在诸多缺失环节，即个体、家庭、学校、企业、政府等环节缺乏内在联系，无法形成强大的合力。大学生职业生涯规划不能仅作为一门课程，而是需要形成有机的内在协作机制。

资料来源：如何升级大学生职业生涯规划教育．（2023－02－09）．http：//paper. jyb. cn/zgjyb/html/2023－02/09/content_619841. htm？ div=－1.

第 1 节　埃里克森的社会心理发展理论

一、理论的提出

1. 提出背景

资本主义经济危机席卷全球和第二次世界大战的爆发，使世界充斥着矛盾性和不确定性。无论是在经济上还是在精神上，人们都承受着巨大的压力，导致精神疾病的发病率大大提高。在此背景下，人们十分关注“新弗洛伊德主义”，企图从精神分析的角度解释出现的社会现象。埃里克森（Erikson，1902—1994）就是弗洛伊德精神分析理论的发展者之一。

埃里克森出生在德国法兰克福的一个农民家庭，父母均是丹麦人。在他出生之前，父亲离家出走，三岁时母亲又嫁给了一名犹太人，但他对这些事情一无所知。与犹太人不同的长相特征使埃里克森在父母那里缺乏归属感，加之在学校中他被看作犹太人，但在继父的家族中又会被称为异教徒，更加重了他在身份认知上的混乱。这一成长背景为以后“青少年同一性”理论的提出建立了基础。

1927 年，大学毕业后的埃里克森经朋友引荐到维也纳精神分析研究所跟弗洛伊德的女儿——安娜·弗洛伊德学习，安娜在父亲理论的基础上对精神分析有进一步的创新与理解，这对埃里克森产生了很大的影响。面对纳粹的威胁，埃里克森迁居多次，在耶鲁大学精神病学系医学院任职时，结识了人类学家鲁斯·本尼迪克特和玛格丽特·米德，并随之前往印第安人的居住地进行实地考察。考察过程中，埃里克森观察了苏语印第安人抚育子女的实况，他逐渐意识到，人格的形成不仅与个体的生理特征有关，更与其所处的社会文化环境密不可分。这最终成了其社会心理发展理论的重要依据。

2. 理论内容

社会心理发展理论（stages of the life cycle，英文文献中也称 ego development stages，stage sequence of ego epigenesis，stages of identity development，stages of psychosocial development）是埃里克森于 1950 年在《童年与社会》（*Childhood and Society*）一书中提出的。该理论认为个体的发展依赖于三个过程，即生理过程、心理过程和社会过程，并从个体生理、心理以及社会环境因素三个方面出发，将人格发展分成了八个阶段：婴儿期、儿童早期、学前期、学龄期、青年期、成年早期、成年中期、成年晚期或老年期。每一阶段都以自我品质的两个极端为特征，这些自我品质是个人与环境互动的结果。而且在每个阶段个体都有特定的任务需要完成，如果个体不能顺利地完成任务，那么此阶段的人格将受到一定的影响。埃里克森社会心理发展理论的前五个阶段与弗洛伊德进行分类的时间节点大致相同，但在内容和意义上与弗洛伊德的理论大有不同；此外，比弗洛伊德理论更进一步的是，埃里克森将社会心理发展理论的研究对象扩展到了人的整个生命发展历程，即提出了人格发展的后三个阶段：成年早期、成年中期、成年晚期或老年期。以下是每个阶段的具体任务与发展特点：

第一阶段，婴儿期（0～1.5岁）是建立信任感、克服不信任感的阶段。若婴儿的生理需求得到满足，他就会对周围的环境产生安全感与信任感。这一阶段是自我形成的阶段，也是其他阶段发展的基础。

第二阶段，儿童早期（1.5～3岁）是获得自主性、克服羞怯和疑惑的阶段。这一阶段的儿童开始从活动中探索世界，当其行为得到认可时，他们会建立起自主性，克服羞怯与疑惑。因此埃里克森在这一阶段特别强调游戏的作用。

第三阶段，学前期（3～6岁）是发挥主动性、克服内疚感的阶段。儿童通过发挥主动性以达成某些预期可能达成的目标，在目标达成的过程中，儿童必然会遇到各种矛盾与冲突，从而产生内疚感，因此此阶段也是不断克服内疚感的阶段。

第四阶段，学龄期（6～12岁）是勤奋学习、克服自卑感的阶段。这一阶段的儿童开始离开家庭进入学校，他们需要勤奋学习以获得成功感，同时开始学习处理人与人之间的关系。这一过程中难免会产生恐惧情绪，因此该阶段又是克服自卑感的阶段。

第五阶段，青年期（12～18岁）是埃里克森非常重视的一个阶段，也是整个社会心理发展理论的重点，因为青年期被看作个体从儿童期向成年期过渡的一个阶段。这一阶段的主要任务是建立自我同一性（ego identity）和防止同一性混乱（identity confusion）。埃里克森认为“自我同一性是自我整合的一种形式，是个体在过去的经验中形成的内在的一致性和连续性”（Erikson，1963）。个体对自我的认知是否与他人和社会的认知相一致是形成同一性心理的关键因素。尽管自我同一性心理从婴儿期就开始出现，并且自我同一性的形成贯穿个体的整个生命阶段，但其在青年期尤为关键，因为处于青年期的个体只有在整合过去的知识、经验，对自己能力有正确判断的基础上，才能结合社会需要构想未来的理想与目标，从而对自我产生一致性、连续性的认识，形成自我同一性。相反，如果个体不能很好地认识自己，也无法确定未来的理想与目标，则会陷入同一性混乱。当同一性混乱产生时，个体需要及时进行自我调整，否则将会导致消极同一性（negative identity），这也就是青少年打架斗殴、行为怪异等不良行为产生的原因。

第六阶段，成年早期（18～25岁）是获得亲密感、克服孤独感的阶段。个体通过恋爱、婚姻开始发展新的关系。亲密感不仅仅指生理上的感受，还包括关系双方从心理上依赖对方。如果个体不能在这一阶段与他人建立亲密关系，则会产生孤独感。

第七阶段，成年中期（25～50岁）是创造与停滞的阶段。这一时期个体开始生育并且抚养、关爱下一代。个体不仅需要抚育自己的孩子，还需要关心照顾新一代的儿童群体以保证他们的健康成长。

第八阶段，成年晚期或老年期（50岁以上）是完美与失望的阶段。这一时期个体开始总结、回忆过往的经历，如果个体对人生经历感到满意，则会产生完美感；反之，如果个体认为人生充满了遗憾和悔恨，则会产生厌恶与失望感。

相关链接

成思危的中晚期职业生涯

成思危，男，1935年6月生，汉族，湖南湘乡人，研究生学历，工商管理硕士（MBA），教授级高级工程师，著名经济学家。1951年参加工作，1995年1月加入中国民主建国会。曾任第七、八届全国政协委员，第八届全国政协常委，第九、十届全国人大常委会副委员长，第六、七、八届民建中央主席，第八、九届中华职教社理事长；中国科学院虚拟经济与数据科学研究中心主任，中国科学院大学管理学院院长、博士生导师，华东理工大学名誉校长，中国软科学研究会理事长，国际金融论坛（IFF）主席，中国智慧城市论坛主席。

成思危的一生经历了三次转折，"第一次，16岁离开家门，奠定了我走上报国道路；第二次，46岁去美国学管理，彻底转变了我的专业方向；第三次，孙起孟老先生动员我参加民建，从此走上了从政的道路"。人生的三次转折，见证了他成长的心路历程，而第三次转折，也使他从一名学者走上了政坛并成为国家领导人之一。

成思危在其职业发展早期阶段是化学专业方面的工程师，在46岁的时候改换专业，到美国加州大学洛杉矶分校学习工商管理，成为中国最早的一批MBA，之后一直从事经济学领域的研究，最终成为"中国风险投资之父"，国际金融论坛主席。

他之所以能完成这个完美的转型，一方面是因为他对国家新时期产业转型的嗅觉灵敏，并结合自身的能力特长和职业兴趣找到了契合点；另一方面是因为他具有前瞻性的眼光，敢于在做人生抉择的重大关键时刻对自己进行智力投资，为今后的人生转向奠定了理论知识基础。

资料来源：人到中年如何规划职业？按部就班还是突破自我？.（2017-03-08）.https：//www.sohu.com/a/128227411_563275；专访成思危："中国风险投资之父"的多彩人生.（2013-10-23）.http：//jjsb.cet.com.cn/show_169934.html.

二、理论的发展

尽管社会心理发展理论为进行人格研究提供了新的思路，但埃里克森并未将理论放在实际生活中进行检验。为此，学者们不断对其理论进行补充与验证。大部分研究都集中在对青少年时期的探索上，布朗森（Bronson，1959）在埃里克森对身份危机表现进行分类的基础上采用个体访谈和语义差异测试对身份混乱的四个特征进行测量。这四个特征为：（1）不太确定过去的和现在的自我概念之间的关系；（2）表现出更高程度的内在紧张或焦虑；（3）对主要的个体特征不太确定；（4）情绪波动较大。结果表明身份混乱的各种特征之间存在相互关系，四个特征中的每一个都与其他三个特征显著相关。

身份混乱程度较低的人往往有较为稳定的基于历史的自我意识，相对来说焦虑感较低。在语义差异测试上，他们对主要的个体特征比较确定，对自我的感觉表现出时间稳定性。身份混乱程度较高的个体则表现出了相反的特征。格伦（Gruen，1960）使用现实-理想Q分类法对45名18～24岁的学生进行检验，结果发现高自我-理想差异作为低身份认同感的一种表现与不加批判地接受他人对自己的虚假判断有关，面临身份混乱的个体没有形成稳定、清晰的角色概念，因此更容易接受别人对自己的错误判断。玛西亚（Marcia，1966）采用个体访谈法对86名在校大学生进行了调查，描述、测量、验证了青少年应对同一性混乱危机的四种模式，这四种模式是概念达成任务（concept-attainment task）、目标设定模式（patterns of goal setting）、权利主义（authoritarianism）、自尊改变的难易程度（vulnerability to self-esteem change），并发现：自我认同感较高的学生在概念达成任务中表现最佳，遵从父母意愿的人往往会设定不切实际的高目标并更认同权利主义价值观。

康斯坦丁（Constantinople，1969）使用威斯曼和里克斯（Wessman & Ricks，1966）设计的Q分类问卷测量了大学生自我概念的变化，Q分类问卷的条目由威斯曼和里克斯选择确定，以反映人格发展前六阶段中成功和不成功的决定。为了验证从截面研究中得到的自我概念的差异，康斯坦丁还配合进行了两项纵向随访研究。通过对来自4个班级的952名大学生的测试，最终发现：大一新生和高年级同学在勤奋、自卑、自我同一性方面有显著差异；对于同一研究对象来说，发生变化的往往是自我同一性和孤独感方面，而不是勤奋与自卑方面；在四年的大学生涯里，男性往往会比女性获得更多的成熟感。

另外，也有学者对埃里克森提出的成年阶段的发展特点进行了相关补充与验证。埃里克森认为成年时期的个体将更加关注生命的延续，他们通过生育、抚养下一代来实现这一目标，因此埃里克森将这一阶段的特点归纳为“创造”。为此很多学者开发了衡量“创造性”的量表。如奥克斯和普拉格（Ochse & Plug，1986）提取了埃里克森著作中对生命前七个阶段的特点描述，经过反复修改与验证构建了一份自我报告问卷。该问卷包含7个维度（每个人生阶段为一个维度）共102个测试条目，用来测量老年期之前的个体性格成分。其中创造性维度包含10个条目，如“我帮助他人提高自己”“我做了一些有持久价值的事情”。

奥克斯和普拉格（Ochse & Plug，1986）同时利用该问卷进行了一次跨文化研究，通过对1 859名南非白人和黑人男女的抽样调查发现，身份形成的关键阶段发生在个体的亲密感和生育能力达到一定程度的时候。白人女性比男性更早发展出亲密感，因此会更早地解决身份混乱危机，这可能是因为男性身份的确认主要由职业目标和政治意识形态来表示，而女性会因较早接受自己注定成为妻子和母亲的事实而完成对身份的确认。另外，研究结果表明黑人女性在中年时期会产生自我概念缺失、亲密感缺失和幸福感缺失的感觉，并可能出现相对消极的身份混乱危机解决方案。通过比较黑人和白人的测试结果发现，幸福感有利于社会心理的健康发展，但幸福感和社会心理健康发展之间或许不存在线性关系，因为结果表明社会心理的健康发展可能需要一定程度的幸福感，但更高的幸福感并不会进一步促进社会心理的健康发展。

在实践中得到更广泛应用的是麦克亚当斯和埃德（McAdams & Ed，1992）开发的创造力量表（loyola generativity scale，LGS）。该量表含有20个条目，包括“我认为我对许多人都产生了影响”“别人会说我对社会有独特的贡献”等，还有一些反向测试条目，包括“我不会自愿地为慈善机构工作”“总的来说，我的行为对别人没有积极的影响”等，该量表在很多实践中都被证明具有很高的一致性和有效性。但莫斯利和帕西尼（Morselli & Passini，2015）认为麦克亚当斯和埃德开发的量表内容只是“适当地关注了超越私人生活领域的部分，而没有聚焦于对未来一代的关注，比如 future 和 generation 这两个词语没有在任何一个量表中出现”。莫斯利和帕西尼（Morselli & Passini，2015）更关注成年人对未来一代的责任，为此开发了社会创造能力量表（SGS），该量表包括 6 个条目，分别是“我开展活动是为了确保后代有一个更美好的世界”“为了下一代的发展，我放弃了一部分舒适的日常生活”“我认为我有责任确保下一代的幸福感”“我有责任改善所居住的地区”“我承诺要做一些在我死后也能留下来的事情”“我帮助人们并提高自己”。

此外，随着时代的发展和人类寿命的延长，埃里克森（Erikson，1982）认为“应该重新定义老年人的角色，因为长寿不再是让人惊讶的事情，而成为老年人的一种可预期的体验”。埃里克森的妻子琼·埃里克森（Erikson & Erikson，1998）在此基础上提出了个体生命发展的第九阶段。她认为八九十岁的老人所面临的问题比之前阶段的问题更加难以解决，因为在此阶段人们对生活的思考能力将随着精神分散和敏锐度的降低而降低，人们将更加关注日常生活而忽视以前的成就。一些学者对第九阶段的含义提出了不同意见，认为生命发展的最后一个阶段仍是埃里克森提出的完美与失望相矛盾的阶段。但在这一阶段之前，应该有一个“参与”与“放弃”相矛盾的阶段。“参与”是指选择自己的生活方式、追求个人价值的实现、可以适应老龄化带来的变化；“放弃”则是指不愿意参与新活动、放弃从事旧活动、认为所从事的一切活动都是无意义的。勇气则是老年人在“参与”和“放弃”之间斗争的产物（Bugajska，2016）。可见，对人类生命阶段的划分并不是绝对严苛、一成不变的，我们需要结合社会环境的变化与发展提出更加顺应时代要求的分类方式，以更好地将该理论运用到实践和研究当中。

三、理论的应用

1. 在教育领域的应用

社会心理发展理论在教育领域的应用较为广泛。因为埃里克森的理论特别强调社会环境对人格形成的作用，而对于儿童来说，家庭、学校无疑是最主要的社会环境，因此学者们常基于埃里克森的社会心理发展理论强调家庭、学校对儿童人格形成的重要作用。正如斯纳里和普勒（Snarey & Pooler，2011）等所评价的那样，“埃里克森的理论帮助家长、老师和辅导员了解孩子成长过程中面临的冲突类型。了解人的成长过程有助于家长和老师有意识地创造适合孩子学习和成长的环境。例如，教师知道了如何在游戏和课业之间转换以创造一种平衡的环境，在这种环境中，学龄儿童更有条件应对心理危机。相反，如果儿童不能在合适的环境中发展，他或许会经历倒退而不是发展”。巴特拉（Batra，2013）特别强调了教师所扮演的关键角色，他认为需要将如何培养下一代纳入教师发展和培训的项目中。国内学者王家军（2011）根据埃里克森社会心理发展理论为家长在儿童成长前期应该做出的理想行为提出了建议，他认为：在婴儿期，家长可以通过怀抱、微笑、对婴儿的行为及时反馈等方式建立良好的亲子关系尤其是母婴依恋关系，帮助婴儿建立信任感；在儿童早期，家长应给儿童独自做事的机会，让其体会到成功的快乐，帮助儿童建立自信心与自主性；在学前期，家庭应形成合作的氛围，让儿童在游戏中学会创造，帮助儿童培养创新精神。

2. 在职业咨询领域的应用

社会心理发展理论也被用于职业选择、职业咨询领域。布洛切（Blocher，1966）、加林斯基和法斯特（Galinsky & Fast，1966）、泰德曼和奥哈尔（Tiedeman & O' Hara，1963）、扎卡利亚（Zaccaria，1965）等已经证明了埃里克森社会心理发展理论在职业咨询、职业指导和职业发展方面的理论价值；孟利（Munley，1975）通过实证研究证明了具有较高社会心理发展水平的个体更容易进行职业调整进而更容易化解危机，优柔寡断的个体在所有阶段的决策水平都较低，特别是在认同阶段，这就要求职业生涯咨询师在进行职业咨询时不仅需要为个体提供职业评估和职业信息，还需要延展到个人的情感领域以向其提供正确的情感体验。

3. 在老龄化管理领域的应用

社会心理发展理论在老龄化管理领域的应用近些年得到了广泛的关注。随着人类寿命的延长以及老龄化时代的到来，老龄化管理已经成为一个不容小觑的问题。佩里等（Perry et al.，2015）以埃里克森社会心理发展理论为框架，通过实证研究发现，当老年人身体机能或认知能力下降时，他们会利用早期获得的技能和经验进行自我管理，具体分为以下三种方式：（1）借鉴之前的经验。即回忆生命前几个阶段发生的相似情景以及自己的处理方式，相信自己能够应付现在出现的挑战。过往的生活经历很大程度上影响了个体的决策。（2）自我管理创造新的生产力。老年人所进行的诸如健康管理、家庭搬迁活动取代了之前从事的生产性活动。（3）能力的再应用。老年人将从早年从事的生产性活动中提取知识和技能，并重新应用这些知识和技能，使之适应老年生活。

基于埃里克森的理论对老年人的特点进行深入了解以后，如何在实践中真正帮助他们？巴克那等（Backonja et al.，2014）提出了可供借鉴的建议，在科技迅速发展的今天，产品设计者应将老年人的特点与科技发展更好地结合起来以设计出具有支持性的产品，从而帮助老年人适应这个不断变化的世界。总之，社会心理发展理论对老年阶段特征的总结为我们研究老龄化管理问题提供了框架与思路，未来还需抓住老年人群的特点做出更深一步的研究。

第2节　金斯伯格的职业生涯阶段理论

一、理论的提出

1. 提出背景

了解个体的职业选择特点与规律是重要且富有意义的，1951年美国著名职业指导专家金斯伯格与其同事在《职业选择》（*Occupational Choice*）一书中最先提出职业生涯选择的综合理论模型。金斯伯格等认为应该关注个体成长过程中的有关职业选择的决定，这些决定对理解职业选择过程至关重要。因此，他们选择不同年龄段的学生进行访谈，包括六年级、八年级、十年级、十二年级、大一新生、大四学生、硕士生、博士生，每一阶段选择 8 名被试。为了控制环境等其他因素对职业选择的影响，被试均为白人男孩或家庭状况良好的学生，在此基础上发展了职业生涯阶段理论。

2. 理论内容

金斯伯格等认为职业选择是一个连续发展的过程，具有不可逆转的特点，每一个阶段的发展都为下一个阶段打下坚实的基础，可以实现职业的精细化，但职业领域之间的转换却是费时费力的。另外，职业选择最终总以妥协结束，因为个体总是寻求在兴趣、能力、价值和工作之间的最佳匹配。具体来说，个体的职业选择可以分为以下三个时期（Ginzberg，1951）：

（1）幻想期（fantasy choices）：大致出现在 6～11 岁，这一时期个体的职业选择通常是基于某些能够带来快乐的活动，个体往往会忽略自身或环境因素带来的障碍，职业选择呈现随意性、频繁性的特点。

（2）试验期（tentative choices）：大致出现在 11～17 岁，这一时期又可以进一步分为兴趣阶段、能力阶段、价值阶段和过渡阶段。个体首先经历兴趣阶段，在这一阶段个体根据自己的兴趣与喜好思考如何做职业选择；但他们会逐渐意识到自己做某些事时总能完成得更好，因此他们开始意识到能力的作用，进入能力阶段；随着个体社会化程度的提高，他们逐渐找到对自身更有价值的因素，如机会、报酬等，因此他们进行职业选择时将更加关注对自己有价值的职业，即进入价值阶段；最后，综合以上因素，个体必须实施自己的选择，经过过渡阶段进入下一个时期——现实期。

（3）现实期（realistic choices）：大致在个体 21 岁时结束，这一时期同样包括三个子阶段，分别是探索阶段、结晶化阶段和具体化阶段。探索阶段承接上一时期，个体开始实施自己的职业选择，并从更现实的角度思考自己的选择；随着工作体验的增多，个体慢慢形成了较为清晰的职业模式，于是进入结晶化阶段；结晶化完成后，个体基本确定了自己想要选择的具体职业，便完成了最后一个阶段——具体化阶段。至此，个体的职业生涯选择顺利完成。

二、理论的发展

1972 年，针对外界提出的批评，金斯伯格做出回应，很大程度上提升了理论的合理性。

第一，金斯伯格认为职业选择过程不再仅限于十几年的时间，这个过程将伴随个体的一生，即使个体开始时选择了某一职业，但之后难免会转换到其他相关职业或从事完全不同类型的职业，特别是从事专业性或管理性职业的个体经常会在退休后进入新的领域。金斯伯格还提出促使个体进行职业转换的动力主要有三个：一是职业体验与预期之间的差距，若个体在现有职业体验中未能获得预期的满足感则会进行职业转换；二是家庭环境带给个体的自由度，家庭负担越小，个体进行职业转换的可能性就越大；三是当前工作面临的压力。

第二，金斯伯格否定了职业选择过程的不可逆转性。一方面，对于正在接受大学教育甚至是研究生教育的个体来说，随着受教育年限的增加，可供其选择的职业范围将越来越广，20岁之前所做的职业选择似乎对他们没有太大影响；另一方面，对于没有受过大学教育的个体来说，军队服役、职场中的再培训都能使其开阔眼界，使他们对职业选择产生新的认识。

第三，职业“妥协”（compromise）另一个更恰当的说法是“最优化”（optimization）。个体总是努力找寻自我预期与现实因素的最佳匹配，努力使职业选择决策做到最优化。“妥协”反映的是静态的结果，而“最优化”反映的是动态的过程。

第四，非常有趣的是，金斯伯格提醒我们注意隐性职业行为与显性职业行为。一个人始终从事相同的职业并不意味着没有改变职业选择，如取得终身教职的教授转而进行咨询工作或创办企业；一些人尽管在组织选择上做出了根本性转变，如教授离开校园成为政府管理人员，又转到私营企业的高级职员岗位，但很可能始终追求着同样的职业目标。

关于研究样本过于局限的问题，金斯伯格在这间隔的20年里又研究了许多劣势群体，如未受过良好教育的士兵、黑人、妇女、低收入群体等。研究结果表明，环境因素会在很大程度上影响个体的职业选择与流动。如，家长的收入水平及教育观、价值观会限制个体的受教育机会，从而切断或延续个体的职业选择道路（Ginzberg，1972）。

三、理论的应用

金斯伯格及其同事提出的职业选择模型填补了职业心理学缺乏综合理论模型的空白，同时引起了学者们对职业选择的广泛关注与思考，因此具有开创性意义。但因缺少可借鉴的经验，其研究过程难免有些不足，也导致该理论在实际应用中存在局限。

首先是研究样本的选取。一方面，该研究选取的样本均是美国中产阶级及以上层级家庭的孩子，他们能够接受良好的教育，拥有和谐幸福的家庭，因此在职业选择上较少受到经济、环境等因素的影响。这种样本的选择似乎太过局限，因为现实中很多个体并不具备这种特定条件。我们不禁会问，不同经济状况、不同成长环境下的个体进行职业选择是否依然适用此模型？另一方面，该研究所选样本数量过少，正如前面所提到的，每个阶段仅选择8名被试，较少的样本量使得该理论的说服力大打折扣。

其次是金斯伯格等人仅仅研究了青年时期个体的职业选择，而忽视了中年乃至老年时期的职业选择过程。职业选择是伴随个体一生的过程，中年时期的职业转换、老年时期的再就业等都是个体重要的职业选择时刻，也非常具有研究意义和价值。仅描述青年时期的职业选择好比一篇文章开了个好头，却没有继续将更精彩丰富的内容呈现给大家。

金斯伯格的理论在职业研究领域主要起到启发与开创的作用，其理论虽然填补了职业心理学领域缺乏综合理论模型的空白，但在研究方法上确有考虑不周之处，这使得该理论应用较有局限性。随着职业选择领域研究的扩展与深入，更为完善的理论相继提出并在实践中得到广泛使用，如霍兰德的职业兴趣理论以及下面介绍的舒伯的生涯发展理论。

第 3 节　舒伯的生涯发展理论

一、理论的提出

1. 提出背景

舒伯是美国著名的职业指导专家。1940—1950 年，《职业适应动力学》和《职业生活的心理学》两本著作的出版奠定了舒伯在职业生涯研究领域的权威地位。在他的影响下，20 世纪 70 年代全美展开了职业生涯教育运动，该运动被尼克松总统称为“由政府创办的一种最有前途的教育事业”，随后美国颁布了《生涯教育法案》，该法案成为全美学校开展职业生涯教育的法律依据。可见，舒伯的理论贡献非常之大，直到今天其理论对职业生涯教育实践仍有非常重要的意义。

舒伯的理论受到多种思想的影响，他集多家理论之精髓，这也是其理论极具综合性与价值性的原因。

首先，舒伯的理论建立在对金斯伯格理论的批判与发展基础之上。舒伯也认为，不同人生阶段的个体进行职业选择的特点有所不同，他对个体职业发展前期阶段的划分与金斯伯格的划分十分相似，只是在年龄节点上稍有差别，但他将研究对象扩展到了人的一生，这在很大程度上弥补了金斯伯格理论的不足。

其次，自我概念理论的影响。在舒伯之前就有学者对“自我概念”进行了讨论，如博尔丁（Bordin，1943）认为“个体在职业兴趣评估中的反应代表着他依据其持有的职业刻板印象进行的自我概念的投射”。舒伯本人认为当个体对自己角色形象的认知与对职业所需特质的认知相一致时，就很可能接受该职业。

最后，舒伯还受发展心理学的影响。发展心理学将人生分为若干阶段，认为每个阶段都有特定的任务需要完成。舒伯的理论就建立在发展心理学理论基础之上，并假设“职业任务是更广阔人生任务的反映”。此外，差异心理学的观点对舒伯也有影响，该理论认为正是因为个体性格特质、兴趣喜好有所差异才导致职业选择的不同。

2. 理论内容

舒伯的生涯发展理论又被称为生命历程理论，该理论将个体的职业生涯发展分成五个阶段（Super，1953），如表 4－1 所示。

表 4－1　职业生涯发展的五个阶段

阶段	年龄段	内涵
成长阶段（growth）	0～14 岁	这一阶段个体开始建立自我概念，对自己的兴趣、能力有所认知，对职业有了初步认识。因此，该阶段又包含三个子阶段，分别是：幻想期（10 岁之前），幻想自己从事某类职业；兴趣期（11～12 岁），对某些职业产生兴趣而愿意在将来从事该职业；能力期（13～14 岁），开始意识到自己的能力，根据能力思考能够从事的职业。

续表

阶段	年龄段	内涵
探索阶段（exploration）	15～24岁	这一阶段个体通过学校活动或社会实践进一步认识自我与职业，开始形成职业偏好，完成初步的择业与就业。该阶段也分成三个子阶段，包括：试验期（15～17岁），对自己进行综合评估后，尝试进行职业选择；转变期（18～21岁），形成职业偏好；初步尝试期（22～24岁），选定某职业，完成初步就业。
建立阶段（establishment）	25～44岁	这一阶段个体开始找到合适的工作领域并不断努力以求在职业上有所发展。该阶段包含两个子阶段：一个是尝试期（25～30岁），在不断的尝试中确定更为满意的职业；另一个是稳定发展期（31～44岁），职业状态逐渐稳定，但也有个体因目标偏离或新目标的出现而调整职业方向，因此对某些个体来说这一时期可能是转折期。
维持阶段（maintenance）	45～64岁	这一阶段个体将主要精力放在维持现有成就和社会地位上，并努力保持工作-家庭的平衡。
衰退阶段（decline）	65岁及以上	由于个体生理和心理机能随年龄的增长而不断衰退，个体逐渐从劳动力市场退出，开始寻找新的生活方式以适应退休生活。

二、理论的发展

为了更全面地描述个体职业生涯发展，舒伯（Super，1980）对生涯发展理论做出补充，提出了生活广度（life-span）、生活空间（life-space）的职业发展角度。他认为理解个体的职业发展不仅要从生命的不同阶段考虑，还应考虑到个人所扮演的社会角色，这些角色包括孩子、学生、休闲者、公民、工作者、配偶、持家者、父母和退休者，此外还有一些不太常见的角色，如罪犯、改革家和情人。因此舒伯提出了职业生涯彩虹图（见图4-1），从横纵两个维度对个体的职业生涯进行全面剖析。

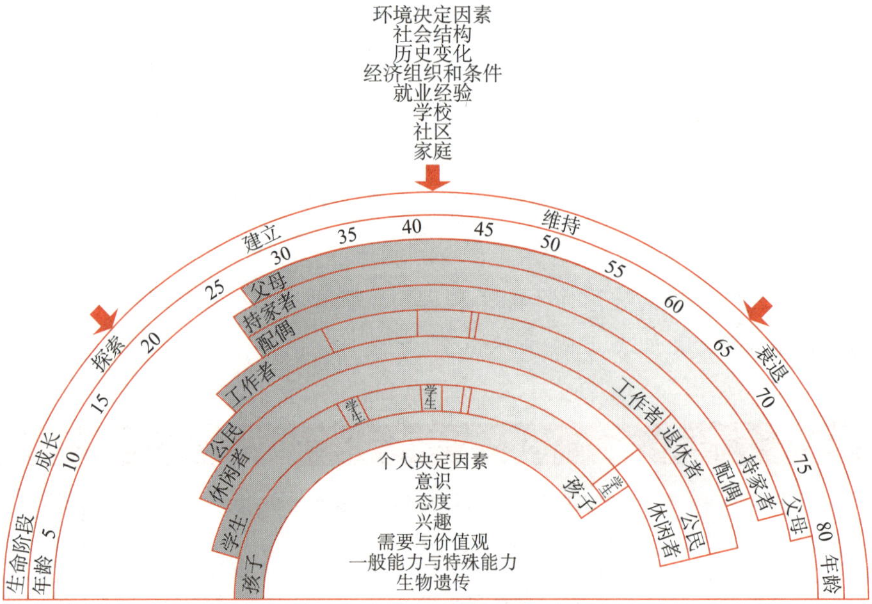

图4-1 舒伯的职业生涯彩虹图

资料来源：刘夏亮．绘制你的“生涯彩虹图”．成才与就业，2010（7）．

职业生涯彩虹图的横向代表生活广度，表示个体一生需要经历的五个阶段，并给出了大概的年龄划分。纵向代表生活空间，舒伯列出了个体主要扮演的 8 种社会角色，并将每种社会角色看作一条彩虹带。每条彩虹带的长度有所不同，代表不同年龄段各种角色所占比重。有些阶段中的个体会扮演多种角色，因此会出现角色的重叠，各角色之间相互影响最终形成个体独特的职业生涯。

相关链接

绘制“职业生涯彩虹图”

提示：先画一条空的彩虹，角色的名称可因人而异，在每一个阶段用“涂色”的方式表示角色的轻重，某一角色的颜色愈深，表示在这个角色中你的投入程度愈高。每个角色的年龄可依个人状况而定，每个角色在不同年龄的意义与重要性是不同的，例如，你作为工作者的角色可以从 22 岁到 70 岁，这个角色最重要的年龄段是 25 岁到 35 岁，之后重心转为家长角色，这时家长角色的着色就得最深。

职业生涯彩虹图可以很好地显示个人生涯中各个角色的变化，需要注意的是：

第一，角色之间是互相作用的。某个角色的成功能带动其他角色的成功；反之，一个角色的失败，也可能导致另一角色的失败。此外，为了某一角色的成功付出太大的代价，也有可能导致其他角色的失败。

第二，人的社会任务或职业生活会不断发生变化。与此对应，个人的角色也会随之变化，从一个角色进入另一个角色。

第三，每个人的想法都是不同的。所以，每一个人的职业生涯彩虹图都是不同的。画图时不要人云亦云，互相比较。

完成职业生涯彩虹图后，请将它好好保存。当你在成长的道路上完成某一阶段任务或进入某个角色时，如高中毕业、第一天上班……不妨拿出来对照一下，思考你现在的状态与自己当初的计划是否一致，为什么会有偏差，是否需要进行调整，等等。

资料来源：刘夏亮．绘制你的“生涯彩虹图”．成才与就业，2010（7）.

三、理论的应用

舒伯的生涯发展理论广泛应用于职业生涯辅导和咨询领域。舒伯非常强调自我概念的作用，即需要对个体的能力、兴趣等因素全面了解后做出符合其成长发展状况的职业规划。基于舒伯的理论，国内有学者提出职业生涯辅导应该采取的策略——前期的了解、深度的探究、全部资料的整体评估、咨询、讨论行动计划（许敏，2009），该策略的目的就是对个体进行全面了解后再为其制定有效的职业生涯辅导。

此外，舒伯还为职业生涯辅导实践提供了工具性支持，画“彩虹图”成为职业生涯辅导中常用的一种方法。该方法帮助个体回顾各阶段的成长轨迹与扮演的角色，让其对自我发展有清晰的认知并引导他们完成未来的职业生涯规划。

复习思考题

1. 社会心理发展理论的主要观点是什么？列举具有代表性的观点。

2. 社会心理发展理论在实践中有哪些应用？
3. 金斯伯格的职业生涯阶段理论的主要观点是什么？
4. 职业生涯阶段理论在实践中有哪些应用？
5. 舒伯的生涯发展理论的主要观点是什么？如何指导实践？

参考文献

[1] Backonja U, et al. Older adults' current and potential uses of information technologies in a changing world: a theoretical perspective. International Journal of Aging & Human Development, 2014, 80 (1).

[2] Batra S. The psychosocial development of children: implications for education and society—Erik Erikson in context. Contemporary Education Dialogue, 2013, 10 (2).

[3] Blocher D H. Developmental counseling. New York: Ronald Press, 1966.

[4] Bordin E S. A theory of vocational interests as dynamic phenomena. Educational and Psychological Measurement, 1943 (3).

[5] Bronson G W. Identity diffusion in late adolescents. The Journal of Abnormal and Social Psychology, 1959, 59 (3).

[6] Bugajska B E. The ninth stage in the cycle of life-reflections on E. H. Erikson's theory. Ageing and Society, 2016 (6).

[7] Constantinople A. An Eriksonian measure of personality development in college students. Developmental Psychology, 1969, 1 (4).

[8] Erikson E H. Childhood and society. New York: W. W. Norton, 1963.

[9] Erikson E H. The life cycle completed: a review. NewYork: W. W. Norton & Company, 1982.

[10] Erikson E H, Erikson J M. The life cycle completed. New York: W. W. Norton & Company, 1998.

[11] Galinsky M D, Fast I. Vocational choice as a focus of the identity search. Journal of Counseling Psychology, 1966, 13 (1).

[12] Ginzberg E, et al. Occupational choice: an approach to a general theory. New York: Columbia University Press, 1951.

[13] Ginzberg E. Toward a theory of occupational choice: a restatement. Vocational Guidance Quarterly, 1972 (20).

[14] Gruen W. Rejection of false information about oneself as an indication of ego identity. Journal of Consulting Psychology, 1960, 24 (3).

[15] Marcia J E. Development and validation of ego-identity status. Journal of Personality and Social Psychology, 1966 (3).

[16] McAdams D P, Ed D S A. A theory of generativity and its assessment through self-report, behavioral acts, and narrative themes in autobiography. Journal of Personality and Social Psychology, 1992, 62 (6).

［17］ Morselli D，Passini S. Measuring prosocial attitudes for future generations：the social generativity scale. Journal of Adult Development，2015，22（3）.

［18］ Munley P H. Erik Erikson's theory of psychosocial development and vocational behavior. Journal of Counseling Psychology，1975，22（4）.

［19］ Ochse R，Plug C. Cross-cultural investigation of the validity of Erikson's theory of personality development. Journal of Personality and Social Psychology，1986，50（6）.

［20］ Perry T E，et al. Applying Erikson's wisdom to self-management practices of older adults：findings from two field studies. Research on Aging，2015，37（3）.

［21］ Peters H J. Developmental counseling. New York：Ronald Press，1966.

［22］ Snarey J，Poole S. Erikson，Erik H. //Goldstein S，Naglieri J A. Encyclopedia of child behavior and development. Heidelberg：Springer US，2011.

［23］ Super D E. A theory of vocational development. American Psychologist，1953（8）.

［24］ Super D E. A life-span，life-space approach to career development. Journal of Vocational Behavior，1980，16（3）.

［25］ Tiedeman D V，O'Hara R P. Career development：choice and adjustment. New York：College Entrance Examination Board，1963.

［26］ Wessman A E，Ricks D F. Mood and personality. New York：Holt，Rinehart and Winston，1966.

［27］ Zaccaria J S. Developmental tasks：implications for the goals of guidance. Journal of Counseling & Development，1965，44（4）.

［28］ 塞缪尔·H. 奥西普，路易丝·F. 菲茨. 生涯发展理论. 上海：上海教育出版社，2010.

［29］ 王家军. 埃里克森人格发展理论与儿童健康人格的培养. 学前教育研究，2011（6）.

［30］ 许敏. 舒伯的发展理论在职业生涯辅导中的应用. 职业技术，2009（4）.

第 5 章

职业生涯的学习与决策理论

［开篇导读］

为你的职业生涯做决策

人们更看重领导者什么品质？研究表明，是果断。Ketchum 公关公司的一项研究发现，决断力是帮助领导者建立可信度的三大品质之一。管理评估公司 ghSmart 的另一项研究在过去 10 年里对 17 000 名高管进行了调查，结果发现，“快速而坚定地做出决定”是最成功的 CEO 区别于其他较普通的 CEO 的行为之一。

大脑如何做决定

大脑中有两个做决定的系统：一个是缓慢的、深思熟虑的系统，另一个是基于直觉的、更快的系统。你大脑中的一些深层结构已经存在很长时间了，这支持了更快的系统。前额皮质是大脑中较新的、较浅表的部分，它的活动驱动着较慢的决策系统。这两个系统定期交互，以确保我们尽可能做出最好的选择。

当你优柔寡断时，会过多地依赖于缓慢的、深思熟虑的系统，而不是“相信你的直觉”。换句话说，当人们努力做决定时，往往是因为他们担心自己可能做出一个会导致坏结果的选择。但是，过分担心决策的质量会挫伤我们的信心，加剧我们决策能力的丧失。

提高决断力的技巧

那么，我们如何才能让自己更果断呢？这里有一些建议可以帮到你。

● 收集一些信息。如果你感到停滞不前，想想你想要完成什么，然后选择一个信息点，它可以提高你对可能结果的理解。一旦收集到信息，你就很可能对正确的决定产生一些直觉。

● 认识到不做决定本身就是一个决定。当我们无法做出决定时，我们就处于一种不确定的状态，得不到任何新的信息。

● 足够的睡眠。睡眠有助于促进大脑连接的健康和效率，促进沟通。当你有充足的睡眠时，你的大脑中支持缓慢思维的部分和支持快速思维的部分就会更容易地进行互动、共享信息和优化决策。

果断不仅能让我们看起来快乐、健康、有能力，它也能让我们自己有这种感觉。归根结底，得到果断带来的利益的最好方法是，增强你对自己做出决定的能力的信心，以及对这些决定本身的信心，以此来变得更果断。

资料来源：掌握这 3 种方法，更好地为你的职业生涯做决策．（2019－10－11）．https：//36kr.com/p/5251866.

第 1 节　克鲁姆波兹的社会学习理论

一、理论的提出

对职业发展理论的研究由来已久，学者们仁者见仁智者见智。社会学家和经济学家认为环境在个人的职业选择中起决定性作用，“机会”的因素，如社会经济地位、性别、种族、文化及教育机会等外部的、个体不可控的变量，在个体选择职业的过程中占据主导地位。心理学家则提出个体内在的发展是影响个体职业选择的主要因素，他们注重对“非机会”变量的研究，包括个体的兴趣、价值、人格和能力倾向等因素（李增欣，王向辉，2015）。而克鲁姆波兹综合社会与心理对个人职业选择的影响作用，在班杜拉提出的社会学习理论的基础上进行进一步完善，为存在职业生涯规划和发展问题的人群提供咨询和指导。

1950 年，克鲁姆波兹在蔻伊学院获得心理学学士学位，1951 年成为哥伦比亚大学硕士，1955 年获得明尼苏达大学博士学位，主修咨询与教育心理学。毕业后，克鲁姆波兹在美国空军部队服务了两年。1957—1961 年，他在密歇根州立大学任教，1961 年开始在斯坦福大学任教直至退休。克鲁姆波兹是心理咨询领域的专家，帮助咨询顾问们学习如何指导他们的客户采取行动以创造更美好的生活。

克鲁姆波兹提出社会学习理论的契机源于布莱恩·琼斯（G. Brian Jones）和安妮塔·米切尔（Anita Mitchell）领导的一个研究项目。克鲁姆波兹说：“长期以来，我一直想从学习理论的角度来解释职业发展，并希望别人也能从这个角度进行探索。如果不是布莱恩和安妮塔给了我这个机会，我可能会拖延更长的时间”（Feller，Honaker & Zagzebski，2001）。在项目进行过程中，克鲁姆波兹从学习理论的角度出发，与工作伙伴一起不断地对自己的观点进行批判和完善，终于提出职业生涯决策的社会学习理论（social learning theory of career decision making，SLTCDM）。

在个体的职业选择和决策中，一些问题或现象时常出现。如：“为什么人们会偶然地进入某个教育项目或职业?”“他们如何以及为何在不同时间点从一个教育项目或职业转向另一个?”“如何解释个体在人生的各个阶段对不同教育项目或职业的不同偏好?”很多学者都在尝试解释这些现象，克鲁姆波兹职业生涯决策的社会学习理论也是其中之一。该理论在班杜拉提出的社会学习理论的基础上，进一步将注意力集中在职业生涯发展领域。职业生涯决策的社会学习理论认为，职业转型是无数学习经历共同作用的结果，而这些学习经历都是通过个体与特定环境中的人、机构等有计划和无计划地接触实现的。该理论试图解释个体是如何产生教育和职业偏好、如何提高受教育水平和职业技能，以及如何进行教育和职业决策的。

二、理论的发展

1. 班杜拉的社会学习理论

从学术背景的角度，班杜拉在1971年便已提出社会学习理论，并关注那些被人们带入工作环境中的遗传及社会传承的特质。1971年，美国新行为主义心理学家班杜拉，在研究儿童大量的社会学习问题的基础上，首次阐述了社会变量对人的行为的重要影响，提出了观察学习说、社会认知说和交互决定论，并据此形成了颇具影响力的社会学习理论，该理论的核心在于重视人的认知、行为和环境的交互作用。

班杜拉认为以往的学习理论家通常采用物理方式对动物进行实验以构建他们的理论体系，而人却是生活在一定的社会条件下的。因此，以往的研究都忽略了社会变量对人类行为的影响。例如，他提出人类的观察学习现象是无法通过经典的行为主义的刺激-反应理论解释的，因为刺激-反应理论不能解释为什么个体会表现出新的行为，以及为什么个体已获得的新行为的首次出现，是在观察榜样行为的数天、数周甚至数月之后。因此，班杜拉主张在自然的社会情境中研究人的行为，并进行一系列实验，在此基础上构建了社会学习理论（董大敏，2007；任朝霞，陈萍，2004）。

（1）关于行为的习得过程。班杜拉认为个体的行为习得是先天的遗传因素和生理因素与后天的经验环境因素共同作用的结果，二者相互作用，不可分离。此外，行为习得有两种不同的过程：一种是通过直接经验获得行为反应的过程，即直接经验的学习；另一种则是通过观察示范者行为而习得行为的过程，即间接经验的学习。班杜拉提出的社会学习理论中的观察学习说强调的就是后者，也就是观察学习或模范学习。

在观察学习过程中，人们通过对示范者的观察获得行为活动的象征性表象，并进行适当的操作。观察学习分为四个阶段：注意过程、保持阶段、行为转化以及行为结果的强化。

（2）交互决定论。交互决定论是班杜拉社会学习理论的基本观点，批判了环境决定论与个人决定论，强调在社会学习过程中行为（B）、认知（Y）和环境（E）三者的交互作用，认为行为本身是个体认知与环境相互作用的副产品，反驳了个体与环境对行为的"单项的相互作用"，用公式可以表示为：

$$B = f(Y \times E)$$

班杜拉指出，行为、个体（指认知和其他个人因素）和环境是"你中有我，我中有你"的，尽管在某些情境中，某一因素可能占据主导地位，但是在分析中不能将某个因素放在比其他因素更重要的位置，而应该做综合考虑。

（3）自我调节理论。班杜拉认为个体通过对自身行为的计划和预期与行为的现实成果加以对比和评价，来调节自己的行为。班杜拉提出自我调节包括自我观察、自我判断和自我反应三个过程，个体不断地通过上述三个过程进行内在强化，并调节自身的行为。

（4）自我效能理论。自我效能是指个体对自己能够成功地执行某一既定任务或行为的知觉判断能力。自我效能也可称"自我效能感""自我信念""自我效能期待"等。班杜拉对自我效能的形成条件及其对行为的影响进行了大量的研究，指出自我效能的形成主要受五种因素的影响，包括行为的成败经验、替代性经验、言语劝说、情绪的唤起以及情境条件。

2. 克鲁姆波兹的社会学习理论

克鲁姆波兹在班杜拉提出的社会学习理论的基础上，汲取精华，将注意力集中在职业生涯发展领域，关注职业咨询的自我系统，提出了职业生涯决策的社会学习理论。与当时占据主流地位的特质因素理论不同，职业生涯决策的社会学习理论侧重于关注个体在职业生涯决策中的行为和认知。

（1）克鲁姆波兹社会学习理论的基本内容。克鲁姆波兹的社会学习理论探讨了职业选择过程中不同因素对职业决策的影响，试图解释个体的教育与职业喜好和技能是如何培养与形成的，以及这些喜好和技能如何影响个体对课程、职业的选择。个体职业生涯决策的主要影响因素包含四个方面：一是遗传因素和特殊能力；二是环境条件和特殊事件；三是学习经验；四是履行任务的技能。

该理论认为遗传因素和特殊能力是影响职业决策的第一个因素。具体包括：1）外貌特征，包括身体上不可改变的缺陷；2）民族；3）性别；4）智力；5）音乐才能；6）艺术才能；7）肌肉协调能力。

环境条件和特殊事件（包括家庭传统、地理位置和立法）对一个人的职业选择也起着至关重要的作用。教育和职业决策在很大程度上受外部因素的影响，个体很难把控这些外部因素。外部因素具体包括：1）工作机会的数量和性质。某些工作机会在某种情境下可以获得，但在另一种情境下无法获得。2）培训机会的数量和性质。在不同文化中，教育机会能够通过不同机构获得。在美国，个体能够通过公立学校、私立学校、军队等获得培训机会。3）选择参与培训人员和工人的社会政策和程序。这些政策和程序会随着新的立法或司法裁决的变化而变化。4）各种职业的收入比。不同职业的物质和非物质回报具有相当大的区别。5）劳动法和工会法规。加入工会的规定可以影响新成员的数量、工作机会的数量以及收益。6）自然事件（如地震、干旱、洪水、飓风）。这些自然灾害会破坏某个地区的经济发展，导致该地区的人们无法继续从事某种工作。7）自然资源的可获取性和需求。例如，如果在某人拥有的土地上发现了石油资源，那么这个人很可能会改变自己的职业行为。8）技术的发展。新技术和新产品的发明创造了新的工作机会，因此工业化程度较高的社会有更多的工作机会。9）社会组织的改变。美国社会保障系统的建立不仅提供了大量的工作机会，还影响了许多人的职业计划。10）家庭教育、经历和资源。一个人的家庭可能会使他形成某种宗教信仰、价值观等。不同家庭给孩子提供了不同的资源和教育条件，使他们对教育和职业产生多种多样的偏好。11）教育系统。学校组织、行政决策、接触的教师的类型和人格会对个体的技能学习产生极大影响。12）邻居和社区的影响以及其他社会、文化、政治和经济因素。

克鲁姆波兹的社会学习理论认为，学习经验是理解个人如何发展职业偏好、相关技能和信念的最基本的概念。学习经验有两种基本类型，一种是工具性学习经验，一种是关联性学习经验。个体以某种方式影响环境并获得某种结果时会产生工具性学习经验，包括先行条件、行为和结果三部分。个体用习惯的反应模式对外界刺激做出反应的学习经验就是关联性学习经验。这种学习经验是个体将之前经历过的中性情境与外界积极或消极情境相匹配时产生的。克鲁姆波兹认为，正是大量的直接的或工具性的学习经历使个人对其获得成功或得到奖励的活动产生偏好。此外，通过观察性学习的过程，个体对观察对象做出公开或私密的陈述，评价其自身实际或潜在的表现或兴趣，进一步评估在被观察的职业中自己成功的机会，最终增加或减少进入特定职业领域的愿望和期望，并影响对其自身发展能力（自我效能）和完成职业任务的能力的评估。

职业生涯决策的另一个重要部分就是了解个体履行任务的技能。履行任务的技能包括个人工作习惯、情绪和认知反应及解决问题的技能。具体包括：1）目标设置；2）价值澄清；3）产生可能的选择；4）获得职业信息。我们也可以将遗传因素和特殊能力、环境条件和特殊事件、学习经验视为任务技能的前因变量，三者的相互作用产生了适用于不同任务的相关技能。

以上四个因素相互作用，对个体职业生涯的发展与决策产生影响，其中学习经验这一因素尤为重要。

（2）克鲁姆波兹社会学习理论的不足与局限。克鲁姆波兹的社会学习理论主要包括两个部分：1）解释职业生涯选择的来源；2）解释面对许多有关职业生涯的问题时，咨询者能够做什么。尽管这一理论已被应用于年轻人的职业准备和职业发展中（Krumboltz & Worthington，1999），但批评者认为，对学习经验的过度关注掩盖了背景因素对职业选择的影响（Hodkinson & Sparkes，1997；Boychuk，Lysaght & Stuart，2018）。

此外，克鲁姆波兹自己也提出："我自己对 SLTCDM 项目的不满之处在于，它阐述了职业生涯是如何发展的，但它没有解释职业顾问现在可以做些什么来帮助他们的客户在未来过上更令人满意的生活。"

3. 克鲁姆波兹对社会学习理论的拓展

针对职业生涯决策的社会学习理论的局限，克鲁姆波兹进行了进一步探索。1995年，他受萨维卡和布鲁斯·沃尔什（Bruce Walsh）的邀请在一次会议上发言，职业咨询学习理论由此产生。在社会学习理论的基础上，克鲁姆波兹进一步提出，职业咨询的作用是帮助客户扩展他们的学习范围，明确那些促进和阻碍他们职业发展的信念。

克鲁姆波兹关注到了计划的偶然性，指出咨询师对于偶然事件的出现应该秉持一种更加开放的态度，其观点阐述了偶然性事件和情境会如何影响来访者并作用于他们的现实生活。他鼓励咨询师在来访者不愿意预测未来的情况下，持更加开放的态度并且鼓励来访者通过偶然的突发事件创造自己的人生。

三、理论的应用

克鲁姆波兹汲取班杜拉社会学习理论的精华，综合考虑了心理与社会因素的影响作用，以期帮助面临职业生涯发展困惑的人群。目前，克鲁姆波兹的社会学习理论已被广泛地应用于不同人群的职业生涯发展与决策中。

1. 高校和高知分子

职业生涯决策的社会学习理论，对个体的教育与职业爱好和技能的形成，以及这些爱好和技能对个体在选择课程、职业和工作领域时的影响方面进行了探究，对我国高等教育职业生涯规划课程的内容设置有不可忽视的借鉴作用，如：推行综合素质教育，促进学生特殊能力的开发；重视创新创业教育，提高学生职业选择技能的培养；改变教学观念，注重学生学习能力的培养；提升职业选择技能，增强学生职业认同感。

职业生涯决策的社会学习理论重视个体行为和环境的相互作用，强调学习在个体的先天因素与后天环境中展开，强调自我调节的作用，为个体的职业生涯规划提供了重要启示：(1) 强调终身学习理念。克鲁姆波兹的社会学习理论阐释了个体选择职业生涯行为的原因，尤其强调了环境的影响因素与学习经验，这是该理论在众多职业生涯理论中得以突显的理由。(2) 关注社会变迁。(3) 重视探索个人特质。(4) 重视机遇学习。

不少学者运用克鲁姆波兹的社会学习理论对研究生的职业生涯发展与决策进行研究，认为在高等教育大众化、研究生扩招、就业形势趋于严峻、就业问题层出不穷的新形势下，通过国家、地方政府、企业和高校等外部环境因素对研究生的积极影响，以及研究生自身探索、规划、职业生涯选择和学习经验增长等内在因素的促进作用，研究生就业问题能够得到更好的解决，研究生就业质量能够得到进一步提升（李建民，2016）。

2. 男同性恋、女同性恋、双性恋者

吉尔伯格和霍伊纳茨基（Gelberg & Chojnacki，1995）与达蒂（Datti，2009）结合克鲁姆波兹的社会学习理论，探索了男同性恋、女同性恋、双性恋、跨性别者等人群的职业发展问题，并且为咨询师提出了相关建议。传统的职业模式会影响男同性恋、女同性恋以及双性恋者对某一特定职业的评价水平和对于自身职业成功的自我效能感。孤独和消极的情感体验将导致性少数群体缺乏导师和角色模型。

3. 初发精神病的青年人

基于克鲁姆波兹的社会学习理论，学者们针对患有精神病的青年人也开展了相关研究，希望探究影响他们职业生涯决策的相关因素，提出其职业生涯决策过程模型。初发精神病的青年人的职业生涯决策过程是一个多阶段、反复的过程，贯穿疾病的三个阶段，并受到内部因素和环境的影响。这些研究结果表明，在未来针对初发精神病的青少年的职业规划中，应考虑疾病阶段和职业生涯决策阶段（Boychuk，Lysaght & Stuart，2018）。

4. 处于危险中的城市青年

有学者验证了克鲁姆波兹的社会学习理论在处于危险中的城市青年这一群体中的应用。“处于危险中”（at-risk）一词曾被用来指那些“由于政治、经济、社会和文化条件，获得受教育和职业机会有限”的个体。从本质上讲，最需要职业发展帮助的人是那些最不为人知的人。该研究指出，成功的学习经验与这些人所表达的职业兴趣之间存在显著的正相关关系，他们的职业自我效能感与已列出的职业兴趣之间存在正相关关系（Jackson，Potere & Brobst，2006）。

5. 企业家

克鲁姆波兹的社会学习理论提出，通过模仿成功的企业家，可以增强个体对企业家职业的渴望或在传统职业中模仿企业家行为。企业家行为是通过观察榜样进而学习获得

的，那么组织就有责任调查是否可以在组织内形成类似的榜样学习过程。当然，社会学习理论，包括观察性学习的作用，不是创业理论和研究的灵丹妙药；它只是一个概念性的观点，但与其他跨学科的观点一起时，它可以用来推进企业家精神和小型企业研究的概念性发展（Scherer，Adams & Wiebe，1989）。

第2节　彼得森的认知信息加工理论

一、理论的提出

1. 理论产生的社会背景

职业生涯是指个人通过从事工作所创造出的一种有目的的、延续不断的生活模式。对于每个人而言，规划不同，其职业生涯发展模式和路径也就不同，因此每个人都应该对自己的职业生涯发展负责。但是这样的观念产生得较晚。20世纪以前，大部分人都是子承父业，无须对自己的职业生涯进行规划和决策，也没有创业的观念。随着社会的变革和经济的发展，新岗位的不断出现不仅为劳动力提供了更多的职业选择，也对他们提出了更高的要求。人们的思维方式打破了传统的枷锁，生活方式也跳出了原有的框架，开始有了为自己进行职业生涯规划的意识。

2. 理论产生的学术背景

为了更加深入地理解个体的职业决策行为，进而为职业指导和咨询过程提供依据和参考，一些职业心理学家也开始关注个体职业决策的过程，提出了很多职业决策理论。加蒂和亚瑟（Gati & Asher，2001）认为，职业决策理论作为职业指导和咨询的参考结构在很早以前就被提出了，但标准化和描述性职业决策理论的缺点使这些理论很难广泛地运用到职业决策研究之中。因此需要能够提供职业决策框架的新理论，该理论要能克服以往模型的不足，至少能够将以往模型存在的问题降到最低，这样规范性职业决策理论和模型就出现了。

1971年起，一种提供职业服务的方法开始出现并得以发展。这种方法首先在佛罗里达州立大学职业咨询中心被提出，随后在佛罗里达州立大学职业中心得到了进一步研究。研究者将职业研究的理论和实践结合起来，建立了关于职业问题解决和决策的认知信息加工理论（Peterson，Sampson & Reardon，1991；Sampson et al.，2004；Sampson，2008）。

1991年，彼得森、桑普森和里尔登等人受认知科学和人类思维过程研究的影响，在《职业发展与服务：一种认知方法》（*Career Development and Services：A Cognitive Approach*）一书中详细阐述了规划职业生涯发展的新方法，将认知信息加工的观点用于对职业决策过程的研究，提出了认知信息加工理论（cognitive information processing theory，CIPT）。“认知”指人们的思维方式或者人们的大脑处理、加工信息的过程。心理学家认为，人们的长时记忆保有不同种类的知识结构和成分，这些知识结构和成分对于职业决策具有重要意义。认知信息加工理论以人类的“有限理性”为基础，是基于在职业生涯问题的解决和决策的制定过程中大脑接收、编码、储存和利用信息与知识的理念而形成的一种理论，是一种具有代表性和规范性的职业决策理论。该理论主要关注涉及解决职业生涯问题和职业决策的思维和记忆过程，强调职业生涯问题的解决是一个认知的过程。

认知信息加工理论认为，职业决策始于初步确定可能的职业选项，个体通过搜索职业信息，比较各种可能选择的职业，最终选择一条适合自己的职业道路的决策过程。认知信息加工理论提出了 8 个关于职业决策的假设，并将其作为理论基础，这些假设的核心内容包括：(1) 职业生涯选择以人们如何思考和感受为基础；(2) 进行职业生涯选择是一项问题解决活动；(3) 职业生涯问题解决的能力以人们了解什么和如何思考为基础；(4) 职业决策需要良好的记忆；(5) 职业决策需要动机；(6) 持续进行的职业生涯发展是终身学习和成长的一部分；(7) 职业生涯发展在很大程度上取决于人们的思维内容和思维方式；(8) 职业生涯质量取决于人们对职业决策和职业生涯问题解决的了解程度。

二、理论的发展

1. 理论的基本内容

彼得森基于亨特、莱克曼以及纽维尔和西蒙的认知科学理论提出了认知信息加工方法，其前提是“职业咨询应更多地专注于帮助个人发展做出明智职业决策的能力，而不是决策本身是否恰当”(Peterson，Sampson & Reardon，1991)。因此，认知信息加工方法关注的是如何做出职业决策，而不强调决策的结果 (Hornyak，2007)。随后，认知信息加工理论将基础职业发展理论扩展到包括解决问题、信息加工的维度。

认知信息加工理论从认知行为干预、决策策略和其他来源中汲取观点，作用于职业生涯问题解决和决策。因此我们有必要明确以下三个关键词：“问题”“问题解决”“决策”。

问题指的是现实状态与理想状态之间的差距。这种差距可以是某人当下需要做出的选择和某人已经做出一个好的选择之间的差距。职业生涯问题解决中的差距指的是职业选择、培训选择和工作选择。

问题解决指的是针对问题采取一系列行动来缩小差距的过程，包括意识到差距、找到差距产生的原因、阐明可供选择的方案和最终选择某种方案。

决策指的是对问题解决过程以及认知、情感和其他导致做出决策的过程的拓展。这些过程包括为了完成某一行动而制定一个计划或策略、承担风险、为完成计划而做出承诺和投入。

认知信息加工理论包括职业行为理论和职业干预理论。职业行为理论包括信息加工金字塔和 CASVE 循环；职业干预理论包括职业决策准备 (Sampson et al.，2000)、职业干预准备 (Sampson et al.，2013)、差异化服务提供 (Sampson et al.，2000；Sampson，2008)、消极职业思想评估 (Sampson et al.，1998)，以及职业决策空间评估 (Peterson et al.，2010)。

(1) 信息加工金字塔。信息加工金字塔在职业生涯问题解决和决策方面效用明显，其包含三个信息领域，在三个水平上分为四个部分。

金字塔的基底是知识领域，可以比作储存在计算机中的各种数据文件，各种零散的信息均以动态信息或图式的方式存储，人们通过这些图式处理和加工解决职业生涯问题和制定决策所需的信息。知识领域分为两部分：自我知识和职业知识。自我知识包括了解自己的价值观、兴趣和技能；职业知识包括理解特定的职业、学校专业及其组织方式，即个体职业的信息和进行职业组织的计划。

金字塔第二层是决策技能领域，可以比作计算机程序，把信息和数据存储在计算机文件和内存中，因为解决问题需要大量的记忆空间和较强的信息加工能力。决策技能领域涉及理解和掌握决策的过程，包括沟通（communication）、分析（analysis）、综合（synthesis）、评估（valuing）和执行（execution）五个阶段（缩写为 CASVE）。

金字塔的顶端是执行加工领域，它规定了在金字塔中心上的程序将按照何种顺序运作，正如计算机的 CPU 告诉计算机运行程序何时发出指令一样。这一领域包括自我对话（self-talk）、自我意识（self-awareness）和控制与监督（control and monitoring）（见图 5-1）。

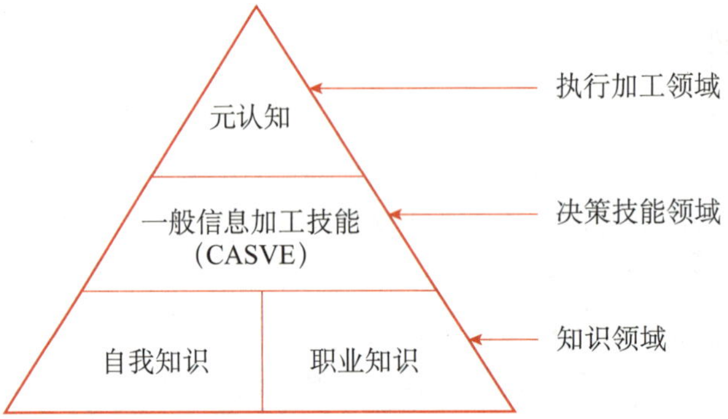

图 5-1　职业决策中的信息加工金字塔

（2）CASVE 循环。CASVE 循环的沟通、分析、综合、评估、执行五个阶段描述了职业决策过程（见图 5-2）。

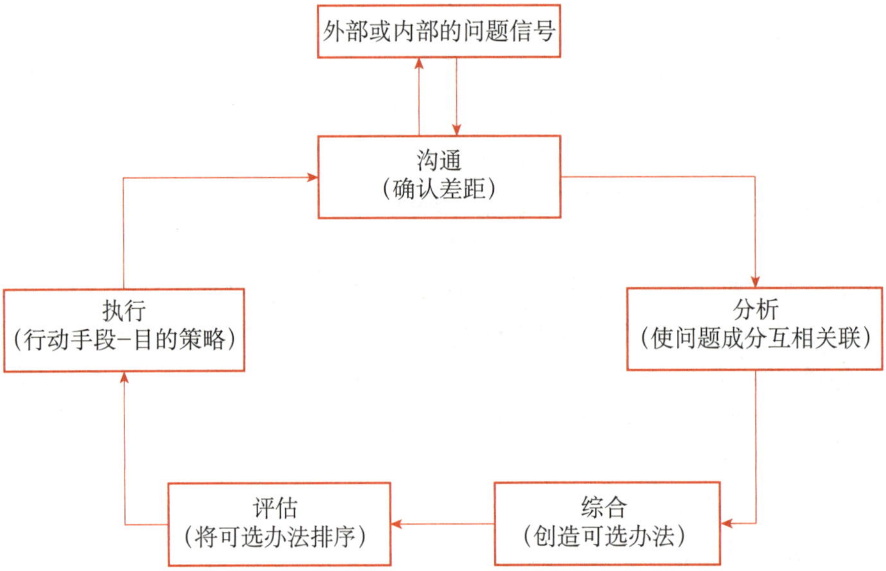

图 5-2　CASVE 循环

沟通阶段能识别出现实状态与理想情境之间的差距，让我们意识到解决问题的需求，了解做出选择的必要性。具体是指个体“接收”有关问题的信息，经过“编码”，传输出“这个落差是必须解决的问题”这一信息。这些信息通过内外部信息交流途径传递，内部途径包括消极情绪（如焦虑、抑郁或其他暗含的不适情绪）、规避行为和生理提示等，外部途径包括积极或消极的事件和重要他人的提示，如不良的工作行为、自我破坏的行为、身体障碍或者抱怨等。沟通阶段的任务主要是对两个基本问题做出回答：目前我对自己职业选择的想法和感受如何？我期望通过职业咨询获得什么？

分析阶段确定职业生涯问题产生的原因和职业生涯各个阶段之间的关系，是对问题的所有方面进行更充分的理解的阶段。问题解决者会在这一阶段澄清或者获得关于自己、职业、决策或元认知方面的知识，并且利用时间思考、观察和研究自己的现实状态与理想情境之间的差距，进一步认识自己和自己的选择。

综合阶段以详细综合阐述各种可选的问题解决办法为特征。这一阶段进一步加工分析阶段所得到的信息，制定出针对职业生涯问题可采取的行动方案以消除问题或者减小差距，可以理解为“综合细化”和“综合具体化”两个层面，以便尽可能多地发现解决问题的方案，并且不断逼近那些与自身知识相一致的解决方案。

评估阶段对综合阶段列出的所有可能的问题解决方案进行排序并做出尝试性选择。这一阶段包括两个步骤：第一步是评估各个方案的利弊，包括这个方案是否适合自己、环境及与自己生活关联最大的人，以及这个方案能在多大程度上解决问题；第二步是对各种选择进行排序，尝试性地做出最优选择。

执行阶段是将之前选择的方案转化为有计划有策略的行动，尝试做出解决职业生涯问题的规划并执行，包括对解决问题的首选方法的尝试、进行真实性检验和寻找职业。

CASVE 是一个循环的过程。如果个体在按照计划执行选择的过程中遇到问题或者得到预料之外的结果，他将会重新回到 CASVE 的起始阶段，重新沟通探索、获取经验，重新制定方案并尝试实施。

2. 理论的完善

认知信息加工理论在实践中的应用得到了霍兰德、贝克和加涅的补充。里尔登和伦茨（Reardon & Lenz，2015）将霍兰德的 RIASEC 理论与认知信息加工理论相整合，运用于对职业行为的研究和职业干预的提供中。

用于心理健康和心理健康服务的认知治疗理论（Beck，1979；Beck，Emery & Greenberg，1985；Beck et al.，1979）在与认知信息加工理论相结合后，形成了职业思想量表和职业思想工作簿（Sampson et al.，1998）。

加涅的学习和教学理论与认知信息加工理论也在理论假设层面被整合运用于学习资源设计中，这些学习资源被用于开展简要的员工辅助、个案管理和程序化职业干预（Sampson，2008）。

1999 年，里尔登、珍妮特·伦茨、桑普森、彼得森以认知信息加工理论为基础合作完成了《职业发展和规划：一种综合方法》（*Career Development and Planning：A Comprehensive Approach*）一书。该书用一种新的思维方式来帮助学生了解自己、了解职业、解决各类职业生涯问题，并提供求职过程中的技巧性指导，旨在帮助学生更好地进行职业生涯规划并找到一份好工作。

三、理论的应用

迄今为止，已有大量关于认知信息加工理论的研究成果，该理论无论是在研究中还是在实践中都获得了广泛的关注和应用。

1. 在职业决策和求职过程中的应用

国外研究者以不同的退伍军人群体作为研究对象，探索了认知信息加工理论在求职过程中的应用，包括以下分类：失业的美国战争退伍军人（Bullock et al.，2009），转向平民的退伍军人（Clemens & Milsom，2008），以及有创伤性脑损伤的退伍军人（Hayden，Green & Dorsett，2013）。

国内研究者秦艳（2015）通过对职业决策相关理论的回顾，从认知信息加工理论的视角来探索贫困大学生职业决策的形成机制，确定了自我知识、职业知识、沟通分析技能、综合评估技能和职业决策五个全新维度，建立了自我知识、职业知识通过沟通分析和综合评估两项技能的中介效应驱动职业决策的机制模型。通过实证研究发现自我知识、职业知识对职业决策存在积极影响，沟通分析技能在自我知识、职业知识影响职业决策的关系中有中介效应，综合评估技能在自我知识、职业知识影响职业决策的关系中没有中介效应。

2. 在职业咨询和职业干预中的应用

认知信息加工理论作为职业咨询的理论基础被广泛应用于职业干预研究中。比如，里德等（Reed et al.，2001）以该理论为基础，评估了大学生职业发展课程的有效性。他们以桑普森等编制的“职业观念问卷”为评估工具，发现职业发展课程使大学生的消极职业观念显著降低。在课程之初消极观念水平最高的学生，课程结束后消极观念的降低程度最大。不同性别和族裔的学生在“职业观念问卷”的分数上未表现出显著差异，族裔和性别之间也没有显著的交互作用。这些发现表明职业服务提供者没有必要单单根据性别和族裔来设计特定的干预。

认知信息加工理论可以单独使用，也可以用于加强其他职业发展理论和资源的应用效果（Sampson et al.，2004）。1971年以来关于认知信息加工理论的研究关注点一直集中在职业行为、职业评估和职业干预上。随着理论的不断发展，该理论目前与霍兰德职业兴趣理论很好地结合在一起并被运用于实践中，包括向高中生、大学生和社区成年人提供自助、简要的员工辅助和个案管理的职业干预。学者们还在基于认知信息加工理论和霍兰德职业兴趣理论的职业干预中整合职业和心理健康问题（Dozier，Lenz & Freeman，2016；Lenz et al.，2010；Walker & Peterson，2012）。

国内学者臧刚顺（2006）评估了以认知信息加工理论为理论基础的职业团体咨询对大学生职业成熟度的影响，提出认知信息加工理论可以作为理论基础应用到对大学生职业成熟度的团体咨询干预研究中，从而有效提高并长期保持大学生的职业成熟度。王本贤和姜南（2009）认为认知信息加工理论在大学生职业生涯规划中的实践作用主要体现在知识领域完善、职业生涯决策改进、元认知技能改善三个方面。鲍卉（2016）以认知信息加工理论为基础，调查分析了沈阳在校大学生对职业生涯规划的认知现状，结果表明大学生的自我认知程度较低，需要加强大学生职业规划培训，通过职业测评明确大学生职业目标，帮助他们制定科学的职业生涯规划。

3. 在其他方面的应用

国内有学者对认知信息加工理论在教学中的应用进行了研究。孙家林、张明勤和黄珊秋（1997）利用现代认知信息加工理论分析学习模式、组织课堂教学活动，认为学生的学习过程可以分为动机、注意、习得、保持、回忆、系统、实践、强化等八个阶段。教学时宜采用激发动机、强调注意、加强刺激、指导编码、间隔复习、建立网络、多元测验、及时反馈等与之对应的八个过程。邓卫华、蔡根女和易明（2010）将认知信息加工理论应用于创业机会识别中，认为“模式识别”和“启发思维”两种认知信息加工模式在机会的把握、开发和运用方面对创业者存在影响，灵活选择不同的认知信息加工模式有助于创业者开展创业活动，且可帮助政府制定创业政策。

复习思考题

1. 社会学习理论的主要观点是什么？
2. 你认为社会学习理论对个体职业生涯发展有什么意义？
3. 认知信息加工理论的主要观点是什么？
4. 职业决策过程中 CASVE 循环的具体内容是什么？
5. 认知信息加工理论如何指导个体职业生涯管理实践？

参考文献

[1] Beck A T. Cognitive therapy and the emotional disorders. New York：International Universities Press，1979.

[2] Beck A T，et al. The cognitive therapy of depression. New York：Guilford Press，1979.

[3] Beck A T，Emery G，Greenberg R L. Anxiety disorders and phobias：a cognitive perspective. New York：Basic，1985.

[4] Boychuk C，Lysaght R，Stuart H. Career decision-making processes of young adults with first-episode psychosis. Qualitative Health Research，2018，28 (6).

[5] Bullock E E，et al. Career concerns of unemployed US war veterans：suggestions from a cognitive information processing approach. Journal of Employment Counseling，2009，46 (4).

[6] Buzzetta M，Hayden S C W，Ledwith K. Creating hope：assisting veterans with job search strategies using cognitive information processing theory. Journal of Employment Counseling，2017，54 (2).

[7] Clemens E V，Milsom A S. Enlisted service members' transition into the civilian world of work：a cognitive information processing approach. The Career Development Quarterly，2008，56 (3).

[8] Datti P A. Applying social learning theory of career decision making to gay, lesbian, bisexual, transgender, and questioning young adults. The Career Development Quarterly, 2009, 58 (1).

[9] Dozier V C, Lenz J G, Freeman V. Using theory-based career assessments to connect career and mental health issues. Career Planning and Adult Development Journal, 2016, 32 (1).

[10] Duggan M H, Jurgens J C. Career interventions and techniques: a complete guide for human service professionals. Boston: Pearson/Allyn and Bacon, 2007.

[11] Feller R W, Honaker S L, Zagzebski L M. Theoretical voices directing the career development journey: Holland, Harris-Bowlsbey, and Krumboltz. The Career Development Quarterly, 2001, 49 (3).

[12] Gati I, Asher I. The PIC model for career decision making: prescreening, in-depth exploration, and choice//Leong F, Barak A. Contemporary models in vocational psychology. London: Routledge, 2001.

[13] Gelberg S, Chojnacki J T. Developmental transitions of gay/lesbian/bisexual-affirmative, heterosexual career counselors. The Career Development Quarterly, 1995, 43 (3).

[14] Hayden S, Green L, Dorsett K. Perseverance and progress: career counseling for military personnel with traumatic brain injury. Ideas and Research You Can Use: VISTAS 2013, 2013.

[15] Hodkinson P, Sparkes A C. Careership: a sociological theory of career decision making. British Journal of Sociology of Education, 1997, 18 (1).

[16] Hornyak D A. Utilizing cognitive information processing theory to assess the effectiveness of DISCOVER on college students' career development. University of Pittsburgh, 2007.

[17] Jackson M A, Potere J C, Brobst K A. Are success learning experiences and self-efficacy beliefs associated with occupational interests and aspirations of at-risk urban youth? . Journal of Career Assessment, 2006, 14 (3).

[18] Krumboltz J D, Worthington R L. The school-to-work transition from a learning theory perspective. The Career Development Quarterly, 1999, 47 (4).

[19] Lenz J G, et al. Connecting career and mental health counseling: integrating theory and practice. Ideas and Research You Can Use: VISTAS 2010, 2010.

[20] Messer M A, Greene J A, Holland J L. The veterans and military occupations finder. Psychological Assessment Resources, Lutz, 2013.

[21] Patton W. Recent developments in career theories: the influences of constructivism and convergence//Athanasou J A, Van Esbroeck R. International handbook of career guidance. Berlin: Dordrecht Springer, 2008.

[22] Peterson G W, Sampson J P Jr, Reardon R C. Career development and serv-

ices：a cognitive approach. Belmont，CA：Thomson Brooks/Cole Publishing Co. ,1991.

[23] Peterson G W，et al. The decision space worksheet：an assessment of context in career decision marking. Career Planning and Adult Development Journal，2010，25 (4).

[24] Reardon R C，Lenz J G. Handbook for using the self-directed search：integrating RIASEC and CIP theories in practice. PAR，2015.

[25] Reed C A，et al. A cognitive career course：from theory to practice. The Career Development Quarterly，2001，50 (2).

[26] Sampson J P Jr，et al. The design and use of a measure of dysfunctional career thoughts among adults，college students，and high school students：the career thoughts inventory. Journal of Career Assessment，1998，6 (2).

[27] Sampson J P Jr，et al. Using readiness assessment to improve career services：a cognitive information-processing approach. The Career Development Quarterly，2000，49 (2).

[28] Sampson J P Jr，et al. Career counseling and services：a cognitive information processing approach. Belmont，CA：Thomson/Brooks/Cole，2004.

[29] Sampson J P Jr. Designing and implementing career programs：a handbook for effective practice. National Career Development Association，2008.

[30] Sampson J P Jr，et al. Bibliography：a cognitive information processing (CIP) approach to career development and services. Florida State University，2013.

[31] Sampson J P. A cognitive information processing theory for career choices：challenges and opportunities for integrating theory，research，and practice. Society for Vocational Psychology：Integrating Theory，Research，and Practice，2017.

[32] Scherer R F，Adams J S，Wiebe F A. Developing entrepreneurial behaviours：a social learning theory perspective. Journal of Organizational Change Management，1989，2 (3).

[33] Walker J V Ⅲ，Peterson G W. Career thoughts，indecision，and depression：implications for mental health assessment in career counseling. Journal of Career Assessment，2012，20 (4).

[34] Peterson N，Gonzalez R C. 职业咨询心理学：工作在人们生活中的作用. 北京：中国轻工业出版社，2007.

[35] 鲍卉. 基于认知信息加工理论的大学生职业生涯规划研究. 沈阳工程学院学报（社会科学版），2016，12 (2).

[36] 邓卫华，蔡根女，易明. 基于认知信息加工的创业机会识别机理研究. 科技进步与对策，2010，27 (20).

[37] 董大敏. 班杜拉社会学习理论的当代社会德育意义. 理论界，2007 (4).

[38] 李建民. 新形势下研究生就业问题解决初探：基于 Krumboltz 社会学习理论. 辽宁医学院学报（社会科学版），2016，14 (1).

［39］李增欣，王向辉．基于生涯决定社会学习理论的高等职业教育．中国成人教育，2015（24）．

［40］里尔登．职业生涯发展与规划．中国大学生就业，2005（21）．

［41］秦艳．贫困大学生职业决策模型及其实证研究：基于认知信息加工理论视角．学校党建与思想教育，2015（5）．

［42］任朝霞，陈萍．班杜拉社会学习理论及其在教育中的应用．山东农业工程学院学报，2004，20（5）．

［43］孙家林，张明勤，黄珊秋．现代认知信息加工理论在课堂教学中的应用研究．山东工业大学学报（社会科学版），1997（4）．

［44］王本贤，姜南．认知信息加工理论领域中的大学生职业生涯规划．中国大学生就业，2009（16）．

［45］王晨怡．大学生生涯发展的认知信息加工理论与策略：《职业生涯发展与规划》述评．生涯发展教育研究，2014（3）．

［46］臧刚顺．基于认知信息加工理论的团体咨询对大学生职业成熟的影响．石家庄：河北师范大学，2006．

第 6 章

职业生涯的建构理论

［开篇导读］

练就职场心态，提升职场适应力

某同学毕业后，来到一家企业工作不久，便觉得与自己理想中的企业相差甚远。比如，每天下班前要将当天的工作进行小结，输入电脑，每天早上有一个早会布置工作等，约束太多，规矩太多，难以适应。于是，他常发牢骚，工作积极性也不高，还没等到他对企业真正有所认识，就被炒了鱿鱼。当他再次在求职大军中奔波许久还没找到更好的工作的时候，心中才感到有些后悔。

很多新人在进入公司后，从学生的角度看企业，接受不了企业的“规矩”，对企业现状不满，没有耐心去适应企业。其实，该案例中的早会和每天小结的制度，对职场新兵学习知识和技能、尽快适应企业具有非常重要的作用。同时，每个企业都有优势和劣势，最重要的是学会适应新的环境，快速融入企业，在和企业相互深入了解后，找到自己合适的位置。

多数毕业生在职业生涯的初期一般从事基层工作，属于“蓝领”阶层，与他们想当“灰领”甚至“白领”的期望有很大的落差。他们认为自己整天都在打杂，碌碌无为，觉得在公司受到了不公平待遇。尽管他们中有许多人练就了很多职业技能，但由于心态问题，一时无法适应企业。因此，对于职场新人而言，具有较强的职业生涯适应力尤为重要。而他们要练就承受压力、适应职场的能力，开启成功的职业生涯，必须调整好心态。

资料来源：杨国兰，思源．练就职场心态，提升职场适应力．教育与职业，2007（25）.

第 1 节　萨维卡的生涯建构理论

一、理论的提出

1. 提出背景

生涯建构理论由职业心理学领域的美国著名学者马克·萨维卡教授于 2002 年提出，

并分别于2005年和2013年进行了进一步阐述和补充（Savickas，2002，2005，2013）。萨维卡是美国俄亥俄州立大学医学院行为与社区健康科学系的名誉主席和教授。同时，他也是肯特州立大学咨询教育专业的兼职教授，还曾担任国际应用心理学会咨询心理学分会的主席（2010—2014年）。

萨维卡曾担任《职业行为杂志》（*Journal of Vocational Behavior*）的主编，他在此期刊上发起了围绕职业生涯建构和职业生涯适应力的相关讨论（如 Creed，Fallon & Hood，2009；Savickas et al.，2009；Porfeli & Savickas，2012；Hou et al.，2012；Guan et al.，2013，2014；Hirschi & Valero，2015）。生涯建构理论的理论渊源是舒伯（Super，1953）提出的生涯发展理论。在此基础上，生涯建构理论回答了职业生涯世界是如何通过个人建构和社会建构形成的这一问题（Savickas，2005）。

2. 职业生涯适应力的概念

“职业生涯适应力”这一概念来源于职业成熟度（career maturity）（Savickas，1997），指个体用来处理职业角色在当前和预期所面临的任务、转换和挫伤时的心理资源，是个体可用来解决由职业任务、转换和挫伤造成的一系列陌生的、庞杂的以及不确定的问题的自我调节的心理资源或能力（Savickas，1997，2002，2005；Savickas & Porfeli，2012）。职业生涯适应力，作为一种心理资源或处理事务的能力，比人格特质更具有易变性和可塑造性，可以通过个体内部与外部世界的交互来塑造和发展。

职业生涯适应力这一元构念包含三个层次（Savickas，2005；Savickas & Porfeli，2012）。首先，最高层次是最抽象的，包括四个维度：职业生涯关注、职业生涯控制、职业生涯好奇和职业生涯自信。职业生涯关注帮助个体分析未来职业的可能性并为未来做准备，职业生涯控制帮助个体做出一些深思熟虑的决策并采取谨慎行动来对自己的职业发展施加影响，职业生涯好奇帮助个体探索个体自我和外部环境，职业生涯自信促进个体对处理挫折或创伤的能力或技能的积极感知。这四个维度代表了个体在建构自身职业生涯的历程中可以用来管理职业生涯发展任务、处理职业转换以及适应职业生涯挫伤的资源、能力、技能和策略。其次，中间层次是职业生涯适应力所包含的具体态度（attitudes）、信心（beliefs）和技能（competencies），即职业生涯建构的 ABCs。这些塑造了可以被用来处理发展任务、职业转换和个人挫伤的具体行为。最后，职业生涯适应力结构模型的第三层概念，也是最具体的层次，是个体的职业行为（vocational behavior），指个体在职业生涯中的一系列反应和行动，正是这些反应和行动塑造了个体的职业发展、建构了个体的职业历程和生涯。

3. 理论内容

生涯建构理论将个体的职业生涯定义为“个体职业行为的反应或反思，而非职业行为本身，而且这一反思聚焦于实际发生的职业生涯事件，比如个体的职业（客观职业生涯）或者这些职业的意义（主观职业生涯）”。后来，萨维卡（Savickas，2005）进一步将个体职业生涯明确为“一种主观建构”，这种主观建构通过将过去的记忆、当前的经历以及未来的愿望编织进一个人生主题（life theme）而赋予其个体意义。在此基础上，生涯建构理论提出个体通过赋予自己的职业行为和职业经历以意义来建构自己的职业生涯。

生涯建构理论（Savickas，2002）提出了 16 个命题，有 3 层内涵：发展的语境主义（developmental contextualism）、职业自我概念以及职业生涯建构过程中的发展任务。后来，萨维卡（Savickas，2005）采用麦克亚当斯的一般人格结构论作为理论基础将生涯建构理论进一步整合为三个经典部分：不同个体间的特质存在差异；个体在不同的职业生涯阶段所面临的任务和应对的策略具有承前启后的发展性；生涯发展是一个充满内动力的变化过程。这三个经典部分也代表了差异的、发展的和动态的职业生涯观点。由此，生涯建构理论用职业人格类型（vocational personality types）、职业生涯适应力（career adaptability）和生活主题（life themes）回应了个体职业行为中“是什么”（what）、“怎么样”（how）和“为什么”（why）的问题。

二、理论的发展

生涯建构理论在萨维卡的推动下得以进一步发展，形成了以“适应”（adapt）为核心的序列生涯建构模型：适应性（代表动机，adaptivity），适应力（代表能力，adaptability），适应行为（代表行为，adapting），适应结果（代表结果，adaptation）（Savickas & Porfeli，2012）。适应性指个体灵活的人格特质或去改变的意愿，是个体适应的意愿或准备状态（Savickas & Porfeli，2012；关翩翩，李敏，2015），为个体的适应行为提供动机，如主动性人格、大五人格等。适应力指个体用来帮助自己处理现在或将来的问题、职业转换或职业生涯挫伤的自我调节能力。适应行为指个体实行适应性的行为来改变状态，如管理职业生涯发展任务、处理职业转换以及适应职业生涯挫伤和意外等。适应结果指个体自身与所处环境的整合匹配，可以操作化定义为职业成功、职业生涯满意度和职业生涯发展等。职业生涯适应性代表着个体采取适应行为的意愿，促使个体发展职业生涯适应力资源，然后个体发展出的这种资源会帮助其采取方法去实施一些适应性行为，最终达到适应结果。

三、理论的应用

1. 职业生涯适应力量表开发

在萨维卡的号召下，一个国际团队形成了，这个团队由来自 18 个国家和地区的职业心理学方面的学者构成，共同推进职业生涯适应力的操作化定义进程（Savickas & Porfeli，2012），最终在 13 个国家和地区收集数据，通过一系列的检验，形成了包含 4 个维度、24 个条目的具有良好信效度的职业生涯适应力量表（career adaptabilities scale）。随后，各国学者对此量表开展了广泛的跨文化检验和推广。职业生涯适应力量表的中文版由侯志瑾等（Hou et al.，2012）开发，亦包含 4 个维度，总共 24 个条目。在随后的实证研究中，职业生涯适应力量表中文版的信度和效度均通过了检验（Guan et al.，2014；Cai et al.，2015）。

2. 生涯建构理论相关实证研究

随着生涯建构理论的不断完善，最近几年，生涯建构理论方面的研究不断涌现。目前，关于生涯建构理论的相关研究基本上是围绕职业生涯适应力（Savickas，2002，2005，2013；Savickas & Porfeli，2012）展开的。因此，这里以职业生涯适应力为核心和重点，阐释职业生涯适应力的前因变量和结果变量。

（1）职业生涯适应力的前因变量。前因变量可以分为个体因素和情境因素两个方面。

影响职业生涯适应力的个体因素主要有三个：人格特质、个体职业因素以及社会认知。在人格特质方面，根据生涯建构理论，个体主动寻求改变的灵活性或意愿（flexibility & willingness），是其获取适应性的自我调节资源、能力和结果的重要要素，而这些灵活性或意愿在不同的研究中可以操作化定义为主动性人格、大五人格、未来工作自我等（Savickas & Profeli，2012；Guan et al.，2014）。在现有的实证研究中，主动性人格能够显著预测个体的职业生涯适应力（Cai et al.，2015；Hirschi，Herrmann & Keller，2015；李栩，侯志瑾，冯缦，2013；Guan et al.，2017）；在大五人格方面，各个维度对职业生涯适应力的预测效应也不同。管延军等（Guan et al.，2017）指出，通过整合人格特质与职业生涯适应力，可以探究出基础人格特质预测职业生涯适应力的内在机制，并提出了一个更加系统的关于职业生涯适应性组成成分的观点。此研究收集了两轮数据，根据生涯建构理论和激励的远端-近端分析框架，将主动性人格、核心自我评价和学习目标导向进行整合，作为从基础人格特质到职业生涯适应力的关键中介机制。结果表明，基础人格特质能够阐释43%的职业生涯适应力总变异，而核心自我评价、主动性人格和学习目标导向在此过程中起到了关键的中介机制作用（Guan et al.，2017）。在社会认知方面，研究发现，成就动机较强的个体将在职业发展过程中积累更多的能够用于自我调节的适应性资源和能力（Pouyaud et al.，2012）；另外，一些自尊心更强、更偏向以未来职业发展为导向的个体，其职业生涯适应力水平也更高（Cai et al.，2015；Guan et al.，2014；Taber & Blankemeyer，2015）。在个体职业因素方面，职业认同（Porfeli & Savickas，2012）和可雇佣能力（Hamtiaux，Houssemand & Vrignaud，2013）等是影响职业生涯适应力的重要因素。

在影响职业生涯适应力的情境因素方面，主要有社会支持和环境气氛两个因素，比如学校方面的社会支持以及学习氛围对学生的职业生涯适应力的影响（李栩，侯志瑾，冯缦，2013；Guo et al.，2014；Tian & Fan，2014）。

（2）职业生涯适应力的结果变量。除了研究职业生涯适应力的前因变量之外，还有许多研究探讨了个体的职业生涯适应力能为其职业生涯发展带来什么，即职业生涯适应力的结果变量。现有的实证研究证实了生涯建构理论的主要观点，即拥有更高水平职业生涯适应力的个体，将会更加积极主动地参与到职业生涯建构活动当中，如创业意向（Tolentino et al.，2014）、求职自我效能感（Guan et al.，2014）、职业生涯探索行为（Li et al.，2015；Guan et al.，2017；Hirschi，Herrmann & Keller，2015）以及职业生涯计划、技能发展和网络构建（Taber & Blankemeyer，2015）。与此同时，职业生涯适应力水平更高的个体也将更有可能获得适应性的结果，如帮助个体在求职过程中获得成功（Guan et al.，2014），提高学生的专业能力（Guo et al.，2014），帮助个体进行压力管理、提高个体的职业满意度和有助于其晋升等（Han & Rojewski，2015；Johnston et al.，2013；Tolentino et al.，2013）。

第 2 节　生涯混沌理论

一、理论的提出

1. 提出背景

关于职业生涯混沌的思考始于 20 世纪 90 年代后期，学者们对当时流行的职业发展理论存疑，认为这些职业发展理论并没有很好地与现实生活联系起来，除了考虑到做出职业决策时面临的挑战外，并没有把职业发展与整个人生阶段或做出职业决策的环境结合起来。学者们想探寻一个不仅符合个人职业发展而且符合整个宇宙运作方式的理论框架。基于此，学者普莱尔和布莱特开始研究职业发展影响因素多样性的问题，包括环境、背景、地理特征等。此外，普莱尔和布莱特还探寻了偶然事件对职业生涯的影响。在这个研究中，普莱尔和布莱特探索出一个可以回答他们所提出的各种问题的理论框架，在第一阶段，他们将理论命名为"职业自然理论"、"职业生态学理论"或"职业的环境理论"（Pryor，2003b）。但是这样命名的理论，不能完全呈现出他们的所有思想。普莱尔和布莱特希望理论能够连贯表述以下这些内容：

（1）环境性，即整体性的大背景；

（2）复杂性，研究已证明职业发展由多因素确定；

（3）联系性，不是分阶段或片段的，而是强调递归性与迭代性；

（4）变化性，一切事物始终处于某种变化状态，这种变化可能是非线性的；

（5）偶然性，承认人类的控制和知识的有限性，考虑偶然事件的影响。

为了寻找合适的理论，普莱尔和布莱特不再仅专注于职业发展领域，而是开始更多地关注科学领域，他们发现，混沌理论提供了将职业发展与自然世界的整体功能联系起来的机会，且能够融合他们的大部分思想，于是他们开始考虑将混沌理论引入职业发展的研究。

混沌理论研究的是复杂系统的非线性特征，即复杂系统是如何发展变化的，并揭示这种变化的非线性、不确定性和复杂性等特征。"混沌"并不是简单的混乱无序，而是确定系统产生的一种非周期性行为。"混沌"在时间上具有内在随机性；在空间上，意味着稳定性与不稳定性的内在统一。混沌运动的内在随机性是指复杂系统自身的类似无规则的非周期性行为，它完全是系统内在的固有属性，与外在因素无关。当系统演变到足够复杂时，就会进入一种稳定模式，可用吸引因子来表示。当吸引因子出现时，一切吸引因子之外的运动都向它靠拢，因而呈现出一种稳定的整体状态。但同时，一切到达吸引范围内的运动都因对初始条件敏感和相互排斥而表现出高度的不稳定性，因而复杂的系统就表现出稳定性与不稳定性的内在统一状态（姜飞月，2006）。

混沌理论的核心观点是：自然和社会的常态是非线性的；对初始条件有敏感依赖性；复杂系统具有一个或多个影响其运作的吸引因子；分形；系统具有回归对称性和反

馈机制。混沌理论的基本观念告诉我们，在分析和研究事物时，要改变那种简单和直观的传统线性思维模式，转而从更广阔的视野审视客观事物及其运动。

2. 理论内容

普莱尔和布莱特将复杂动力系统的概念应用于个人职业发展以及发展的环境中，于2003年提出生涯混沌理论。职业是个体与环境相互作用的一种新属性，混沌理论能够将复杂性、联系性、变化性、偶然性等概念有机地结合起来，用复杂的动力系统来描述个体的职业发展（Pryor & Bright，2003a，2003b）。

每个人的职业生涯发展都有其特定的动力发生环境和个体的内部动力，每个人的职业生涯发展都由一系列的选择构成，每个人的职业生涯经历都构成了自身发展的模式，都是有意义的。对于个体来说，职业生涯发展有着内在的和谐与共鸣，只有依据每个个体的特征才能理解。

（1）职业生涯发展是一种自我组织或自我再生。自我组织或自我再生是指，尽管系统的成分甚至形态都可能发生变化，但它有能力维系自身。它是自我组织的，不是外在控制的，它有内在适应环境变化的能力。人类的职业生涯发展也是如此，人们能不断更新自己的职业生涯，在自己所处的环境内外自由移动，在各种角色间自由变换。无论个体是否接受职业生涯辅导或是否参与职业生涯教育，他都有自己的职业生涯。

（2）职业生涯发展是非线性的。职业生涯发展的特点不是传统职业生涯心理学理论描绘的那种单一的、线性的，而是复杂的、非线性的。职业生涯发展的非线性主要是指，职业生涯系统发展最初的变化与经过系统反复迭代所产生的最终影响间缺乏比例关系。换句话说，最初的一个非常微小的变化可能使职业生涯整体产生非常剧烈的变化。显然，经常是微小的随机性事件导致了重大的职业生涯改变。职业生涯发展的非线性，对初始条件的敏感依赖性，使得职业生涯发展的长期行为变得不可预测，这也是职业生涯发展的内在属性之一。但这不意味着短期的职业生涯发展行为不可预测，复杂系统的自我组织作用会使职业生涯出现暂时的稳定和有序。

（3）职业生涯发展中吸引因子的作用。不同个体的职业生涯发展和生涯发展的不同时期有不同的吸引因子（点、钟摆、环面、奇异）。吸引因子引导个体的行为朝向某个目标，从而导致个体职业生涯的变化，但这种目标导向有时起着促进职业生涯发展的作用，有时却起着阻碍职业生涯发展的作用。

由点吸引因子形成的职业生涯，其个体往往受点吸引因子局限，所看到的可能仅是一种职业，而且经常只看到一条通往那种职业的路径。个体环境中意料之外的变化或职业机会的出现，都会让这样的人无所适从。由钟摆吸引因子塑造而成的职业生涯，其个体往往处在无法决策的惯性力量中，左右摇摆，难以前进。由环面吸引因子塑造的职业生涯，总是清晰地以微弱的差异不断重复着。奇异吸引因子则使职业生涯呈现出新的形式，以差异非常大的形式出现。传统职业生涯心理学理论，如特质因素理论，人格类型、兴趣类型等变量是个体职业生涯发展的稳定点，它们发挥着类似于点吸引因子或钟摆吸引因子的作用。生涯混沌理论倾向于认为，在21世纪工作世界的经历中，奇异吸引因子模式更精确地把握了职业生涯决策的本质。

（4）职业生涯发展是阶段转换的变化过程。阶段转换发生在系统从一种吸引因子向另一种吸引因子的运动过程中。在沙漠中，一粒沙子落在已形成的沙堆上，有可能造成沙堆的瞬间崩塌，产生一种新的形式。这粒沙子就相当于一个奇异吸引因子。与此同时，其他沙子的增加又会导致更大沙堆的形成，这个形成过程就类似于环面吸引因子发挥的作用。在下一个阶段，类似的最后一粒沙子的增加又会导致沙堆的崩溃，产生一种新的形式。从一种形式向另一种形式的转变就是阶段转换，职业生涯发展就是这样从一个阶段向另一个阶段转换。阶段转换，或者说一种新的吸引因子的出现，是职业生涯复杂系统的初始变化经过反复迭代的结果，会导致职业生涯系统结构的变化（姜飞月，2006）。

二、理论的发展

生涯混沌理论已经广泛应用于职业咨询、职业发展评估等相关职业服务中，但该理论仍然有一定的发展空间。作为理论的提出者，普莱尔和布莱特（Pryor & Bright，2014）在阐述生涯混沌理论的内容和发展的基础上，总结了该理论未来可能的发展方向。

1. 分形的进一步发展

职业发展模式的重要性毋庸赘述。在生涯混沌理论中，分形代表个体与世界互动的模式，即不规则的、支离破碎的。从这个意义上讲，一个人的生活是分形的，职业生涯也较为离散地嵌入个体的职业发展模式中。这种分形能够吸引个体走上不同的职业生涯路径，但是由于其离散性和随机性，研究者很难把握个体职业发展的动向。未来针对生涯混沌理论的挑战是如何有效地识别、测量分形的职业发展模式，进行实证研究，并在职业咨询中更有效地运用该理论。

2. 文化多样性

作为一个研究领域，职业生涯发展的研究范围不断扩张，关于价值观、工作、沟通等概念的文化差异成为一个问题。由于文化是一种内在涌现，能够影响个体与社会的互动，因此生涯混沌理论会涉及文化。从咨询的角度来说，文化差异给生涯混沌理论带来了重大挑战。

3. 适应性和复原力

混沌的复杂性、联系性和偶然性使职业咨询师意识到个体需要灵活应对不确定的生活和工作。因此，适应性和复原力越来越受重视（Pryor，2013）。生涯混沌理论挑战了关于目标设置的传统观点（Bright & Pryor，2012b），并且与应对偶然、变革和不确定性的策略相匹配（Pryor & Bright，2009a）。生涯混沌理论重视探索和挖掘的发展过程（Pryor，2013）以及失败在职业发展中的应用（Pryor & Bright，2012a）。这些过程的实际应用以及干预评估对未来提出了挑战。

三、理论的应用

1. 生涯混沌理论的相关实证研究

（1）环境对职业决策的影响。环境的影响日益得到学者们的认可，大多数研究开始选择关注环境的一系列影响，如父母、社会经济地位、老师等。从生涯混沌理论的角度看，不仅影响因素的数量很重要，而且这些影响同时发生的复杂性也很重要。布莱特等（Bright et al.，2005）提供的数据证实了环境的一系列影响，包括来自父母、兄弟姐妹、朋友、老师、地理、媒体、电影、体育明星和政治家的影响，以及父母职业与子女实际职业选择之间的客观关联可能对职业选择带来的影响。

（2）职业决策中的偶然性事件。生涯混沌理论与偶然性学习理论密切相关（Krumboltz，2011）。偶然性学习理论的贡献是证明了偶然性事件在职业发展中的至关重要性。实证数据表明，大多数调查对象职业生涯中的偶然性事件占总数的比例从64.7%（Hirschi，2010）到82.3%（Bright et al.，2009）不等。此外，有证据表明，大多数人在他们的职业生涯中经历过多次偶然性事件，而且往往一个偶然性事件会导致另一个偶然性事件的发生（Bright et al.，2009）。赫希（Hirschi，2010）的研究结果与布莱特（Bright et al.，2005）的研究结果非常相似。赫希（Hirschi，2010）进一步支持了生涯混沌理论模型，不管人们做了多少职业规划，他们职业的发展仍受到诸多偶然性事件的影响。偶然性事件在人们的职业生涯中如此普遍，因此需要采取诸如生涯混沌理论这样的方法，以便对其性质和作用进行连贯的说明，并为更彻底的研究提供一个概念框架。

（3）混沌咨询的有效性。有研究证实了高中生和大学生使用生涯混沌理论进行职业咨询的有效性。戴维等（Davey et al.，2005）向大学生展示了一些简短的视频，其中包含对应届毕业生的访谈，突出了职业生涯中的关键概念。职业决策的自我效能和包括决策压力在内的职业探索是影响的衡量指标。职业决策、自我效能和职业探索显著增强，决策压力水平下降。麦凯、布莱特和普莱尔（McKay，Bright & Pryor，2005）开展了一项随机的等待列表对照研究，在这项研究中，寻求职业帮助的学生被随机分配到传统的特质因素组、混沌组，或者被放到待分配列表中。传统的特质因素组接受了职业咨询，重点是分析优势和劣势，衡量职业兴趣及其与职业的匹配度。混沌组被鼓励去思考对他们职业决策具有复杂影响，以及在职业生涯中没有计划的事件。与传统组相比，混沌组对咨询结果更满意。在接受咨询后的一个月里，混沌组对职业的非理性思考有所下降，而传统组则有所上升。就职业决策的自我效能而言，与传统组相比，混沌组的持续提升越来越多。

2. 生涯混沌理论的实际应用

生涯混沌理论在以下三个领域促进了职业发展实践：咨询战略、咨询技术和职业发展评估（Pryor & Bright，2014）。

（1）咨询战略。由于生涯混沌理论强调复杂性和联系性是处理世间问题的根本，因此该理论提倡在职业咨询中采取多角度战略。其中两种主要观点是：聚合（convergent）和涌现（emergent）（Bright & Pryor，2007）。咨询师和客户在面对职业发展挑战的合作过程中，需要用到这两种观点。聚合视角关注的是可能性、稳定性、可测量性、信息性和共享性，包括劳动力市场信息、教育入学要求、学术成就水平、评估的技能和特征、爱好、就业经历。涌现视角关注的是意外、特质、直觉、精神和可能性，包括故事、游戏、比喻、灵性、意义、目的、适应性、韧性和对失败的反应。

普莱尔（Pryor，2013）利用 CTC 技术提出了一种基于复杂性理论探索和开发的职业发展战略，以应对人类局限性和失败的挑战：1）弄清楚当下真正重要的事情以及如何让工作融入其中；2）保持思想开放；3）创造并尝试几种可能性；4）预期其中一些会失败；5）在失败下求生存；6）寻求并检查反馈，以了解哪些有效、哪些无效；7）运用有效的方法检查已经出现的情况；8）改善职业前景；9）从第一步开始迭代进程。

（2）咨询技术。生涯混沌理论提出了一系列新的咨询技术，并调整了现有技术，以探讨该理论所强调的职业发展的新方面。这些技术包括：

1）思维导图。普莱尔（Pryor，2003a，2003b）使用思维导图来探索法律医学的分形。在生涯混沌理论的基础上，布鲁克斯（Brooks）建议使用思维导图来探索可能的自我，并将其作为一种应对不确定性的适应性方法。

2）现实检查清单。普莱尔和布莱特（Pryor & Bright，2005a）提出了可以用来识别开放或封闭的系统思维的 20 个信念。

3）原型叙述。普莱尔和布莱特（Pryor & Bright，2008）在布克（Booker，2004）有关叙述研究的基础上，说明了咨询师如何帮助客户面对复杂的职业发展障碍，通过讲述新的故事，使客户找到新的职业发展路径。

4）卡片排序。普莱尔（Pryor，2007）演示了如何使用感兴趣的卡片排序来“评估复杂性”。普莱尔和布莱特（Pryor & Bright，2009c）开发了创造性思维策略卡片，帮助客户探索在职业发展中使用非线性工具的可能性。普莱尔和布莱特（Pryor & Bright，2005a）指出，这些卡片有时可以产生新的职业故事。普莱尔和布莱特（Pryor & Bright，2011）概述了生涯混沌理论可采用的其他卡片种类。

5）职业教育模型。博格等（Borg et al.，2006）介绍了蝴蝶模型在职业生涯教育中的应用。普莱尔和布莱特（Pryor & Bright，2012a）概述了各种基于混沌理论的战略技术，以应对当代职业教育的挑战。

在职业咨询中使用的其他 CTC 技术包括比喻（Pryor & Bright，2006）、电影（Pryor & Bright，2005a）、拼贴（Pryor & Bright，2011）、法医访谈（Pryor & Bright，2005a）、视觉艺术（Pryor & Bright，2011）和签名练习（Pryor & Bright，2006）。

（3）职业发展评估。从生涯混沌理论中直接衍生出两个清单。一个是复杂性感知指数（complexity perception index）（Bright & Pryor，2005b），用来评估来自生涯混沌理论的关键概念，包括四个吸引因子：涌现、非线性、复杂性和精神性。另一个是运气准备指数（luck readiness index）（Pryor & Bright，2005b），用来评估人们认识并能够利用偶然性事件对个人职业生涯产生影响的维度，包括灵活性、自我效能感、风险、乐观和毅力。

第3节 生涯万花筒理论

一、理论的提出

1. 提出背景

21世纪初，“选择退出革命”（opt-out revolution）（Belkin，2003）开始广受关注。选择退出革命是指受过良好训练的女性人才（主要是在职母亲）在职业生涯中不选择进入高层管理行列，从而导致大量的人才流失。对此，大众媒体普遍认为，女性选择离开工作岗位是因为工作需求与家庭需求不相容。有学者对此提出质疑，认为关于女性离开职场的媒体报道，并没有道出全部真实的原因，真正的答案应该隐藏在女性和男性如何发展、创造和利用职业生涯的重大范式转变中，而这正是杂志文章和新闻报道所忽略的（Mainiero & Sullivan，2005）。虽然有一部分女性确实因为家庭原因退出职场，但大部分女性离开岗位的原因和男性相同，例如缺少晋升机会、工作满意度低、组织承诺较低等（Brett & Stroh，2003）。一项关于离职的全面调查发现，女性的离职率实际上与男性相似，随着年龄的增长，女性比男性更有可能留在工作岗位上。此外，研究人员发现，获得晋升的女性比获得晋升的男性辞职的可能性更小。也有学者指出，“80后”一代和婴儿潮一代价值观的代际差异、对职场女性的歧视等也是选择退出革命产生的重要原因。

研究人员认为是时候以一种解构员工今天所做事情的方式，阐明一种新的职业模式：女性的职业生涯是如何展开的？“事业”是什么意思？在女性的职业生涯中，哪些因素是最重要的？据此，梅尼埃洛和沙利文进行了一系列研究。首先，她们对100多名高成就女性进行了网上调查，调查对象需要回答自身经历过的职业转换以及选择的原因。其次，她们对教授（837名男性，810名女性）进行了详细的在线调查，比较男性和女性在职业动机和职业转换方面的差异。除了这两项调查的结果之外，她们还对22名男性和5名女性进行了长时间的在线访谈，深入了解与男女职业生涯有关的一些转型和挫折（Mainiero & Sullivan，2005）。

在整个研究过程中，梅尼埃洛和沙利文发现，男性和女性的职业生涯之间存在着巨大的差异。在定义一种新的职业模式时，女性拒绝线性职业发展的概念，更喜欢创造非传统的、自我规划的适合自己的目标、需要和生活标准的职业。女性的职业生涯是关系性的。她们的职业决策通常是由相互关联的问题、人员组成的更大、更复杂的网络的一部分，这些问题、人员以一种微妙的平衡组合在一起。女性在考虑了自己的决定对他人的影响后，会对自己的职业选择做出决策，她们更感兴趣的是横向但具有挑战性的任务、适合她们生活的工作机会、创业活动或灵活的工作安排，以自己的方式创造职业，而不是为了晋升而晋升。这并不是说女性对晋升不感兴趣，女性更感兴趣的是让职业适合她们的生活，而不是让职业超越她们的生活。据此，梅尼埃洛和沙利文将万花筒作为一种新的方式来思考源于性别问题的职业问题，重视性别和环境，而不是使其在职业研究中“隐形”。万花筒模型展示了女性如何改变生活的方方面面，以找到最适合自己生活环境和自身需求的拼图，即使这些选择与职业成功的典型定义相悖。

2. 万花筒职业生涯：ABC 模型

万花筒职业生涯模型的理论基础来源于关系理论。卡罗尔·吉利根（Carol Gilligan）首次提出关怀伦理、联系伦理和关系主义的概念时，研究的是关系对道德发展的影响，而不是对职业的影响。琼·加洛斯（Joan Gallos）将关系主义作为研究女性职业生涯的一个概念。加里·鲍威尔（Gary Powell）和梅尼埃洛在讨论女性职业生涯的复杂性时，对关系主义进行了解释，并将其作为“时间之河”隐喻的一部分。

万花筒职业生涯模型超越了这些最初的戒律，审视了女性必须面对的三个关键职业问题的重要性：真实性（authenticity）、平衡（balance）和挑战（challenge）。研究显示，女性不仅考虑了她们的决定对其他人的影响，还考虑了她们的选择是否真实、她们对工作与非工作平衡的看法，以及她们对具有挑战性工作的需要。

（1）真实性：我能在这一切中保持真实的自我吗？

（2）平衡：如果我做了这个职业决策，我能很好地平衡我生活的各个部分，从而形成一个连贯的整体吗？

（3）挑战：如果我接受这个职业选择，挑战是否足够大？

真实性、平衡和挑战中的每一个参数在女性的整个职业生涯中都发挥着路标作用。但是，在人生的不同阶段，不同的参数占据主导地位，成为影响女性职业决策的关键因素。

在职业生涯早期，女性的主要生活/职业模式是关心她们在职业生涯中的目标成就和挑战。平衡和真实性的问题仍然很活跃，但在女性追求自己的职业兴趣时，就退居幕后了。

在职业生涯中期，女性必须处理平衡和家庭关系需求的问题。女性也希望有挑战和真实性，但面对平衡问题时，这些问题起次要作用。

在职业生涯后期，女性已经从平衡问题中解放出来，所以真实性问题变得更加突出，女性也希望有挑战，并仍然关心平衡。

二、理论的发展

在提出生涯万花筒理论后，梅尼埃洛和沙利文等学者继续对该理论进行深入研究，探讨公司应该采取什么样的措施来从真实性、挑战和平衡三方面留住女性人才（Mainiero，Sullivan & Terjesen，2007）。

1. 真实性

（1）提供 3～6 个月的带薪休假，以开展教育、个人发展或社区服务活动。

（2）提供企业健康计划，关注员工健康。

（3）提供灵活讲习班，使员工在生活和工作中找到更高的目标。

（4）提供集中的公司健身房和娱乐中心，使员工可以在工作场所锻炼身体。

（5）提供辅导服务，协助员工规划职业和生活。

（6）提供讨论热点问题的工作坊，比如学习如何变得更自信或者提高谈判能力。

（7）维护员工的业余兴趣时间。

（8）鼓励员工参加兴趣俱乐部，如网球、国际象棋、手工艺、舞蹈等。

（9）建立程序，以确认在个人休假、职业中断和非工作活动（包括社区服务）中获得的技能和知识。

（10）建立企业社会责任项目，例如参与慈善活动的机会。

（11）在公司网站上为员工和客户提供公司正在承担的社会责任的信息，以及个人如何为这些努力做出贡献。

（12）将企业社会责任作为企业使命宣言、战略和文化的一部分，高层管理人员示范道德行为。

2. 平衡

（1）提供职业中断时间。

（2）提供减少工时的职位、工作分享和兼职工作清单，以及有效利用灵活工作时间安排的管理培训。

（3）建立重返工作岗位的培训计划，以便员工重新适应工作环境。

（4）提供可以实行“弹性工作制”的项目，让员工可以在家工作。

（5）提供带薪育儿和照顾老人的时间银行。

（6）调整退休计划，采取分阶段退休和退休后继续工作，如兼职、咨询和指导。

（7）为长期兼职人员提供医疗和其他福利。

（8）为员工的孩子提供日托、课后活动、夏令营。

（9）提供鼓励员工长期留任的福利，比如为员工提供报销子女大学学费的福利。

（10）奖励和提拔那些能有效利用弹性工作时间或为他人树立“平衡生活”榜样的人。

3. 挑战

（1）重新设计工作，让员工能承担更多有意义的任务。

（2）将不重要的工作外包或机械化。

（3）为员工获取相关经验创造机会。

（4）开发基于技能的指导和网络项目。

（5）创建在职学习任务，使员工有时间反思所学的知识和技能。

（6）利用岗位轮换来提高跨部门的早期技能。

（7）创造一种文化，鼓励通过技能发展进行横向调动。

（8）让高层管理人员对女性的离职率和晋升率负责。

（9）监测在执行、管理等岗位上的女性人数以及在薪酬和福利方面的性别不平等现象。

（10）提供职业继任计划，包括提供无惩罚的职业中断时间。

（11）建立基于结果和实际表现而非基于时间的奖励系统。

三、理论的应用

泰基森和沙利文（Terjesen & Sullivan，2007）将生涯万花筒理论应用于创业职业生涯的研究。通过对近 700 名企业家的调查和对 7 位企业家的深入访谈，考察了生涯万花筒理论是否可以用来解释企业家的职业动机和决策，并讨论了该理论的应用、实践及未来的研究方向。

梅尼埃洛、吉布森和沙利文（Mainiero，Gibson & Sullivan，2008）关注了不同性别的差异，对 2 125 名男性和 3 735 名女性进行了调查。结果显示，在面对危机时，女性更倾向于认为她们能够与他人建立联系并采取行动。

奥古斯特（August，2011）探讨了万花筒职业生涯模型与女性后期职业发展的相关性，使用纵向设计从 14 名女性“真实的”晚期职业生涯和就业过渡期收集了定性访谈数据，探讨了万花筒职业生涯模型中真实性、平衡和挑战三个参数的相关性及其特定含义。结果表明，所有三个参数都与老年职业女性有关。此外，与对年轻女性的研究相比，真实性的概念有几个独特的含义。老年样本中挑战的含义与年轻样本中的含义明显更为一致。该研究还指出了员工保留、打破与年龄相关的陈规以及满足老员工工作需求的实际意义。

丘佩凡和王詠（2023）以生涯万花筒理论为理论基础，对 209 名新生代女性员工的调查结果表明，万花筒职业生涯观的挑战维度直接促进新生代女性员工的职业成功；真实性维度和挑战维度经由生涯适应力和工作重塑间接促进新生代女性员工的职业成功。

还有学者将生涯万花筒理论应用在休假上。尽管休假是学习生活中不可分割的一部分，但对这一过程的理论和实证研究相对较少。卡瑞尔等（Carraher et al.，2014）结合生涯万花筒理论与计划行为理论（TPB），提出了一种用来指导未来研究的模式。

复习思考题

1. 职业生涯适应力的内涵是什么？职业生涯适应力的前因变量与结果变量有哪些？
2. 生涯混沌理论的主要观点有哪些？
3. 生涯混沌理论有哪些实际应用？
4. 生涯万花筒理论中的 ABC 模型的具体内容是什么？
5. 生涯万花筒理论对女性职业生涯管理有哪些启示？

参考文献

[1] August R A. Women's later life career development：looking through the lens of the kaleidoscope career model. Journal of Career Development，2011，38（3）.

[2] Belkin L. Q：Why don't more women choose to get to the top? A：They choose not to. New York Times Magazine，2003 - 10 - 26.

[3] Booker C. The seven basic plots：why we tell stories. London，UK：Continuum，2004.

［4］Borg T，et al. The butterfly model of careers：illustrating how planning and chance can be integrated in the careers of secondary school students. Australian Journal of Career Development，2006（15）.

［5］Brett J M，Stroh L K. Working 61 hours plus a week：why do managers do it?. Journal of Applied Psychology，2003，88（1）.

［6］Bright J E H，Pryor R G L. The influence of objective and subjective context on vocational decision making//Proceedings of the XXV International Congress of Applied Psychology，Singapore，2002.

［7］Bright J E H，et al. The role of social context and serendipitous events in career decision making. International Journal of Educational and Vocational Guidance，2005（5）.

［8］Bright J E H，Pryor R G L. The chaos theory of careers：a users guide. The Career Development Quarterly，2005a（53）.

［9］Bright J E H，Pryor R G L. Complexity perception index（CPI）. Sydney，Australia：Bright and Associates/Congruence，2005b.

［10］Bright J E H，Pryor R G L，Harpham L. The role of chance events in career decision making. Journal of Vocational Behavior，2005（66）.

［11］Bright J E H，Pryor R G L. Chaotic careers assessment：how constructivist and psychometric techniques can be integrated into work and life decision making. Career Planning and Adult Development Journal，2007（23）.

［12］Bright J E H，Pryor R G L. Shiftwork：a chaos theory of careers agenda for change in career counselling. Australian Journal of Career Development，2008（17）.

［13］Bright J E H，et al. The dimensions of chance career episodes. Journal of Vocational Behavior，2009，75（1）.

［14］Bright J E H，Pryor R G L. The chaos theory of careers. Journal of Employment Counseling. Special Issue. Thoughts on Theories，2011（46）.

［15］Bright J E H，Pryor R G L. The chaos theory of careers in career education. Journal of the National Institute for Career Education and Counselling，2012a（28）.

［16］Bright J E H，Pryor R G L. Goal setting：a chaos theory approach//Clutterbuck D C，Megginson D. Beyond goals：effective strategies for coaching and mentoring. London，UK：Gower，2012b.

［17］Cai Z，et al. Self-esteem and proactive personality as predictors of future work self and career adaptability：an examination of mediating and moderating processes. Journal of Vocational Behavior，2015（86）.

［18］Carraher S M，et al. A kaleidoscope career perspective on faculty sabbaticals. Career Development International，2014，19（3）.

［19］Creed P A，Fallon T，Hood M. The relationship between career adaptability， person and situation variables, and career concerns in young adults. Journal of Vocational Behavior, 2009 (74).

[20] Davey R P, et al. Of what I could become but might not be: using chaos counselling with university students. Australian Journal of Career Development, 2005 (14).

[21] Gallos J V. Exploring women's development: implications for career theory, practice and research. New York: Cambridge University Press, 1989.

[22] Gilligan C. In a different voice: psychological theory and women's development. Cambridge, MA: Harvard University Press, 1982.

[23] Guan Y, et al. Career adaptability, job search self-efficacy and outcomes: a three-wave investigation among Chinese university graduates. Journal of Vocational Behavior, 2013 (83).

[24] Guan Y, et al. New job market entrants' future work self, career adaptability and job search outcomes: examining mediating and moderating models. Journal of Vocational Behavior, 2014, 85 (1).

[25] Guan Y, et al. Modeling dynamics in career construction: reciprocal relationship between future work self and career exploration. Journal of Vocational Behavior, 2017a (101).

[26] Guan Y, et al. Understanding the trait basis of career adaptability: a two-wave mediation analysis among chinese university students. Journal of Vocational Behavior, 2017b (101).

[27] Guo Y, et al. Career adaptability, calling and the professional competence of social work students in china: a career construction perspective. Journal of Vocational Behavior, 2014, 85 (3).

[28] Hamtiaux A, Houssemand C, Vrignaud P. Individual and career adaptability: comparing models and measures. Journal of Vocational Behavior, 2013 (83).

[29] Han H, Rojewski J W. Gender-specific models of work-bound Korean adolescents' social supports and career adaptability on subsequent job satisfaction. Journal of Career Development, 2015 (42).

[30] Hirschi A. The role of chance events in the school-to-work transition: the influence of demographic, personality and career development variables. Journal of Vocational Behavior, 2010, 77 (1).

[31] Hirschi A, Herrmann A, Keller A C. Career adaptivity, adaptability, and adapting: a conceptual and empirical investigation. Journal of Vocational Behavior, 2015 (87).

[32] Hirschi A, Valero D. Career adaptability profiles and their relationship to adaptivity and adapting. Journal of Vocational Behavior, 2015 (88).

[33] Hou Z, et al. Career adapt-abilities scale—China form: construction and initial validation. Journal of Vocational Behavior, 2012 (80).

[34] Johnston C S, et al. Validation of the german version of the career adapt-abilities scale and its relation to orientations to happiness and work stress. Journal of Vocational Behavior, 2013 (83).

[35] Krumboltz J D. Happenstance learning theory. Journal of Employment Counseling, 2011 (48).

[36] Li Y, et al. Big-five personality and bis/bas traits as predictors of career exploration: the mediation role of career adaptability. Journal of Vocational Behavior, 2015 (89).

[37] Mainiero L A, Sullivan S E. Kaleidoscope careers: an alternate explanation for the "opt-out" revolution. Academy of Management Executive, 2005, 19 (1).

[38] Mainiero L A, Sullivan S E, Terjesen S. What motivates entrepreneurs?: an exploratory study of the Kaleidoscope career model and entrepreneurship. The Journal of Applied Management & Entrepreneurship, 2007 (12).

[39] Mainiero L A, Gibson D E, Sullivan S E. Retrospective analysis of gender differences in reaction to media coverage of crisis events: new insights on the justice and care orientations. Sex Roles, 2008, 58 (7-8).

[40] McKay H, Bright J E H, Pryor R G L. Finding order and direction from chaos: a comparison of chaos career counseling and trait matching counseling. Journal of Employment Counseling, 2005 (42).

[41] Porfeli E J, Savickas M L. Career adapt-abilities scale-USA form: psychometric properties and relation to vocational identity. Journal of Vocational Behavior, 2012 (80).

[42] Pouyaud J, et al. Career adapt-abilities scale-france form: psychometric properties and relationships to anxiety and motivation. Journal of Vocational Behavior, 2012 (80).

[43] Powell G N, Mainiero L A. Cross-currents in the river of time: on ceptualizing the complexities of women's careers. Journal of Management, 1992 (18).

[44] Pryor R G L. Mind mapping for medico-legal vocational assessment//McMahon M, Patton W. Celebrating excellence in Australian career practice: ideas for career practitioners. Brisbane, Australia: Australian Academic Press, 2003a.

[45] Pryor R G L. An ecological theory of careers//Reddy P, Langan-Fox J, Code S. Conference proceedings: the 5th Australian Industrial and Organisational Psychology Conference. Melbourne, Victoria: Australian Psychological Society, 2003b.

[46] Pryor R G L, Bright J E H. The chaos theory of careers. Australian Journal of Career Development, 2003a, 12 (3).

[47] Pryor R G L, Bright J E H. Order and chaos: a twenty-first century formulation of careers. Australian Journal of Psychology, 2003b (55).

[48] Pryor R G L, Bright J E H. "I had seen order and chaos but had thought they

were different." Challenges of the chaos theory for career development. Australian Journal of Career Development, 2004 (13).

[49] Pryor R G L, Bright J E H. Chaos in practice: techniques for career counsellors. Australian Journal of Career Development, 2005a, 14 (1).

[50] Pryor R G L, Bright J E H. The luck readiness index (LRI) . Sydney, Australia: Congruence/Bright and Associates, 2005b.

[51] Pryor R G L, Bright J E H. Counseling chaos: techniques for counselors. Journal of Employment Counseling, 2006, 43 (1).

[52] Pryor R G L, Bright J E H. The chao theory of careers: theory, practice and process. Career Planning and Adult Development Journal, 2007a (23).

[53] Pryor R G L, Bright J E H. Applying chaos theory to careers: attraction and attractors. Journal of Vocational Behavior, 2007b (71).

[54] Pryor R G L. Assessing complexity: integrating being and becoming. Journal of Employment Counseling, 2007 (14).

[55] Pryor R G L, Bright J E H. Archetypal narratives in career counseling: a chaos theory application. International Journal for Educational and Vocational Guidance, 2008 (8).

[56] Pryor R G L, Amundson N E, Bright J E H. Probabilities and possibilities: the strategic counseling implications of chaos theory. The Career Development Quarterly, 2008 (65).

[57] Pryor R G L, Bright J E H. Game as a career metaphor: a chaos theory career counselling application. British Journal of Guidance and Counselling, 2009a, 37 (1).

[58] Pryor R G L, Bright J E H. Good hope in chaos: beyond matching to complexity in career development. South African Journal of Higher Education, 2009b (23).

[59] Pryor R G L, Bright J E H. Creative thinking strategies. Sydney, Australia: Congruence/Jim Bright and Associates, 2009c.

[60] Pryor R G L. A framework for chaos theory career counselling. Australian Journal of Career Development, 2010 (19).

[61] Pryor R G L, Bright J E H. The chaos theory of careers: a new perspective on working in the twenty first century. New York, NY: Routledge, 2011.

[62] Pryor R G L, Bright J E H. The value of failing in career development: a chaos theory perspective. International Journal for Educational and Vocational Guidance, 2012a, 12 (1).

[63] Pryor R G L, Bright J E H. Fostering creative transformations in organisations with chaos//Banerjree S. Chaos and complexity theory for management: nonlinear dynamics. Hershey, PA: Business Science Reference, 2012b.

[64] Pryor R G L. Career development: resilience in chaotic times. Paper presented at Career Development Association of Australia Conference, Sydney, 2013.

[65] Pryor R, Bright J. The chaos theory of careers (CTC): ten years on and only just begun. Australian Journal of Career Development, 2014 (23).

[66] Rapoport R, et al. Beyond work-family balance: advancing gender equity and workplace performance. San Francisco, CA: Jossey-Bass, 2002.

[67] Savickas M L. Career adaptability: an integrative construct for life-span, life-space theory. Career Development Quarterly, 1997 (45).

[68] Savickas M L. Career construction: a developmental theory of vocational behavior//Brown D. Career choice and development. 4th ed. San Francisco, CA: Jossey-Bass, 2002.

[69] Savickas M L. The theory and practice of career construction//Brown S D, Lent R W. Career development and counseling: putting theory and research to work. Hoboken, NJ: John Wiley & Sons, Inc., 2005.

[70] Savickas M L, et al. Life designing: a paradigm for career construction in the 21st century. Journal of Vocational Behavior, 2009 (75).

[71] Savickas M L, Porfeli E J. Career adapt-abilities scale: construction, reliability, and measurement equivalence across 13 countries. Journal of Vocational Behavior, 2012, 80 (3).

[72] Savickas M L. The theory and practice of career construction//Brown S D, Lent R W. Career development and counseling: putting theory and research to work. 2nd ed. Hoboken, NJ: John Wiley & Sons, Inc., 2013.

[73] Sullivan S E, Mainiero L A. Kaleidoscope careers: benchmarking ideas for fostering family-friendly workplaces. Organizational Dynamics, 2007, 36 (1).

[74] Super D E. A theory of vocational development. American Psychologist, 1953 (8).

[75] Taber B J, Blankemeyer M. Future work self and career adaptability in the prediction of proactive career behaviors. Journal of Vocational Behavior, 2015 (86).

[76] Terjesen S, Sullivan S. Leaving corporate boundaries: leveraging mentors in career transitions to entrepreneurship. The Academy of Management 2007 Annual Meeting, 2007.

[77] Tian Y, Fan X. Adversity quotients, environmental variables and career adaptability in student nurses. Journal of Vocational Behavior, 2014 (85).

[78] Tolentino L R, et al. Validation of the career adapt-abilities scale and an examination of a model of career adaptation in the philippine context. Journal of Vocational Behavior, 2013 (83).

[79] Tolentino L R, et al. The role of career adaptability in predicting entrepreneurial intentions: a moderated mediation model. Journal of Vocational Behavior, 2014 (85).

［80］关翩翩，李敏．生涯建构理论：内涵、框架与应用．心理科学进展，2015，23（12）．

［81］姜飞月．生涯混沌理论述评．职业技术教育（科教版），2006（22）．

［82］李栩，侯志瑾，冯缦．大学生父母生涯发展期望、主动性人格、生涯适应力和生涯决策困难的关系．中国临床心理学杂志，2013（2）．

［83］丘佩凡，王詠．新女性成功之路：万花筒职业生涯观对新生代女性员工职业成功的影响．中国人力资源开发，2023，40（7）．

第 7 章

职业生涯指导与咨询

［开篇导读］

我真的很喜欢计算机，但转专业现实吗？

刘华是一个黑黑的小男生，两只眼睛滴溜溜闪着光芒，一脸朴实憨厚相。他的家乡是凉山州一个偏僻的小山村，父母亲都是地道的农民。考上大学走出去，一直是家人的殷切期望，至于学什么，以后做什么，父母倒从未为他设想过，在他们的观念中，只要考上大学就是最好的出路。

高考时，因为对专业完全不了解，也不知道填什么好，刘华自己也没有什么想法，就随便填了一个，结果录取的时候被调剂到了地理系。刚开始他抱着“学一行，爱一行”的理念，心想既然被调剂到了地理系就好好学，那时刘华的理想是做一名地理老师。

但是在大一下学期开始上计算机课后，他的理想就动摇了。在大学以前，刘华从未接触过计算机，可一上课就被它的神奇深深吸引住了，他深刻地感受到软件和编程的魅力，对其产生了狂热的喜欢。他用自己的课余时间来学习计算机，经过半年时间，有些操作技能甚至超过了计算机专业的同学，由此也引发了他转专业的想法。但是地理学和计算机是两个知识体系差别相当大的专业，刘华不确定未来的路能否这样走下去，因此来寻求大学生职业指导中心的帮助。

在职业指导中心周老师的帮助下，刘华对自我有了更加清晰的认识，同时周老师还鼓励刘华多了解两个专业以后的工作世界，并对从事计算机专业工作的相关人员进行访谈，再去跟着计算机专业的同学旁听相关课程，以便真正了解计算机专业的相关情况。在两周之后的汇报中，刘华说通过这半个月来的访谈和旁听，自己对未来已经有了一个比较清晰的认识，而且也能够很好地进行决策和计划了。这是长这么大以来，刘华第一次真正地去考虑职业生涯规划的问题，他感到受益匪浅。

第二学期开学，刘华主动联系了周老师，说想和她聊聊，此时他朴实的脸上多了几分自信和笑容。

周老师：“这段时间过得好吗？”

刘华：“好，好辛苦啊，不过真的很充实。”

周老师："怎么样？跟我说说自己比较满意的地方。"

刘华："上次旁听后，我确实受了点打击，因为自己的基础太差了。可是怎么能因为这点挫折就放弃自己的理想呢？我回去开始疯狂地自学，把所有的业余时间都花在上面了。当然，这个过程比较痛苦，我也常常去请教老师和同学，在他们的鼓励帮助下，渐渐地我基本能跟上课程了。您知道吗？过年的时候我没有回家，在我们学校的一个网吧做兼职网管，刚开始老板听说我是地理系的学生都不愿意要我，只是寒假过年实在找不到人才勉强让我试试，可是半个月后，我几乎可以独立解决所有的问题，老板对我也刮目相看，答应这学期继续请我做网管，我还可以挣点生活费呢。现在我又接了一个活，是帮一个公司做网站，和几个计算机系的同学一起，已经做了一大半了，公司表示很满意，愿意让我们继续做下去。我现在对自己更有信心了，所以我决定了，这学期好好准备转专业的考试，我相信，通过自己的努力，一定可以通过的！"

周老师告诉刘华，虽然我们现在探索和分析了这么多，但是职业生涯是一个变化发展的过程，无论是我们自身还是外部世界，都在发生变化，而且在未来有很多不确定需要我们去积极地面对。不论在任何时候，做事前都不妨先停下来问问自己：我到底想要去哪里？我适合用什么样的方式？我怎样才能去到那里？

资料来源：黄华，鲁晓华．大学生职业生涯规划：职业咨询案例报告．西南民族大学学报（人文社会科学版），2012（s2）．

第 1 节　职业生涯指导

求职者选择职业、进入职场的过程通常是在缺乏相关知识和阅历的情况下进行的，这就难免会导致职业选择出现失误，从而带来一系列问题。即使人们在以后为了解决人职不匹配的问题而转换职业，也有可能再次做出不恰当的职业决策。这种问题不仅仅是个人的问题，而且还会扩大成社会问题。因此，职业生涯指导作为辅助个人进行职业选择的工具，逐渐引起社会的重视。从个人的角度看，职业生涯指导是帮助人们合理塑造职业生涯的手段；从社会的角度看，职业生涯指导对于搞好人力资源的生产、开发、配置和使用也具有重要作用（姚裕群，张再生，2007）。

一、职业生涯指导的概念

"职业生涯指导"一词是从"职业指导"发展而来的，传统的职业指导又称就业指导。就业指导是通过对个体采取一系列措施，帮助和引导他们了解自己、了解社会、了解职业和专业，从而增强其职业意识和职业生涯适应力，协助其选择职业、准备职业、获得职业和改进职业的一个过程，是短期的目标（张素红，丁明岭，2009）。随着学者们研究的不断深入，职业指导不再局限于就业指导，而是扩展到"职业生涯"的概念。舒伯将职业生涯定义为一个人终生经历的所有职位的整个过程（牟海萍，2005）。基于此，职业生涯指导便着眼于未来，引导求职者规划自己的职业生涯发展目标，从而指引他们以循序渐进的方式逐步实现自己的职业理想（陈韩梅，2007）。

综上，职业生涯指导可以概括为各类职业生涯指导机构（包括学校、企业或社会组织等）运用职业评价分析、调查访谈、心理测试等方法和手段，根据求职者的个人条件、求职意愿、兴趣爱好以及用人单位的用人要求等，提供长期持续性的职业指导，帮助求职者了解自身内在需求，掌握职业现状、政策、法律等信息，形成符合自身的职业生涯价值观，成功地选择职业并在任职中求得发展，最终获得职业成功与自我实现的过程。此概念与美国学者舒伯对职业生涯指导的全新定义基本相同，本质上都是强调将个人发展同社会需求相结合的动态“人-职匹配”（胡平，2015）。

二、职业生涯指导的内容

职业生涯指导的内容十分广泛，已从最早的职业介绍发展到现在包括职业陶冶、职业训练、职业准备、择业指导、从业指导、职业改进、改业指导、职业休闲和职业成功等多方面内容（胡平，2015）。职业生涯指导提倡在满足个人、社会及国家需要的同时，还要注重人类认知、学习、职业、休闲及娱乐生活等方面的协调发展（雷五明，2009）。

对于职业生涯指导的内容，政府也有相关规定。根据我国人力资源和社会保障部《就业服务与就业管理规定》第二十八条，职业指导工作包括以下内容：

（1）向劳动者和用人单位提供国家有关劳动保障的法律法规和政策、人力资源市场状况咨询；

（2）帮助劳动者了解职业状况，掌握求职方法，确定择业方向，增强择业能力；

（3）向劳动者提出培训建议，为其提供职业培训相关信息；

（4）开展对劳动者个人职业素质和特点的测试，并对其职业能力进行评价；

（5）对妇女、残疾人、少数民族人员及退出现役的军人等就业群体提供专门的职业指导服务；

（6）对大中专学校、职业院校、技工学校学生的职业指导工作提供咨询和服务；

（7）对准备从事个体劳动或开办私营企业的劳动者提供创业咨询服务；

（8）为用人单位提供选择招聘方法、确定用人条件和标准等方面的招聘用人指导；

（9）为职业培训机构确立培训方向和专业设置等提供咨询参考。

相关链接

美国国家职业生涯发展指导方针

小学	初中	高中	成人
自我认识			
对自我意识重要性的认识	对积极的自我意识的影响的认识	对积极的自我观念的影响的理解	保持积极的自我观念的技巧
与他人交往的技巧	与人交往的技巧	与人积极交往的技巧	保持有效行为的技巧
对成长与改变的重要性的认识	对成长与改变的重要性的认识	对成长和发展的影响的理解	对发展性的变化和过渡的理解

续表

小学	初中	高中	成人
教育与职业关系的认知			
对于因教育成果而获益的认识	对职业机会将受益于教育成果的认识	对教育成果和职业规划的关系的理解	进入并参与教育及培训的技能
对工作与学习的关系的认识	对工作与学习的关系的理解	对以积极的态度对待工作和学习的必要性的理解	参与工作和终生学习的技能
理解和使用职业信息的技能	寻找、理解和使用职业信息的技能	寻找、评估和解释职业信息的技能	寻找、评估和解释职业信息的技能
教育与职业关系的探索			
对个人责任和良好工作习惯的重要性的认识	寻找和获得职业所需要的技能的知识	具有准备寻找、获得、保持和更换工作的技能	具有准备寻找、获得、保持和更换工作的技能
对工作与社会需求和社会功能之间的关系的认识	对工作与社会需求和经济、社会功能的理解	对社会的需求和功能给工作本质和结构带来的影响的理解	对社会需求和功能给工作本质和结构带来的影响的理解
职业规划			
对如何做出职业决策的理解	职业决策技巧	职业决策技巧	职业决策技巧
对人生中不同角色之间相互关系的认识	对人生中不同角色之间相互关系的认识	对人生中不同角色之间相互关系的理解	对工作给个人及家庭带来的影响的理解
对不同职业和性别角色的认识	对不同职业和性别角色的认识	对职业性别角色的理解	对职业性别角色持续变换的理解
对职业规划过程的认识	对职业规划过程的理解	职业规划技巧	职业转换技巧

资料来源：高燕定．人生设计在童年：哈佛爸爸有话说．桂林：广西师范大学出版社，2005.

三、职业生涯指导的实施步骤

职业生涯指导的对象从小学生到职场人士，从普通劳动者到残疾人、退伍军人、少数民族人员，从自谋职业者到自主创业者，种类繁多。针对不同人群的职业生涯指导各不相同，但所有的指导都遵循一致的实施过程，主要包括以下五个步骤（胡平，2015）。

1. 建立良好的沟通关系

与来访者建立良好的沟通关系是顺利进行职业生涯指导的前提。寻求职业生涯指导的来访者可能会有紧张或焦虑的情绪，也可能对职业生涯指导人员充满不信任感，这些不良心理状态都可能大大降低职业生涯指导的效果。因此，与来访者建立良好的沟通关系是职业生涯指导人员为其提供有效帮助的重要基础。为了建立良好的沟通关系，职业生涯指导人员一般应该做到：尊重来访者；无论来访者做什么都要接受，尊重对方的行为结果，并给予充分关注；能够共情；具有敏锐的洞察力；对来访者热情。

2. 收集与处理信息

良好的职业生涯指导建立在科学的信息收集与处理的基础上。信息收集与处理技术是职业生涯指导人员必备的技能之一。对于求职者，职业生涯指导人员需要收集来访者的个人信息、工作经历、性格特点等。对于工作单位，职业生涯指导人员需要了解单位的性质、劳动强度、福利保障、招聘信息、人才流动信息、环境信息等内容，帮助求职者了解市场现状和有关职业的走向。对于政府机构，职业生涯指导人员需要对劳动力市场相关的政策法律、规章制度等有很好的把握，一方面是为了根据政策的变化及时调整指导方向，另一方面是为了避免求职者因经验不足和对法律法规的认识不足而被用人单位误导或欺骗，陷入困境。

3. 进行职业素质与能力的测评

在获得了基础信息之后，职业生涯指导人员需要为来访者进行职业生涯规划设计的准备工作，即对其进行职业素质和能力的测评，包括测评其职业能力、人格、职业倾向、职业兴趣、气质等内容。在进行测评时，应该合理和恰当地使用现代测评技术，进行操作测评、情景测评、评价中心测评和计算机测评等。

4. 进行职业规划设计与培训

在对来访者有全面和深入的了解之后，职业生涯指导人员需根据来访者的个人特点和相关背景为其进行职业设计。对来访者基本信息和测评结果采用对比分析等方法，为其阐明自身实际情况，提供合理、专业的职业取向建议，引导来访者完成职业生涯规划设计。在职业生涯规划为来访者指明了大体方向之后，对于有需要的个体或特定群体，职业生涯指导机构还应组织相关职业培训项目。

5. 帮助实施职业规划

职业生涯指导机构或职业生涯指导人员还应帮助来访者实施职业规划，如利用所掌握的资源和渠道，对求职者与用人单位的空缺岗位进行合理匹配，为其创造面试机会。

四、职业生涯指导实践

国内职业生涯指导的实践工作虽未形成完整的体系，但也可谓百花齐放，一批与个人职业生涯发展相关的报纸、杂志、书籍、网站以及高校的职业指导中心悄然兴起，这些书刊、媒体以及职业指导中心从职业选择、求职技巧、职场发展、职业生涯规划等各个方面给个人的职业生涯发展以指导。

1. 书刊

在中国畅销书排行榜中，与职场有关的书籍总是榜上有名，甚至常常是最为热销的。书的内容包罗万象，从如何做出职业选择、职业规划，到面试技巧、面试经验，再到职场生存、职场技巧……这些书大致可以分为三类：职业生涯规划、求职面试和职场法则。其中，注重实际使用效果的求职面试类和职场法则类书籍更是受到人们的欢迎。如世界500强系列图书《世界500强面试题》、《世界500强面试实录》（第2版）、《十分钟决定前程：世界 500 强面试圣经》、《世界 500 强人力总监教你成功应对面试》等。

除了各种各样的职场励志类书籍，越来越多的报纸和杂志也加入到这个领域中来，比较有代表性的是《北京人才市场报》等。此外，各类人力资源管理杂志上也开辟了有关职业生涯的专栏。如《HR 经理人》上有《职业生涯》这个栏目，它通过对职业生涯规划理论、方法及职场敏感话题的讨论，通过对各种成功人士职业成长历程的深度报道，帮助人力资源经理解决自己和公司员工在职业生涯规划方面的问题。虽然纸媒行业如今遭遇“寒冬”，已经不复往日的辉煌，但这些报刊曾带给职场人士的指导和慰藉值得永久珍藏。

2. 媒体

(1) 求职类电视节目。2003 年 10 月 25 日《绝对挑战》在中央电视台经济频道开播。这个节目以选手、企业、专家互动的形式，对应聘、招聘技巧做直观的解析。由于收视率低，2007 年《绝对挑战》节目悄然停播。2010 年，与《绝对挑战》类似的《非你莫属》和《职来职往》两档招聘求职类节目相继在天津卫视和中国教育频道播出。2017 年 11 月，新一档大型求职服务类节目《你好！面试官》也在深圳卫视播出。由于高校扩招、大学生就业难等社会现象，这几档节目都获得了较高的关注度和讨论度。

这几档节目都邀请了多位行业精英、职场达人对求职者进行考核、点评，并为优秀求职者提供所需的职位。节目中的招聘过程和方式，不仅为企业和企业招聘工作者提供了可借鉴的东西，更重要的是为场外那些正在辛苦求职的人和进行职业生涯规划的人提供了一个学习的课堂。通过观看这个节目，人们能了解到不同公司招聘面试的过程和风格，学习到如何应付面试。同时，通过职场测试环节也可以对自己进行一个测评，重新把握和定位自己的职业生涯。由于书本知识和实际的社会需求之间存在偏差和脱离，很多大学生在求职过程中或者说在对自己的职业生涯进行规划时感到非常盲目，这类节目为他们提供了一个学习和参考的机会。

(2) 招聘网站。中华英才网是国内最专业的人才招聘网站之一，1997 年起便从事网络招聘业务，其品牌和服务已得到个人求职者和企业人力资源部门的普遍认可。除了中华英才网之外，创建于 1994 年的智联招聘（www. zhaopin. com）和创建于 1999 年的前程无忧（www. 51job. com）也提供了类似的服务。对于求职者来说，求职网站不仅为其提供了充分的职位信息，在求职者与企业之间搭建了一个交流的桥梁，使许多求职者免去了盲目奔波的烦恼，更快更好地找到了自己的理想工作。同时，各大求职网站还会提供一些求职攻略，尤其是在校园招聘版块中提供了多种多样的职业技巧，如面试指导、简历设计、职场法则、心理调适等，以帮助求职者找到心仪的工作。

除了以前程无忧、智联招聘和中华英才网为代表的综合类招聘网站外，近年来还出现了不同类型的招聘网站：社交类招聘网站（如大街网、领英等），在招聘求职的基础上，强调建立职业社交圈和职业人脉，同一用户可以既是求职者也是雇主，不同用户之间可以成为好友，进行在线交流；分类招聘网站（如 58 同城、赶集网等），招聘只作为网站的一部分业务，并且招聘岗位以蓝领岗位为主，拥有众多蓝领和中低学历用户；垂直招聘网站（如智联卓聘、猎聘网等），关注特定行业、特定人群，以中高端职位为主，面向的用户群体也多为猎头、企业中高层管理人员或专业技术人员等，效率更高。

另外，一些专业的人力资源网站上也增加了职业生涯管理的内容。如中国人力资源开发网的测评中心就提供了关于能力倾向、个性特征和职业兴趣的测试。通过这些测试，人们可以更好地了解自己，以便选择更适合自己的职业生涯发展道路。许多职业咨询机构也建立了自己的网站，通过网络为客户提供更为细致的职业生涯咨询服务，包括组织职业生涯管理、个人职业生涯设计、人才测评等。

(3) 招聘类手机 APP。随着移动通信技术的普及，招聘网站不约而同地推出了移动端产品——手机 APP。各大招聘网站手机 APP 的市场占有率和网站的市场占有率大致相同。在一些求职招聘榜单中，前程无忧和智联招聘分列前两位。这两个 APP 目前处于招聘求职类应用的第一梯队，但它们的地位正在受到冲击，优势并不明显。给这两个 APP 第一梯队地位带来冲击的正是排在第三名的 BOSS 直聘。BOSS 直聘诞生于 2014 年 7 月，求职者可以在 APP 上与企业高管甚至是创始人进行一对一在线沟通，省去海投简历、一面、二面等招聘流程，更快速地获得录取函，企业也可以更快速地获得人才。"直聘"类网站和 APP 受到了越来越多的关注，这说明扁平化不仅在组织形态方面给企业减负，也逐渐激励企业形成快速精准的行为模式。

(4) 微信公众平台。随着微信的普及，越来越多的公司依托微信公众平台为求职者提供职业生涯指导的相关内容。比如"爱思益求职"通过职业测评、定向规划、名企导师辅导等方式为求职者提供定制化服务，一站式解决求职者遇到的种种难题；"麦芒求职"为留学生提供一对一求职辅导，全面提升其职场竞争力。类似的微信公众平台还有"微猎求职""求职""Synet 求职""面包求职 Mentor"等，它们为求职者提供专业化的简历修改、面试经验、职位信息、职场规则等指导。

3. 职业指导中心

在社会就业压力不断增大的情况下，为了更好地帮助和指导毕业生的择业与就业，各高校也一改以往坐等用人单位上门的做法，纷纷主动为学生提供就业指导和咨询服务，并且积极与用人单位联系，为毕业生争取更好的就业机会。表 7-1 展示了多所高校职业指导中心的工作成果概览。

表 7-1 多所高校职业指导中心的工作成果概览

学校	职业指导中心的工作成果概览
北京大学	北京大学较早成立了学生就业指导服务中心，率先创办了北大毕业生就业信息网站、《北大学生就业指导》报，开设了就业指导讲座，开展一对一的就业咨询服务。
清华大学	清华大学通过主题教育、社会事件等形式，引导学生到国家建设和发展的重点行业和重点岗位就业。2004 年，开设了学生职业测评室，推出网上免费大学生职业测评和辅导，就业指导走向专业化。
中国人民大学	中国人民大学拥有一个强大的就业服务网站，就业及指导过程基本实现信息化。网站不但及时地向学生发布国家就业政策信息和企业用人信息，而且还设有职业规划和求职技巧版块，职业规划部分提供一些著名的职业兴趣测评工具，如职业锚测定、人格测评等。每年公务员考试前，就业指导中心还开设公务员考前辅导网络课堂。

续表

学校	职业指导中心的工作成果概览
复旦大学	复旦大学实施了“复旦大学职业生涯发展规划”，让广大学生一入学就接受职业生涯发展培训和素质拓展训练；各院系成立职业发展办公室，由专人负责对学生进行职业指导；设立前程论坛、发放就业指导手册、聘请就业咨询师、开放就业书屋等。
天津大学	天津大学充分利用学校的网络资源优势，及时开发了“天津大学就业信息管理系统”，通过“天津大学就业信息网”公布就业信息；改变原有的单位来学校招人的方式，实行了“代为面试”的方法，即由学校推荐毕业生和代为面试，使用人单位与学生不用直接见面就可签订协议书。真正做到了“秀才不出门，便择天下业”。
南开大学	南开大学通过建立毕业生就业工作责任体系，广开就业信息渠道，积极拓展就业市场，开展多层次、全方位、针对性强的就业指导等措施，“毕业生就业信息网”开通了 24 小时在线招聘、求职服务。
中山大学	中山大学建立了就业管理、指导和服务三位一体的网络服务系统，开通了音视频功能，实行部分网上招聘签约；出版《就业指导报》反映毕业生心声，解答就业疑难；开设就业指导课程体系，成立就业指导课教研室；出版了广东高校第一本总结就业工作的书《中山大学 2003 届毕业生就业白皮书》，引起较大反响。

第 2 节　职业生涯咨询

职业生涯咨询和职业生涯指导是两个不同的概念，二者既有内在联系，又存在区别。从广义上看，职业生涯咨询是职业生涯指导的一个环节；从狭义上看，职业生涯咨询注重帮助来访者提供职业问题的具体解决方案，而职业生涯指导倾向于给出建议，帮助当事人更好地认识自己、认识社会，然后自己做出决策。

一、职业生涯咨询的概念

要弄清楚职业生涯咨询的概念，需要将其与心理咨询和职业生涯指导这两个概念区分开来。

职业生涯咨询与心理咨询既有区别又有联系，两者既不是包含关系，也不是平行关系，更不是同一关系，而是交叉关系（雷五明，2006）。职业生涯咨询与心理咨询的终极目标、原则、基本过程、会谈技术、提供服务的方式基本一致，职业生涯咨询是心理咨询的一部分，但是二者在内容和方法上存在差异。

从内容上看，心理咨询的范围更广，从正常人的教育辅导、心理健康咨询、婚姻家庭咨询到对心理病人的心理治疗，涉及的问题多种多样（胡平，2015）；而职业生涯咨询主要针对正常人群提供职业选择、职业准备、职业适应、职业发展等问题的帮助。

从方法上看，心理咨询实际上借助了心理治疗的方法，主要有精神分析法、理性情绪疗法、行为主义的方法、来访者中心疗法、森田疗法、生理心理学的方法等（李鸿义，2001），它强调的是治疗性；而职业生涯咨询常用的方法有个人SWOT分析法、生涯幻想技术、模拟个案研究法、情景模拟法、职业家庭树分析等（雷五明，2005），更强调指导性。

职业生涯咨询与职业生涯指导之间，就其联系来说，职业生涯指导包含了职业生涯咨询，职业生涯咨询只是职业生涯指导的一个环节而已，职业生涯咨询应当含有职业生涯指导的内容（雷五明，2009），在某种程度上可以将职业生涯咨询理解为狭义的职业生涯指导。但二者在内容、侧重点、时机、功能等方面均存在不同。

从内容上看，职业生涯指导包含的范围更广，比如在个体职业发展过程中出现的婚姻家庭关系问题以及因为缺乏技能或者知识导致的职业问题，就不属于职业生涯咨询的范围，但职业生涯指导可以通过提供训练或者培训帮助其获得职业发展。

从侧重点上看，职业生涯咨询以职业的选择、准备、适应及发展为重点，而职业生涯指导则以自我了解、自我设计及自我发展为主。

从时机上看，职业生涯咨询是短期的，大多在个人面临职业选择、遇到求职困难或就业后发生适应问题时进行；职业生涯指导则是长期的，关注个体一生的职业发展过程。

从功能上看，职业生涯咨询以解决问题为主，注重咨询的问题解决功能；职业生涯指导以发展为主，注重指导的探索与价值澄清功能。

在分辨了职业生涯咨询与心理咨询和职业生涯指导之间的区别后，我们将职业生涯咨询定义为针对来访者在职业选择、职业准备、职业适应、职业发展等方面遇到的问题，以平等交往、商讨的方式，运用心理学、管理学（人力资源管理）、社会学（职业社会学）的理论和心理咨询的方法，启发、帮助、引导来访者正确认识社会需求、正确认识自己，从心理和行为上更好地完成学习、工作与生活角色转变的过程（Reardon，等，2005）。

二、职业生涯咨询的内容

职业生涯咨询的来访者可能处于不同职业发展阶段，具有不同的职业背景，所以他们的职业问题自然也就各不相同，而职业生涯咨询的最终目的都是帮助来访者克服在职业生涯中遇到的各种职业问题，帮助其更好地成长，所以只有了解各种职业问题的本质原因，才能更好地提供建议。职业生涯咨询的主要内容有职业准备咨询、职业选择咨询、职业适应咨询和职业发展咨询等几个方面（方翰青，2007）。咨询前两类问题的来访者通常是在校学生和待业人员，而咨询后两类问题的来访者主要是职场中适应不良的在职人员（胡平，2015）。

1. 职业准备咨询

职业准备包括知识、技能、信息、资料、心理等方面的准备。存在职业准备方面问题的通常是从未参与过工作的求职者，尤其是在校学生，这类问题常表现为以下几个方面：对自身缺乏充分的了解；不知道目标职业的特点以及需要具备哪些知识和技能；不知道初入职场时应该持怎样的心态。

当个体对自己不了解，尤其是对自己的兴趣和期望不明确时，就没办法为未来职业做好准备。同样，不了解目标职业的特征及其对人的素质的要求时，个体也无法做好充分的准备。因此对于职业咨询师来说，一项重要的工作内容就是运用专业的方法帮助求职者了解自己、了解职业，为其选择职业做好准备。

2. 职业选择咨询

职业选择咨询的内容包括：个人的兴趣、期望与社会需求、发展的统一；个人素质和职业、职位特质的匹配；确立适度的职业发展抱负水准即职业定位等。职业选择方面的问题常常表现在以下方面：不知道自己应该选择什么职业；在多个机会中犹豫不决；所做的职业选择不合乎实际；职业选择缺乏具体的实施计划；个人特征和行为倾向与兴趣相互矛盾。

当个体不知道自己应该选择什么职业，或者不能将个人特点与职业特征联系起来时，就可能做出不明智的职业选择；当个体面临多个选择，同时又没有判断标准时，就会产生不确定的选择；当个体选择了职业，但又没有职业期望和抱负，缺乏具体的职业发展计划时，就会感到想要发展却无从下手，进而对未来感到迷茫。所以要提供职业生涯咨询服务，就需要了解人们的职业选择问题属于哪一类，只有这样才能更好地提供帮助。

3. 职业适应咨询

职业适应咨询包括如何实现职业理想，兴趣、能力、性格、价值观怎样与职业需求保持一致等内容。存在职业适应问题的通常是在职人员，问题表现为：物理环境适应不良，如不适应工作环境中的照明、温湿度、噪声、通风条件乃至交通状况等；难以适应作息时间与规章制度等要求；人际关系适应不良，无法与工作单位中的同事建立良好的沟通以及工作关系；工作能力缺失，无法胜任职业要求，感觉到职业压力非常大，力不从心；个性适应不良，难以充分发挥自己的特长。

导致职业适应问题的原因很多，可能的原因有：个体对职业变化的不适应，职业的流动性对人的挑战，角色转换带来的不适应，传统观念带来的不适应，复杂的人际关系带来的不适应，等等。针对不同的问题职业咨询师应该采取不同的方法为来访者提供解决方案。

4. 职业发展咨询

职业发展咨询包括创业、敬业、勤业、立业以及职业流动等内容。存在职业发展问题的通常是具有丰富工作经验的在职人员，他们对自身的职业要求已经不仅仅是希望职业成为实现其低层次的生理、安全需要的工具，而是期望职业成为满足其高层次的社会尊重和自我实现需要的手段，所以当他们发现自己无法再进一步获得职位晋升时，就会出现心理失衡，职业发展就会出现问题。面对这样的来访者，可能需要更进一步了解他们已有的经验和职业价值观，根据具体情况来提供相应的帮助。

三、职业生涯咨询的实施步骤

提及心理咨询，一般学者会认为它是指运用心理学知识与方法，帮助来访者分析问题，并决定怎样去解决问题，以更好地适应环境、保持身心健康。职业生涯咨询则是针对人们在职业生涯发展中遇到的问题，给以分析、帮助，使其能够了解和把握社会职业状况，了解自己与职业的关系，从而根据自身情况与社会职业需求状况做出合理的职业决策（姚裕群，张再生，2007）。根据美国学者威廉姆斯总结的职业咨询方法，职业生涯咨询一般包含以下几个步骤：

1. 分析

通过各种技术收集来访者的信息，可以用心理测试、案例分析、累计记录和面谈等方式进行分析，这些资料可以清楚地反映出来访者的基本信息（家庭背景、成长历程、身体状况等）和心理特征（个性、能力、兴趣、态度、价值观等）。

2. 综合

将收集到的所有关于来访者的资料进行整理和概括，以清楚地反映来访者的特点。

3. 诊断

通过收集到的资料诊断来访者的才能、兴趣、态度、生理心理健康状况以及其他有助于或阻碍来访者适应工作的一些性格特征。

4. 预测

以诊断结果为依据，预测可能产生的结果，为来访者提供选择职业的计划和调整方案。

5. 咨商

对来访者提出的各种问题进行解答，帮助其了解自我、了解职业信息，并与其共同确认目标和现状，商量职业计划，最后帮助其实施计划。

6. 重复

在帮助来访者实施职业计划的过程中如果发现了什么问题，就重复上述相关步骤，进一步帮助来访者实现合理的职业计划。

四、职业生涯咨询实践

随着人们职业生涯管理意识的逐渐加强，越来越多专业的职业生涯咨询机构兴起，从而为求职者以及职场中的人们提供专业化的职业生涯咨询。表 7－2 展示了部分在中国影响较大的职业生涯咨询机构。

表 7－2　国内部分职业生涯咨询机构

机构名称	简介
北京北森云计算股份有限公司	成立于 2002 年，曾成功为高校就业指导导入了职业测评的概念，并在全国 140 多家高校应用实施。2004 年，北森推出了职业规划领域的经典著作——《职业锚》，这是麻省理工学院施恩教授的著作。如今，北森已经逐渐转型，立足于互联网、大数据，为企业提供全面人才管理业务。

续表

机构名称	简介
北京百中智人咨询有限公司	成立于 2006 年，是人才测评和职业生涯规划方面的专业机构，拥有数十名专业人才测评师担任资深职业咨询顾问。依托先进的人才测评系统工具、独特的结果分析体系为企业和个人提供服务，开发的面试技术培训和测评技术培训颇受欢迎。百中咨询团队研发了立体画面感精准面试法，是一家具有核心研发和自主创新能力的咨询公司。
北京家和业咨询有限公司	由程社明博士带领一批专业人员组成，是现今国内致力于“职业生涯开发与管理”研究及推广实施的培训咨询公司。至 2017 年，家和业已开展“职业生涯开发与管理”培训 2 400 余场，学员逾 50 万人，客户遍及世界各地，培训、咨询业务普及 6 个国家、30 个省区市的 120 个城市。
上海可锐管理咨询有限公司	成立于 1999 年，在国内率先引进职业生涯管理理论与经验，以其“私人职业顾问”核心品牌，为个人提供职业生涯发展全程一条龙服务。
上海向阳生涯企业管理咨询有限公司	成立于 2002 年。2004 年，与上海市政府合作推广了职业规划师培训，是本土职业生涯规划市场的一个开拓者。公司拥有专业的职业生涯管理网站——中国生涯网，致力于“职业生涯发展”的研究、咨询与培训。
广州成功路职业指导中心	专注为大学生提供全方位就业技能指导、个性化职业发展解决方案。运用国内国际最先进的理论测评工具，以中国各地大学生不同的性格特点、天赋能力、愿望动机等为依据，着眼于企业的岗位要求，关注个人与行业企业岗位的动态结合。
广州德博企业管理咨询有限公司	2004 年举办了中国第一届大学生职业生涯规划大赛。公司有中国第一家定位于“为个人提供终生职业咨询服务，为企业提供 HR 整体解决方案”的专业人力资源网站。

复习思考题

1. 职业生涯指导的内涵是什么？具体内容是什么？
2. 职业生涯指导的具体实施步骤是什么？
3. 职业生涯咨询的内涵是什么？具体内容是什么？
4. 职业生涯咨询的具体实施步骤是什么？
5. 你如何看待在无边界职业生涯时代职业生涯指导和职业生涯咨询的有效性？

参考文献

[1] Reardon，等．职业生涯发展与规划．北京：高等教育出版社，2005.

[2] 陈韩梅．构建大学生职业生涯指导体系．中国人才，2007（11）.

[3] 方翰青．高校职业咨询的设计与操作．重庆理工大学学报（自然科学版），2007，21（6）.

[4] 高燕定．人生设计在童年：哈佛爸爸有话说．桂林：广西师范大学出版社，2005.

[5] 胡平．职业心理学．北京：中国人民大学出版社，2015.

[6] 黄华，鲁晓华．大学生职业生涯规划：职业咨询案例报告．西南民族大学学报

（人文社科版），2012（s2）.

［7］雷五明．职业咨询的主要过程与技术．中国大学生就业，2005（16）.

［8］雷五明．论学校心理咨询与职业咨询的异同．湖北教育学院学报，2006（7）.

［9］雷五明．略论高校职业咨询与生涯辅导的异同．北京农业职业技术学院学报，2009（5）.

［10］李鸿义．心理咨询方法论．武汉：中国地质大学出版社，2001.

［11］牟海萍．从职业指导到生涯辅导的历史嬗变．现代教育科学，2005（4）.

［12］姚裕群，张再生．职业生涯与管理．长沙：湖南师范大学出版社，2007.

［13］张素红，丁明岭．高校无边界职业生涯时代的辅导体系．江苏社会科学，2009（s1）.

第 8 章

自我职业生涯管理

［开篇导读］

一位华为员工的职业规划

华为的一位老员工在离职前写道：

大约 5 年前，我初步拟定了一个“十年一段”的理想人生规划：毕业后至 35 岁，打基础、做专家；36～45 岁，当职业经理人或顾问；46～55 岁，创业；56～65 岁，大学教授；66～75 岁，公益事业。而且，每两段之间休息 1～2 年，学习充电、锻炼身体、旅游。如果从毕业起就一直不间断地工作、工作，直到 60 岁带病退休，这样的人生就太乏味了。后来几年经不断完善，这份规划越来越具体、清晰。

第一阶段：毕业后至 35 岁。打基础、深入钻研业务，做跨专业领域的业务专家。可做基层主管，但不急于做中层主管，因后者对综合素质要求较高，基础不牢难以胜任，而且协调、开会多了，脱离具体业务，比较虚，时间长了就难以做回专家了。在此阶段要初步实现财务自由，即在无奢侈消费时，可衣食无忧，长期失业情况下投资回报也可基本覆盖支出。

第二阶段：36～45 岁。做咨询顾问（专家）或职业经理人（中高层主管）。努力转入全球顶尖管理咨询公司（如麦肯锡）或投资银行（如摩根）做咨询顾问。如果有兴趣，这个阶段可一直做顾问，如果有转做高管的机会，也可以考虑。此阶段结束时需完全实现财务自由，即资产足以供余生维持高质量的中产生活，且有一笔余钱可以用来创业。此外，带着家人周游世界也在计划之内。

第三阶段，46～55 岁。创业，是个刺激的过程，作为职业商人，如果一生不能有此体验未免遗憾。以现在的想象力似乎可以做一个管理咨询公司或者一个财商教育中心，规模不用很大，汇聚顶尖聪明人，借鉴并优化华为的员工持股制度，财散人聚，共创一番事业……这需要若干年的思想准备，计划清晰后再付诸实施。

第四阶段，56～65 岁。教育，去一些大学做兼职、客座教授等，到处讲讲学，把经验传递给青年学生。如果无年龄限制，可攻读博士学位，年轻的时候没法做，机会成本太高。以那时的经历，写几篇含金量高的论文应该不难。

第五阶段，66～75 岁。做慈善事业、写作等，或者当小区业委会主任、区政协委员等。

75岁以后，视身体情况而定，希望那时相当于普通人60岁的身体状况。

资料来源：华为老员工职业规划．（2015－10－19）．https：//wenku. baidu. com/view/cfcc0bb5647d27284b7351e7. html.

第1节 了解自我、了解职业

随着经济全球化和知识经济时代的到来，组织所面临的市场环境迅速变化，不确定性因素增加。组织寿命变得不可预测，员工在某一组织中的职业生涯可能随时会终止。新技术的发展也影响着组织结构的调整，进而影响着职业的特点，“无边界职业生涯”“易变性职业生涯”特点逐渐凸显。在这一背景下，员工需要为个人的职业生涯负责，甚至有些学者提出，做好自我职业生涯管理是混乱环境中的唯一导航方式（King，2004）。此外，个体寿命逐渐延长，身体健康状况得到改进，个体的职业生涯年限也会相应延长。职业不仅能给个人带来基本的生活保障，还能帮助个体从工作中获得满足感，自我职业生涯管理不仅是对自我职业的管理，更涉及对一生的规划。从上述两个角度来看，自我职业生涯管理在当今时代背景下具有重要的意义。

“自我职业生涯管理”（career self-management/individual career management）这一概念最初被提出是用来描述大型公司中管理者和执行者是如何获得提升和发展的（Kanter，1977）。随着时代的发展，这一概念的内涵逐渐得到扩展，国内学者李云和李锡元（2016）从行为论、目标论、行为目标并重论三个角度将国内外学者给出的自我职业生涯管理的定义进行分类。行为论是从个体的职业行为出发而给出定义，如国内学者龙立荣（2003）认为“自我职业生涯管理是指在组织环境下，由员工自己主动实施的、用于提升个人竞争力的一系列方法和措施”；目标论强调个体要通过自身努力实现职业目标，如奥本（Orpen，1994）提出“自我职业生涯管理是指员工通过自己的努力达到职业目标”；行为目标并重论不仅强调个体的职业管理行为和过程，也同样强调其职业目标的实现，如马跃如和程伟波（2010）认为“自我职业生涯管理，是指一个人对所要从事的职业、要去的工作组织、在职业发展上要达到的高度等做出规划和设计，并为实现自己的职业目标积累知识、开发技能的过程，以实现个人发展的成就最大化为目的，通过对个人兴趣、能力和个人发展目标的有效管理以实现个人的发展愿望”。行为目标并重论能够更加全面地认识自我职业生涯管理，近年来得到多数学者的认可。随着时代的发展与研究的深入，自我职业生涯管理还会不断地被赋予新的意义。

进行自我职业生涯管理的第一步就是要了解自我、了解职业。只有在对自我和职业形成清晰认知的基础上，个体才能充分结合自身的兴趣、能力找到适合自己的职业，并进一步制定各阶段的职业发展目标和行动计划。

一、了解自我

了解自我从心理学的角度讲就是对自身形成清晰、客观的自我认知（self-cognition），即个体对自己的了解和认识，其中包括认识自己的长处与缺点，意识并调整自己的情绪、意向、动机、个性和欲望，并对自己的行为进行反省等（周文霞，2004）。选择职业之前个体需要充分了解自身的兴趣、爱好、人格特质、职业倾向以及所具备的知识、技能、能力等。过高或过低的自我认知都不利于个体克服不足、发挥优势。

进行自我认知的方法有很多。首先，“吾日三省吾身”，经常性的自我反省和总结是增进自我认知最常用、最简单的方法，这要求我们不断地从自身经验中反思、总结、顿悟，从而找到自己感兴趣且最为擅长的领域。其次，我们还可以从他人的评价和建议中认识自己，与长辈、朋友等身边人的交流可以帮助我们发现自己的优势与不足。此外，随着心理研究的深入以及测试技术的发展，很多成熟的心理测量工具也能帮助我们认识自我，这些评价工具很多依托于前文提到的经典理论或是经过反复的实践证明，下面选择几种最常用的测评方法进行介绍：

1. 个性测验

个性测验也称人格测验，是指通过问卷或投射等技术方法从特定的几个方面对个体进行测试，以反映个体较为稳定的心理活动特点。常用的个性测验方法包括卡特尔十六人格因素测验（sixteen personality factor questionnaire，16PF）、迈尔斯-布里格斯类型指标（MBTI）、艾森克人格问卷（Eysenck personality questionnaire，EPQ）、大五人格问卷（NEO 人格量表）等。

（1）卡特尔十六种人格因素测验（16PF）。16PF 问卷是美国伊利诺伊州立大学卡特尔教授利用因素分析法历时 23 年编制成的人格特质测量问卷。基于人格特质理论，卡特尔认为人格分为表面特质与根源特质，表面特质是个体表现出的可以观察到的特点，而根源特质则是深层次的、稳定的、对人格起决定性作用的特点。卡特尔总结了 16 种根源特质，分别为乐群性、聪慧性、稳定性、恃强性、兴奋性、有恒性、敢为性、敏感性、怀疑性、幻想性、世故性、忧虑性、实验性、独立性、自律性、紧张性。16PF 问卷则是通过一系列问题确定个体根源特质类型的测试。16PF 问卷现有 5 个版本：A、B 本为全版本，各有 187 个项目；C、D 本为缩减本，各有 106 个项目；E 本适用于文化水平较低的被试，有 128 个项目。我国现在通用的是美籍华人刘永和博士在卡特尔的赞助下，与伊利诺伊州立大学人格及能力研究所的研究员梅瑞狄斯博士合作，于 1970 年发表的中文修订本。

（2）迈尔斯-布里格斯类型指标（MBTI）。MBTI 是 1942 年由美国学者迈尔斯（Isabel Myers）和布里格斯（Katherine Briggs）基于荣格的心理类型理论提出的一套人格测验方法。该方法认为人的心理特点可以分为 4 个维度，每个维度包含方向相反的两极，即：个体能量的流动方向——外倾（extraversion，E）与内倾（introversion，I）；个体获取信息的感知方式——感觉（sensing，S）与直觉（intuition，N）；个体处理信息的决策方式——思考（thinking，T）与情感（feeling，F）；个体与周围世界的接触方式——判断（judging，J）与知觉（perceiving，P）。

人格类型第一个维度外倾（E）与内倾（I）：外倾型的人关注外部，喜欢与他人交往互动，积极主动、乐于表达；内倾型的人关注内心世界，喜欢独处，更加收敛从容。

人格类型第二个维度感觉（S）与直觉（N）：感觉型的人倾向于通过各感官获得信

息，他们注意自己听到、看到、嗅到、触到和尝到的感觉；直觉型的人富有想象力，倾向于关注事物整体性和抽象性的东西。

人格类型第三个维度思考（T）与情感（F）：思考型的人运用客观分析和逻辑推理做出决策；情感型的人根据情感因素和喜好感觉做出决策。

人格类型第四个维度判断（J）与知觉（P）：判断型的人条理性强，喜欢将生活安排得井井有条；知觉型的人生活随意放松，试图理解、适应环境。

4个维度8个端点共同组成16种人格特质（顾雪英，2012）。MBTI提出后，专家学者不断对其进行改进完善，目前为止已有十余种量表。MBTI的作用也从最初的进行人格类型间的差异比较扩展到为个人提供个性化的差异报告，其广泛应用于职业、教育、咨询等领域。

2. 职业兴趣测验

兴趣是个体对生活环境中的人、事、物的喜好程度以及对学习、职业等活动主动接触参与的积极心理倾向，当兴趣指向与职业有关的活动时，就称为职业兴趣（蔡永红，林崇德，肖丽萍，2002）。职业兴趣是个体选择职业的重要依据，是实现人-职匹配的重要前提。所谓“兴趣是最好的老师”，一个人只有对所做的工作充满兴趣才能够投入十足的热情与努力，获得进步与成长。

对职业兴趣测验的研究已有近百年的历史。真正意义上的职业兴趣测验诞生于1927年，其标志是斯特朗编制的斯特朗职业兴趣量表（Strong vocational interest blank，SVIB）（刘视湘，洪炜，2003），该量表利用经验法，通过对从事某项工作的优秀工作者和一般工作者进行差异比较得到量表题设。在这之后，学者们对职业兴趣测试的研究不断深入，有些是完善已有量表，有些是构建新的量表。霍兰德基于其提出的职业兴趣理论（详见第3章第2节）而开发的自我定向探索量表（self directed search，SDS）应用最为广泛，该量表包含78个条目，由活动（activity）、潜能（competence）、职业（vocation）和自我判断（self-estimation）四个分量表构成，各量表均包含六个因素，分别为现实型（R）、研究型（I）、艺术型（A）、社会型（S）、企业型（E）和传统型（C）（方俐洛，白利刚，凌文辁，1996）。另外，霍兰德职业兴趣理论与美国劳工部制定的职业条目词典（dictionary occupational titles，DOT）相结合为12 099种职业赋予霍兰德职业兴趣类型代码，方便人们根据自己的职业兴趣类型找寻合适的职业（白利刚，1996）。霍兰德六边形模型被证明是适合美国样本的（刘长江，郝芳，2003），但是否适用于中国？方俐洛、白利刚和凌文辁（1996）进行了霍兰德式中国职业兴趣量表的构建，最终在该量表的基础上新增了60个条目，共计138个条目，得到适合中国人群使用的职业兴趣量表。

总之，成熟有效的个性测验和职业兴趣测验非常多，当然不局限于我们上述介绍的类型，互联网的使用也让这些量表更容易被获得。在选择职业前，我们需要充分利用这些工具对自己建立全面的认知，做好自我职业生涯管理的第一步。

二、了解环境

选择职业之前个人还要对职业环境有一个全面的认知，把握好职业发展趋势，从而减少职业转换成本。了解职业环境主要包括对社会环境的认知和对组织环境的认知。

1. 对社会环境的认知

首先，我们应该对劳动力市场状况有一个整体把握。政府部门、各研究机构每年都会就我国劳动力市场发展状况做出报告。作为未来劳动力市场的参与者，我们需要关注报告内容，了解各地区、各职业的劳动力供求变化。如由北京师范大学经济与工商管理学院、北京师范大学劳动力市场研究中心发布的《2018 中国劳动力市场发展报告》显示："改革开放 40 年以来，我国劳动力供给从结构性过剩转向结构性短缺，高技能劳动力短缺与低技能劳动力结构性失业共存；劳动力市场的高流动性开始逐渐降低，劳动力流动的户籍障碍依然没有完全解决；劳动力市场调控政策取得了明显进展，社会保障基本实现了对劳动人口的全覆盖，但是覆盖水平的不平衡问题依然突出。"这些信息对于我们的职业选择都提供了重要的参考。

其次，我们要在充分搜索各行业发展资料的基础上，对行业的发展前景做出判断。重点分析经济、政治、文化、技术等因素对未来行业发展的影响，分析哪些行业将成为朝阳行业，哪些行业又会受到科技发展、政策制度等因素的冲击。职场社交平台领英在 2018 年发布的大数据分析报告显示，互联网、房地产、汽车行业的人才净流入比最高，而电信、信息技术与服务及石油能源等行业则面临着人才流失的严峻形势。招聘网站 BOSS 直聘发布的《2018 年求职旺季人才趋势报告》显示，从全国来说最缺人才的行业是互联网行业，在大力扶持和发展人工智能产业的广州，智能硬件的人才紧缺程度还要高于互联网，其次是医疗健康、生活服务、工程施工行业。可以看出，互联网行业、服务行业、高新技术行业在我国有着巨大的发展潜力和良好的发展前景。

最后，我们还要对职业类型以及任职资格要求有所了解。随着社会变迁和科学技术的发展，一些传统职业逐渐消失或被赋予新的内容。除我们熟知的医生、教师、警察等传统职业外，还有许多新兴的、有趣的职业出现，如机器学习工程师、自媒体作者、调酒师、宠物健康护理员等。我们需要结合自己的兴趣多了解职业的内容以及任职资格要求，找到真正喜欢并适合的工作。

2. 对组织环境的认知

对组织环境的认知主要是指对目标工作单位的了解和认识。对组织环境建立全面、准确的认知能够帮助我们提前了解工作环境，有利于提高未来的工作适应性。选择工作之前，我们需要对以下几个方面进行了解：第一，组织规模。组织规模在一定程度上决定了组织的管理方式，一般来说大型组织管理的流程化、标准化程度高，而小型组织更加扁平化。第二，组织文化。"个人价值观与组织价值观的一致性是个人-组织匹配的关键"（曹云飞，2012），大量研究证明个人-组织匹配影响着个人的态度与行为，如布雷兹（Bretz）证明个人-组织匹配能够正向预测员工的工作任期与满意度，并且对薪酬水平和职位级别有间接影响。第三，发展阶段。处在不同发展阶段的组织有不同的特点，其对人力资源的诉求也有所不同（阳洪霞，2010），我们在选择职业之前应该对组织各阶段的发展特点有所了解以采取不同的求职策略。

3. 认知环境的方法

选择职业之前，我们需要搜集大量信息以了解上述内容，那么哪些途径可以帮助我们获得想要的信息呢？首先，我们可以通过网络、电视、图书、报纸、杂志等媒介了解当下社会环境，形成对企业情况的大体认识；其次，我们可以参加行业展览会、各企业的招聘宣讲会，真实接触各行各业，加深自己的认识；最后，如果想要深入感受企业文化、了解企业内部组织结构和人力资源状况等不易获得的信息，可以采用实习、询问身边已经工作的长辈或朋友等方法。

第2节　第一份工作：组织社会化过程

全球最大的职场社交平台领英在统计分析2018年15万份领英用户的公开档案后，发布了《第一份工作趋势洞察》。该报告显示，职场人第一份工作的平均在职时间随代际显著递减："70后"的第一份工作平均在职时间超过4年，"80后"的第一份工作平均在职时间为3年半，"90后"的第一份工作平均在职时间骤减到19个月，"95后"的第一份工作平均在职时间更短，仅仅为7个月。现实中的大量例子说明，毕业生从事第一份工作时会感到很多不适。离开学校走向职场，意味着毕业生需要面临陌生的环境以及全新的组织规则、办事方法、正式与非正式的沟通方式，他们需要尽快做出调整以适应融入该组织，这一转变过程称为毕业生的组织社会化。良好的组织社会化过程能够帮助毕业生尽快适应环境、拥有和谐的人际关系、提高自我效能和工作效率，而失败的组织社会化过程则会带来员工的退缩行为——离职的出现（徐向龙，黄玉文，2016）。本节将就毕业生的社会化行为展开讨论。

一、毕业生组织社会化的概念

1968年美国职业生涯管理学家施恩首次将社会学上的"社会化"概念引入组织领域，提出"组织社会化"（organizational socialization）这一概念。施恩认为，组织社会化是指新员工学习并适应组织、社会或集体的价值体系、规则以及要求的行为方式的一个过程。在此之后，国内外学者对这一概念纷纷展开研究并提出自己的定义，虽然表述各有不同，但大多数学者都强调组织社会化是个体学习并适应新组织价值观、规范并及时调整自身行为的过程。个体从"组织外部人"转化为"组织内部人"的过程可以分为三个阶段：预期阶段、磨合阶段、转化阶段。在预期阶段，个体通过与应聘组织沟通，初步获得与组织和工作相关的信息，从而建立对工作的预期期望；磨合阶段是指个体刚刚进入组织，对自己角色的认知比较模糊，现实和个人期望之间的差距可能导致个体出现挫折感；转化阶段是指个体通过学习，改变以往的行为方式和态度，开始融入组织（魏洁文，2008）。

二、个体可实施的组织社会化策略

组织社会化策略是指一系列能够帮新员工适应新的组织环境、完成组织社会化过程的策略与方法。学者们主要从两个视角对组织社会化策略展开研究，一方面是从组织视角出发，讨论企业应该采取何种措施帮助新员工完成组织社会化过程；另一方面是从个体视角出发，讨论员工自身如何积极主动地采取措施适应、融入组织。由于本章主要讲述自我职业生涯管理，下面将重点介绍个体可实施的组织社会化策略。

1. 保持良好心态，不断自我激励

工作与学习有很大的不同，不仅任务压力更大，而且人际关系更为复杂，加之个体若进入新的环境需要一段时间去适应，因此较大的工作压力与陌生的环境常常会给刚参加工作的个体带来巨大的心理压力。面对这种情况，个体应该及时调整心态，提高情绪管理能力，不断地自我暗示、激励自己。阿什福德和布莱克（Ashford & Black，1996）提出的“积极框架”（positive framing）可以作为新员工适应环境的一种主动性行为，即个体通过控制对环境的认知而改变对环境的理解，如努力看到事情的积极面并且将环境看作机会而不是威胁（Wanberg & Kammeyer-Mueller，2000）。

2. 主动搜寻信息

刚参加工作时的压力与迷茫很大程度上是由缺乏所需信息导致的，因此，个体应该通过观察、询问等方式主动地搜寻信息，而不是被动地等待组织为自己提供信息。莫里森（Morrison，1993）认为新员工应主要搜寻五种类型的信息，即技术信息、参考信息、规范信息、绩效反馈信息、社会反馈信息，并发现对技术信息与绩效反馈信息的搜寻有助于新员工掌握工作任务，对参考信息与社会反馈信息的搜寻有助于新员工产生较为清晰的角色认识，对规范信息的搜寻有助于新员工的社会整合。

3. 建立高效的人际关系网络

与同事、上级建立良好的关系能够帮助个体了解组织信息、获得职业或心理上的支持与帮助、降低孤独感和社交孤立（Nelson & Quick，1991），万伯格和卡迈尔-米勒（Wanberg & Kammeyer-Mueller，2000）的研究表明了建立关系与员工的工作满意度、角色清晰和社会整合正向相关，与离职意愿以及实际的离职率负向相关。针对“90 后”新员工主体，有学者提出“90 后”员工平等意识更强，正式的上下级关系对其组织社会化的促进作用相对有限，非正式关系能够帮助“90 后”新员工在组织社会化过程中获得额外的资源，缩短新员工学习组织内部规范和沟通方式的周期，加速其组织社会化进程（杨世铭，刘益颖，2018）。

第 3 节　职业转换

随着时代的变迁，人们的职业观念及面临的职业环境不断发生变化。一方面，随着物质条件的日渐提高，个体越来越追求精神上的满足，选择职业时，个体不仅会考虑薪酬的高低，同样会考虑办公环境、工作的丰富性自主性、工作时间的灵活性、个人成长空间以及工作-家庭平衡等因素，加之“80 后”“90 后”已成为职场的主力军，他们有主张、有个性，相比前一辈人有更好的家庭经济后盾，以上因素都增加了个人职业转换的可能性。另一方面，新技术的发展要求个人的知识技能不断更新，麦肯锡全球研究院

2018年发布的报告预测，未来全球大概有3.75亿人口将面临重新就业，而中国将占1亿。其中创意工作、技术类工程师、管理类以及社会互动类的岗位需求将明显增长，因为机器还无法在这些领域取代人类。而在可预测环境中进行物理活动的部分岗位需求将明显下降。职位需求的不断变化也必然带来个人的职业转换行为。

一、职业转换的概念

“职业转换”这一概念最先由路易斯（Louis，1980）提出，他认为职业转换包括工作和职业的转变（客观上的角色改变），也包括个人继续从事某项工作的倾向的改变（改变主观状态），因此职业转换分为角色间转换和角色内转换两大类。角色间转换包括进入转换、公司内岗位转换、公司间岗位转换、职业间转换、退出转换五种；角色内转换包括角色内调整、角色间调整、角色/职业阶段转换、生命周期转换四种。同时，咨询领域对个体适应转换的模式也有研究，施罗斯博格（Schlossberg，1981）提出，任何能引起个体对自身或外界的假设发生变化，从而使个体调整行为或关系的现象都称为转换。舒伯（Super，1990）将职业转换现象扩展到了整个生命周期，认为职业转换伴随个体的整个生命过程，并可以出现在生命周期“探索-建立-维持-衰退”的任何一个阶段。谢尔曼（Sherman，2016）将职位变动的形式具体化为角色改变、关系改变、生活/工作路线改变、对外界假设改变四个方面。国内对职业转换的研究开始于20世纪90年代前后，学者杨正国（1989）首先以部队军官为研究对象，探讨了部队军官的职业转换现象。后继学者的研究也更多地以某一特定职业群体为对象，如研究退役运动员（常娟，2018；李燕荣，2011；李宝禄，肖建忠，2010）、农民工（印建兵，等，2019；俞林，印建兵，孙明贵，2017；殷红霞，宋会芳，2014；罗凯，2009）等群体的职业转换问题，一般引用的是最早路易斯对职业转换的定义。国内学者高雪原、周文霞和谢宝国（2017）在回顾国内外有关职业转换概念的基础上，总结了各学者在研究中就职业转换达成的共识，将职业转换定义为“个体从初入职场到退出职场整个过程中所发生的任何形式的角色、关系、路线与假设改变的总和”。

二、影响职业转换的因素

高雪原、周文霞和谢宝国（2017）将影响职业转换的因素分为个体因素和情景因素两大类。

个体因素包括个人的动机、能力、行为、情感等方面。对初入职场的职业篮球运动员进行访谈发现，挣钱还贷、成为其他家庭成员的榜样是促使其职业转换发生的最主要的外部动机。高动机水平正向作用于自我效能，高自我效能有助于个体的职业转换。另外，人力资本的积累会让个体在职场上更具竞争力，从而使个体拥有更广的职业选择范围，因此受教育程度、参与培训等影响人力资本积累的因素也会对个体的职业转换有所影响（殷红霞，宋会芳，2014）。自我监控行为对个体职业转换次数也有影响，高自我监控的个体更清楚自己的追求目标，当实际情况与目标不一致时，个体就会出现职业转换的行为（Louis，1980），高自我监控者比低自我监控者更有可能进行职业转换

(Klilduff & Day，1994)。最后，与个体相关的情感因素也是激发个体进行职业转换的诱因。职业倦怠、工作满意度、压力水平、对新技能的渴望以及角色清晰度都是影响员工职业转换的因素（Joia & Mangia，2017)。各因素对职业转换的影响还可能受人口统计学因素的调节，工作年限越少、受教育程度越高、单位性质为私营企业的员工越容易进行职业转换（Cornelißen，2009)。

情景因素包括工作特征、个体拥有的社会资本、劳动力市场环境、组织变革等因素。美国学者哈克曼与奥德汉姆于 1976 年提出，五个核心工作特征——技能多样性、任务一致性、任务重要性、工作自主性和工作反馈，会影响个体的三种心理状态——工作的意义感、对工作结果负责、对工作结果知晓。不同的工作特征会使个体产生不同的心理状态，从而影响个体做出是否进行职业转换的选择。此外，社会资本也是影响个体做出职业转换决策的重要情景因素。个体拥有强大的社会资本意味着在职业转换过程中更可能得到他人的帮助与支持。研究发现，给予转换者物质、情感与信息方面的支持，有助于职业转换的成功。另外，伴随着组织变革、劳动力市场的变化，个人不得不通过职业转换调整现有的组织、社会地位。市场竞争加剧，组织结构不断重整、再造，组织对员工能力的要求不断变化；互联网技术、人工智能的发展使得大量岗位被自动化取代，许多人员被迫离开现有的工作岗位，做出职业转换的选择。

三、职业转换的结果

那么，职业转换会对个人产生哪些影响呢？首先，就个体内在态度来说，职业转换会增强个体的工作满意度（Goodman & Svyantek，1999)，这一过程是通过提高个体工作的自主性实现的（Rigotti，Korek & Otto，2014)。其次，在个体的外部报酬上，坎皮恩等（Campion et al.，1994）发现，职业转换的频率与晋升、工资增长和知识技能的提高正相关。其他研究也印证了上述结论，发现职业转换的频率能够正向预测转换后的报酬与福利待遇。但职业转换是一把双刃剑，也有可能带来更多的压力和更复杂的工作-家庭关系等（高雪原，周文霞，谢宝国，2017)。

第 4 节　工作与家庭

工作与家庭占据着一个人一生中的大部分时间，是人们生活中最重要的两个方面。工作不仅是一种谋生的手段，更具有交换、社会接触、地位分层、个人价值和自尊等一系列功能（Dluglos & Weirmair，1981)，而家庭不仅给人们提供物质生活的需要，更为个体提供了不可替代的情感支持。可见，工作和家庭对个体来说都有非常重要的意义。如何在工作和家庭之间找到一个最佳平衡点成为一个值得思考的话题。

19 世纪中叶，人们开始关注工作与家庭的关系，试图在工作和休闲之间找到平衡点（Burke，1995)。后来，学者从冲突视角看待两者关系，认为工作和家庭是冲突的，并具有工作对家庭和家庭对工作的双向性（Kahn et al.，1965)。古特克等（Gutek et al.，1991）将两者之间产生的冲突分为工作干扰家庭（work interference with family，WIF)

和家庭干扰工作（family interference with work，FIW）两类。此后，有学者关注到二者会带来增益效应，认为两者除了冲突外，有时也会相互促进。最终，对工作和家庭的研究又回归到两者关系平衡的研究上（杨菊华，2018）。

一、工作与家庭的边界理论

尼佩特（Nippert-Eng，1996）提出了工作与家庭的边界理论。克拉克（Clark，2000）对该理论框架做了进一步解释，认为工作与家庭是两个较为独立的领域，它们之间存在三种边界，即：物理边界界定了个体行为的发生地点，时间边界界定了行为发生的时间，心理边界则是个体为自己设定的何时何地应该做何事的界定。同时，工作和家庭之间的边界有三种属性：渗透性（permeability）是指某种角色进入另一角色领域的程度；灵活性（flexibility）是指对工作-家庭边界进行调整使其达到的灵活程度；混合性（blending）是指工作和家庭两者角色的可混合程度。如果三性都很高，表明工作-家庭的边界强度较弱；反之，则边界较强。当个体同时扮演员工和家人时就出现了边界跨越，如果工作与家庭的角色要求均得到了满足则为工作-家庭平衡状态，如果工作与家庭的角色要求无法得到全部满足则会出现工作-家庭冲突。

二、工作-家庭冲突的前因变量

工作-家庭冲突的前因变量可以分为人口统计学因素和情景因素两方面。

有关工作-家庭冲突的人口统计学影响因素研究中，性别是获得广泛关注的一个变量。古特克等（Gutek et al.，1991）认为男性可能会有更多的家庭干扰工作（FIW）经历，而女性则会有更多的工作干扰家庭（WIF）经历。还有观点认为男性的成就体验与事业上取得的成就紧密相关，而女性的成就体验往往来自妻子和母亲的角色。工作使女性照顾孩子和家庭的时间、精力被分散，因而女性会感受到较高的工作-家庭冲突水平；但也有研究证明工作-家庭冲突的性别差异不显著（Izraeli，1993）。对已有实证文章的元分析发现，性别对工作-家庭冲突的影响甚微。对这种不一致结论的解释是，不是性别本身，而是人们所秉持的性别角色态度在起作用，如果一个职业女性认同“男主外，女主内”的传统观念，那她将体验到更高的工作-家庭冲突水平（宫火良，张慧英，2006）。姜佳将（2015）的研究结果表明，持现代性别观念的男性感知到的工作-家庭冲突较强，并提出这可能是因为持现代性别观念的男性对性别平等和家庭照顾的责任意识更强，对工作-家庭平衡的意识更为强烈，因此感知到的工作-家庭冲突更大。此外，也有学者对年龄、婚姻状况进行研究（Allen，2001；Matthews，Bulger & Barnes-Farrell，2010；Carr，Boyar & Gregory，2008），但并未达成确定统一的结论。

此外，来自工作和家庭的情景因素也会影响工作和家庭之间的冲突。工作领域中，工作本身的特征，如自主性、工作时长、雇佣类型、薪酬水平、工作期望等因素会影响工作-家庭冲突水平（Gutek et al.，1991）。另外，工作卷入、角色冲突、角色模糊、工作负荷以及组织制度上的支持性安排（Frone，Russell & Cooper，1992；Parasuraman，Greenhaus & Granrose，1992；张勉，魏钧，杨百寅，2009；张莉，张林，Korabik，

2010）等因素都会影响工作-家庭冲突；家庭领域中，角色压力、家庭需求、家庭卷入、家庭冲突、配偶工作、家庭支持等因素（Parasuraman，Greenhaus & Granrose，1992；Frone，Russell & Cooper，1992；Yang et al.，2000；Powell & Greenhaus，2010；Anderson，Coffey & Byerly，2002；姜佳将，2015）都是学者关注的工作-家庭冲突的前因变量。

三、工作-家庭冲突的结果变量

工作-家庭冲突不仅会对个人造成很大的影响，而且也会给组织带来不可忽视的影响。

国内学者林忠、鞠蕾和陈丽（2013）在对管理学和应用心理学领域 7 个国际顶级期刊中的 104 篇文献进行梳理的基础上，总结了学者们对工作-家庭冲突结果变量的研究中出现的几个研究焦点的转变，分别是：从心理状态变量转变到行为结果变量，从个体层面拓展到组织层面，认知态度呈现从消极向积极转变的态势，研究范畴逐渐从集中化趋于多元化。工作-家庭冲突除了对工作满意度、离职倾向、工作和家庭生活质量、幸福感（Ernst & Ozeki，1998；Anderson，Coffey & Byerly，2002；Rice，Frone & Mc-Farlin，1992；Parasuraman & Simmers，2001）等个体态度以及苦恼、压力、抑郁、工作耗竭、情绪（Song et al.，2011；Halbesleben，Wheeler & Rossi，2012）等个体状态有影响外，还会对个体的留任、离职、缺勤（Carr，Boyar & Gregory，2008；Anderson，Coffey & Byerly，2002）等行为变量有影响，最终这些结果可能会影响到企业的发展。另外，有些学者认为，除消极结果外，工作-家庭冲突也会带来积极的结果，即工作-家庭增益（work-family enrichment）。格林豪斯和鲍威尔（Greenhaus & Powell，2006）认为工作-家庭增益是指在一种角色中的感受能够促进另一角色的程度，并指出工作与家庭两个角色是相互促进的。

总之，无论是对组织还是个人来说，工作-家庭冲突所带来的影响都是非常广泛的，实践与生活中我们应尽量使增益的部分得到发挥，避免工作-家庭冲突带来的消极结果，采取相关措施使工作与家庭的关系达到最优状态。

四、工作-家庭平衡措施

党的二十大提出，推进健康中国建设，要“把保障人民健康放在优先发展的战略位置，完善人民健康促进政策”。工作-家庭冲突是影响员工心理健康的重要因素（谢义忠，曾垂凯，时勘，2007；曾练平，等，2019）。如何帮助员工平衡好工作与家庭的关系、解决员工后顾之忧，以使员工更好地服务于组织，需要引起企业和研究人员的重视。家庭友好计划是组织常用的帮助员工平衡工作与家庭的策略。家庭友好计划是指企业为员工提供的使其更好地发挥其作为家庭成员角色作用的制度体系，包括家庭友好政策、家庭友好福利、家庭友好服务（吕翠，周文霞，2010）。

1. 家庭友好政策

国内外企业实行的家庭友好政策主要包括弹性工作制、工作分享、远程办公。

弹性工作制是指在保证完成一定任务或达到固定工作时长的情况下，员工可以自主安排自己的工作时间，而不采取传统的固定上下班时间。这项制度自20世纪70年代在美国流行以来，现已成为全球各大企业越来越青睐的一项政策。弹性工作制不仅能够减少企业的培训费用、工资支出进而降低人工成本、增强企业竞争力（Westerman，2001），还能增加员工的工作自主性、提高员工的工作满意度（Baltes et al.，1999）。美国施乐公司、惠普公司和日本富士重工业、三菱电机等著名企业都在不同程度地实施该项措施。

工作分享最初提出时是指为了维持或提高就业水平，通过调整工作的薪酬支付而重新调整工作时间安排的方法。但国内学者陈维政、李贵卿和吴继红（2007）提出，"进入新世纪的实证研究表明，实施工作分享对解决就业问题有一定的作用，但更主要的作用是通过重组和重构工作岗位及付薪的工作时间，实施工作与家庭友好政策，为员工提供人性化的工作场所"。常用的工作分享方式包括工作岗位分享、压缩工作周、提前退休等。

远程办公是指借助互联网技术，实现在家办公、异地办公、移动办公的一种工作方式。远程办公能够减少员工的通勤时间，使员工有更多的时间照顾家庭，同时帮助企业招揽全球优秀人才。在信息技术迅速发展进步的今天，远程办公已成为一种越来越普遍的办公方式。

2. 家庭友好福利

家庭友好福利是指能够帮助员工更好地履行家庭责任、实现工作-家庭平衡的一系列福利措施，如延长产假、设置"家庭日"等。例如，在微软，除了女性员工有20周全薪产假、男性员工有6周陪产假外，女性员工结束产假返回工作后、在孩子出生满6个月前，还有每天2小时的哺乳时间或每周30小时的灵活工作时间。除了产假福利外，微软还会给领养孩子的员工提供6周的全薪领养假，如果直系亲属中有存在严重健康问题而需要照顾的，微软也会为员工提供每年长达4周的全薪家人看护假。

3. 家庭友好服务

家庭友好服务是指组织为员工提供的一系列帮助员工更好应对家庭事务的服务。例如，宝洁公司为6岁以下孩子的妈妈和处于孕期的准妈妈设立了阳光俱乐部，该俱乐部中会有专业人士为员工提供指导，帮助她们学习如何成为一名好家长、如何处理长辈和保姆阿姨的争论、如何看待孩子生病的问题等等。为员工提供咨询能够帮助员工解决后顾之忧，使他们能够全身心地投入工作。国内很多企业也在办公地点增设幼儿园，让员工能够"带娃上班"。如2015年沪江开设第一个寒托班，聘请专业老师照看"沪二代"；芬尼电器于2016年在办公楼建立芬尼酷猴幼儿园；同年，携程也开设了职工亲子中心，实行"朝九晚六"的全日制幼托；2017年，京东幼儿园正式开园，员工子女不仅能够免费入学，还能享受免费的母婴产品。

第 5 节 自我雇佣

泰尔沃（Tervo，2008）认为劳动力将在三种状态之间进行转换，分别是自我雇佣（self-employment）、有偿雇佣（paid-employment）和失业（non-employment）。可见，个人除加入一个组织来获取相应报酬之外，还有另外一种就业方式——自我雇佣。

一、自我雇佣的概念

经济合作与发展组织将自我雇佣定义为在职者做出个体经营决策并对企业的福利负责，其利润和薪酬来自创办企业的盈利。泰尔沃（Tervo，2008）认为自我雇佣可能会为那些在劳动力市场上被边缘化的个体提供一种可行的替代工作选择。因此，在有偿就业机会较少的农村地区，个体更可能被迫选择自我雇佣。此外，移民、某些服务行业的从业者（如律师、建筑师、作家等）、兼职或第二职业者、劳动力市场上不具备竞争力的老年人也是自我雇佣群体的主要成员（石丹淅，赖德胜，2013）。在中国，自改革开放以来，尤其是国有企业改革以来，农村大量剩余劳动力、城市国有企业下岗职工、城乡新增劳动力成为自我雇佣劳动力群体的主力军（章莉，2018）。自李克强总理在 2014 年 9 月的夏季达沃斯论坛上提出“大众创业、万众创新”以后，创业得到更多的鼓励与支持，自我雇佣的人群在我国逐渐庞大并且呈现多样化。

二、自我雇佣的特点

章莉（2018）认为自我雇佣与有偿雇佣相比具有灵活性与无社会保护两大特性。李新建和刘翔宇（2014）认为自我雇佣具有职业的独立性、工作的流动性、报酬的高风险性的特征。综合学者们的意见，我们认为自我雇佣具有以下特点：（1）工作的灵活性。自我雇佣者工作时间和工作地点十分灵活，相比于有偿雇佣者，其工作更具灵活性和自治性。（2）收入的风险性。自我雇佣者是自己的老板，其未来收入具有不可预测性和波动性，因此相对于有偿雇佣者来说，自我雇佣者的收入具有风险性。

三、自我雇佣的影响因素

1. 个人因素

一方面，学者们发现年龄、性别等人口统计学特征对自我雇佣的偏好有影响。研究发现，处在 40～50 岁年龄段的个体更容易退出自我雇佣活动（Block & Sandner，2009）。布兰奇福劳尔（Blanchflower，2000）的发现也表明了年轻人更倾向于自我雇佣的方式。这可能与年轻人喜欢挑战、愿意接受新事物的性格特点有关。就性别而言，男性比女性更喜欢选择自我雇佣的方式（Verheul et al.，2012），而一旦女性跨越障碍选择自我雇佣活动，其持续期与男性无明显差异。

此外，心理特质因素也是影响个人是否选择自我雇佣的一个重要因素。自我效能强的人更倾向于选择自我雇佣。此外，高成就感需求、自我控制、高冒险倾向等特点都会使个人倾向于选择自我雇佣。

2. 环境因素

环境因素影响着个人对就业方式的选择。如果一个地方的失业率较高，较少的选择机会将迫使个人选择自我雇佣，但经济环境的恶化可能会使自我雇佣活动难以继续。研究表明，进口增长、高贷款率对自我雇佣的持续性有负向影响，工业品增加值的提高对自我雇佣的持续性有正向影响。

总之，国外相关研究开始较早且成果丰富，相比之下，国内对自我雇佣的研究还比较缺乏。实践方面，随着创新精神和创业意识的提高，有更多的人选择自我雇佣这一就业方式，自我雇佣的群体构成早已不再是以农民工、企业下岗职工等被迫选择此方式的个体为主体，而是变得越来越庞大及多元化。

第6节　零工劳动者及其权益保障

近年来，随着互联网平台功能的不断扩展，零工经济已成为国民经济的重要组成部分。零工经济作为一种以网络平台化和开放性为主要特征的新型就业形态，具有灵活性强、限制少、效率高、节约用工成本等优点（武辉芳，谷永超，2022）。有研究指出，在2030年，欧美日的零工群体将达到50%以上规模（涂永前，2021）。阿里研究院曾预测，到2036年，中国将出现4亿零工经济劳动者（杨伟国，等，2021）。与此同时，零工经济在劳动信息匹配、劳动效率监管、劳资关系定位等方面呈现出独有特征，我国现行劳动法规、社会保障政策和劳动社保体系面临巨大挑战。部分平台企业的用工行为因制度变革的“滞后性”游走在灰色地带，导致零工行业就业群体的劳动权益呈现弱权状态（潘旦，2022）。党的二十大报告提出，要完善劳动者权益保障制度，加强灵活就业和新就业形态劳动者权益保障，保障零工群体的劳动权益势在必行。

一、零工劳动者的概念

零工作为一种用工形式并非新生事物，早在劳动力市场改革初期，我国就已经出现“短工”“散工”等就业群体，彼时的零工主要指那些凭借某种工作技能寻求劳动机会的劳动者。互联网技术的发展催生出新的零工劳动者。他们不同于传统零工的临时性、随机性和有限性，其通过互联网平台高效率的精准匹配为广大用户提供服务，形式更为自由、范围更加广泛（闫慧慧，杨小勇，2022）。零工劳动者是指通过网络平台获得具有临时性特征的工作机会或工作任务，直接向需求者提供特定的服务，为不特定雇主从事短期、独立任务或者基于项目交付工作的劳动者（武辉芳，谷永超，2022）。

二、零工劳动者的权益保障困境

与传统用工关系相比，零工经济下的用工关系具有用工方式灵活化、关系主体多元化、从属关系技术化、实现过程数字控制化的特点。零工经济是一把双刃剑。一方面，零工经济创造了大量的就业机会，解决了大量劳动者的就业问题，优化了劳动力资源的配置效率；另一方面，零工经济也使零工劳动者的权益保障陷入困境（蔡玉胜，吕静韦，2023；武辉芳，谷永超，2022）。

1. 零工劳动者的劳动关系难以明确

我国目前关于零工经济的成文法律和地方性法规非常少，仅在部分通知中出现了相关政策表述，如《最高人民法院关于印发〈2018 年人民法院工作要点〉的通知》（法发〔2018〕3 号）指出，“依法妥善审理深化供给侧结构性改革中出现的新类型案件，特别关注涉及‘互联网 ＋ ’经济、共享经济等领域案件”（潘旦，2022）。

零工经济领域立法滞后的根源在于劳动关系的界定较困难，在零工经济领域劳动案件中，只有先确认劳动关系的成立，才能依据相关法律进行责任认定。目前，我国认定劳动关系的主要依据是 2005 年由劳动和社会保障部发布的《关于确立劳动关系有关事项的通知》。根据《通知》第一条规定可知，认定劳动关系的核心标准是从属性。一般认为，从属性应当从以下三个方面加以阐释：第一，人格从属性。人格从属性侧重强调劳动者受用人单位控制的程度较高，以致失去了独立的人格。第二，组织从属性。组织从属性是指劳动关系存续期间，劳动者被纳入用人单位而成为组织成员，受用人单位的监管和控制。第三，经济从属性。经济从属性是指劳动者在劳动岗位、劳动收入等方面依赖于处于强势地位的用人单位，其需要按照用人单位的指示提供劳动，从而获得劳动报酬，且劳动报酬及其他待遇是其主要生活来源（王全兴，王茜，2018；武辉芳，谷永超，2022）。以上关于劳动关系确立的三大条件并不适用于零工经济模式中的劳动行为，导致零工劳动者权益受损。

2. 与灵活就业相适应的职业保障建设仍不完善

一方面，社会保险保障不足，由于平台企业没有为零工劳动者缴纳社会保险，零工劳动者无法享受职工基本养老和医疗保险。此外，在北京和上海等一线城市，大多数零工劳动者并不具备本地户口，无法享受本地市民享有的城乡居民基本养老和医疗保险，这进一步加剧了这一群体的职业保障难度。另一方面，商业保险如商业意外险因保障范围有限、缴费高且保障标准较低、理赔程序复杂，很难发挥实际作用（闫慧慧，杨小勇，2022）。

3. 职业晋升不畅，社会认同度不高

零工劳动者作为新就业形态者是社会劳动力的蓄水池，流动性极大，这主要缘于职业发展通道尚不通畅。以外卖骑手为例，根据“饿了么”发布的《2022 蓝骑士发展与保障报告》，“饿了么”推出“点将计划”为骑手开放站长、配送经理、城市经理等管理岗位，但 2021 年 114 万名蓝骑士也仅有 475 人能够晋升为站长、队长，其中不乏具有本科学历者。强化零工劳动者的劳动权益保障不能仅满足低层次的基本生活保障，还要关注尊重和自我实现的高层次需求。一方面，零工劳动者缺乏良好的职业培训机会，难以提高自身核心竞争力，获得职业晋升；另一方面，当前以网约车司机、网络主播和外卖骑手为代表的零工劳动者社会认同度不高，社会公众对这些职业仍存在刻板印象，减少就

业歧视，给予零工劳动者公平的就业机会并建立持续的激励机制，需要政府、企业和社会公众一起努力（闫慧慧，杨小勇，2022）。

三、零工劳动者权益保障的对策建议

零工经济的出现是新时期人口就业的新机遇，同时也对传统劳动雇佣形式下的劳动保障体系带来新挑战。政府应加快完善零工劳动者劳动权益保障法律法规体系，明确零工劳动者的法律身份；企业应主动规范平台治理机制。在此基础上，应建立与之相匹配的零工劳动者职业保障制度，关注这一群体的职业生涯发展。

第一，构建政府引导、多方共同参与的协同治理新范式，推动构建与零工经济特性相适应的长效监管机制。面对零工经济发展过程中的市场失序问题，引导构建零工方、平台方、用工方共同维护的新型劳动力市场秩序和新型用工契约，明确零工劳动者的法律身份（闫慧慧，杨小勇，2022）。对平台企业规范用工和健康发展给予政策引导和相应的激励措施，鼓励企业制定细化的用工标准和用工制度，明确经济利益相关方的权利和义务，增强数字化劳动的市场规范性（蔡玉胜，吕静韦，2023）。

第二，鼓励平台企业加强劳动权益保障，提高零工劳动者就业质量。鼓励头部平台企业调整人力资源管理策略，适当为零工从业者提供职业发展规划培训和职业技能培训，引导零工从业者增强业务素质、提升多样化职业技能。鼓励平台企业合理控制零工劳动者的工作时间和工作强度。健全灵活就业人员参加社会保险制度和劳动者权益保障制度，推进灵活就业人员参加住房公积金制度试点。完善灵活就业的工伤保险制度。将更多的新型零工职业从业人员纳入工伤保险参保范围，扩大针对新就业形态就业人员这一新兴群体的职业伤害保障试点，督促指导更多平台企业参加灵活就业人员职业伤害保障试点，为职业伤害保障在全国推开奠定基础（蔡玉胜，吕静韦，2023）。

第三，积极推动建立适应新型劳动关系的职业保障制度，具体包括提升劳动安全性、解决社保缴纳难题以及为零工劳动者提供更全面的人身保障。在提升劳动安全性方面，以外卖骑手为例，就职前平台企业应当落实生产安全责任制，对生产条件、工作环境和劳动工具进行必要的合规检查，加强职业操守、操作规范、生产安全和职业卫生等方面的职业培训，提高劳动者的安全防范意识；就职期间平台应充分利用互联网数字技术实时评估交通状况、天气环境和配送距离等客观条件，设置合理的配送时间、公平的抽成比例和人性化的评价规则，充分保障零工劳动者的劳动安全和人身安全。在解决零工劳动者社保缴纳难题方面，可以加强政企合作，积极探索参加就业地基本养老和医疗保险的可行性或回户籍地参保，对转移社会保险关系的应优化社保经办程序，努力使零工劳动者公平享受各项社会保障。在提供人身保障方面，根据不同类别零工劳动者的工作性质和风险诉求，建立由政府主导，平台企业与保险机构共同参与的多层次职业工伤保险、失业保险、人身意外和雇主责任等商业保险，并在保险保障范围、参保缴费数额和方式、理赔程序等方面为零工劳动者提供有针对性的人身保障（闫慧慧，杨小勇，2022）。

复习思考题

1. 为什么说了解自我和了解职业是自我职业生涯管理的第一步？了解自我和了解职

业包含哪些内容？

2. 组织社会化的内涵是什么？个人如何成功做到组织社会化？

3. 职业转换的内涵是什么？影响因素有哪些？

4. 解释工作-家庭边界理论，并谈谈组织如何帮助员工平衡好工作与家庭的关系。

5. 自我雇佣的含义是什么？对比自我雇佣和组织雇佣这两种职业模式的利弊。

6. 零工劳动者的内涵是什么？你认为应该如何在促进零工经济发展的同时保障劳动者权益？

参考文献

[1] Allen T D. Family-supportive work environments：the role of organizational perceptions. Journal of Vocational Behavior，2001，58（3）.

[2] Allen W D. Social networks and self-employment. Journal of Socio-Economics，2000，29（5）.

[3] Anderson S E，Coffey B S，Byerly R T. Formal organizational initiatives and informal workplace practices：links to work-family conflict and job-related outcomes. Journal of Management，2002，28（6）.

[4] Ashford S J，Black J S. Proactivity during organizational entry：the role of desire for control. Journal of Applied Psychology，1996，81（2）.

[5] Baltes B B，et al. Flexible and compressed workweek schedules：a meta-analysis of their effects on work-related criteria. Journal of Applied Psychology，1999，84（4）.

[6] Blanchflower D G. Self-employment in OECD countries. Labour Economics，2000，7（5）.

[7] Block J，Sandner P. Necessity and opportunity entrepreneurs and their duration in self-employment：evidence from German micro data. Journal of Industry Competition & Trade，2009，9（2）.

[8] Burke P. The invention of leisure in early modern europe. Past and Present，1995（146）.

[9] Campion M A，et al. Career related antecedents and outcomes of job rotation. Academy of Management Journal，1994（37）.

[10] Carlson D S，et al. Measuring the positive side of the work-family enrichment scale. Journal of Vocational Behavior，2006，68（1）.

[11] Carr J C，Boyar S L，Gregory B T. The moderating effect of work-family centrality on work-family conflict，organizational attitudes，and turnover behavior. Journal of Management，2008，34（2）.

[12] Cinamon R G，Rich Y. Gender differences in the importance of work and family roles：implications for work-family conflict. Sex Roles，2002（47）.

[13] Clark S C. Work/family border theory：a new theory of work/family bal-

ance. Human Relations，2000，53（6）.

［14］ Cornelißen T. The interaction of job satisfaction，job search，and job changes：an empirical investigation with german panel data. Journal of Happiness Studies，2009，3（10）.

［15］ Dluglos C，Weirmair K. Management under differing value systems. New York：de Gruyter，1981.

［16］ Ernst K E，Ozeki C. Work-family conflict，policies，and the job-life satisfaction relationship：a review and directions for organizational behavior-human resources research. Journal of Applied Psychology，1998，83（2）.

［17］ Frone M R，Russell M，Cooper M L. Antecedents and outcomes of work-family conflict：testing a model of the work-family interface. Journal of Applied Psychology，1992，77（1）.

［18］ Goodman S A，Svyantek D J. Person-organization fit and contextual performance：do shared values matter. Journal of Vocational Behavior，1999，2（55）.

［19］ Greenhaus J H，Beutell N J. Sources of conflict between work and family roles. Academy of Management Review，1985，10（1）.

［20］ Greenhaus J H，Powell G N. When work and family are allies：a theory of work-family enrichment. Academy of Management Review，2006，31（1）.

［21］ Gutek B，et al. Rational versus gender role-explanation for work-family conflict. Journal of Applied Psychology，1991，76（4）.

［22］ Halbesleben J R B，Wheeler A R，Rossi A M. The costs and benefits of working with one's spouse：a two-sample examination of spousal support，work-family conflict，and emotional exhaustion in work-linked relationships. Journal of Organizational Behavior，2012，33（5）.

［23］ Izraeli D N. Work-family conflict among women and men managers in dual career couples in Israel. Journal of Social Behavior and Personality，1993（8）.

［24］ Joia L A，Mangia U. Career transition antecedents in the information technology area. Information Systems Journal，2017，1（27）.

［25］ Kahn R L，et al. Organizational stress：studies in role conflict and ambiguity. American Journal of Sociology，1965，71（1）.

［26］ Kanter R M. Men and women of the corporation. New York：Basic Books，1997.

［27］ King Z. Career self-management：its nature，causes and consequences. Journal of Vocational Behavior，2004，65（1）.

［28］ Klilduff M，Day D V. Do chameleons get ahead? The effects of self-monitoring on managerial careers. Academy of Management Journal，1994（37）.

［29］ Louis M R. Career transitions：varieties and commonalities. Academy of Management Review，1980（5）.

[30] Matthews R A, Bulger C A, Barnes-Farrell J L. Work social supports, role stressors, and work-family conflict: the moderating effect of age. Journal of Vocational Behavior, 2010, 76 (1).

[31] Morrison E W. Longitudinal study of the effects of information seeking on newcomer socialization. Journal of Applied Psychology, 1993, 78 (2).

[32] Nelson D L, Quick J C. Social support and newcomer adjustment in organizations: attachment theory at work? . Journal of Organizational Behavior, 1991, 12 (6).

[33] Nippert-Eng C. Home and work. Chicago: University of Chicago Press, 1996.

[34] Orpen C. The effects of organizational and individual career management on career success. International Journal of Manpower, 1994, 15 (1).

[35] Parasuraman S, Greenhaus J H, Granrose C S. Role stressors, social support and well-being among two-career couples. Journal of Organizational Behavior, 1992, 13 (4).

[36] Parasuraman S, Simmers C A. Type of employment, work-family conflict and well-being: a comparative study. Journal of Organizational Behavior, 2001, 22 (5).

[37] Powell G N, Greenhaus J H. Sex, gender and decisions at the family-work interface. Journal of Management, 2010, 36 (4).

[38] Rice R W, Frone M R, McFarlin D B. Work-nonwork conflict and the perceived quality of life. Journal of Organizational Behavior, 1992, 13 (2).

[39] Rigotti T, Korek S, Otto K. Gains and losses related to career transitions within organisations. Journal of Vocational Behavior, 2014, 2 (84).

[40] Robert D Jr, Bretz, Judge T A. Person-organization fit and the theory of work adjustment: implications for satisfaction, tenure, and career success. Journal of Vocational Behavior, 1994, 44 (1).

[41] Schein E H. Organizational socialization and the profession of management. Organizational Influence Processes, 2003, 36 (3).

[42] Schlossberg N K. A model for analyzing human adaptation to transition. The Counseling Psychologist, 1981, 9 (2).

[43] Sherman R O. Resiliency during leadership career transitions. Nurse Leader, 2016, 4 (14).

[44] Song Z, et al. Unraveling the daily stress crossover between unemployed individuals and their employed spouses. Journal of Applied Psychology, 2011, 96 (1).

[45] Super D E. A life-span, life-space approach to career development. San Francisco, CA: Jossey-Bass, 1990.

[46] Tervo H. Self-employment transitions and alternation in Finnish rural and urban labour markets. Papers in Regional Science, 2008, 87 (1).

[47] Verheul I, et al. Explaining preferences and actual involvement in self-employment: gender and the entrepreneurial personality. Journal of Economic Psychology,

2012，33（2）.

［48］Wanberg C R，Kammeyer-Mueller J D. Predictors and outcomes of proactivity in the socialization process. Journal of Applied Psychology，2000，85（3）.

［49］Westerman A. The relation between corporate training and development expenditures and the use of temporary employees. Ethics & Behavior，2001，11（1）.

［50］Yang N C，et al. Sources of work-family conflict：a Sino-U. S. comparison of the effects of work and family demands. Academy of Management Journal，2000，43（1）.

［51］白利刚. Holland职业兴趣理论的简介及评述. 心理学动态，1996（2）.

［52］蔡永红，林崇德，肖丽萍. 中学生职业兴趣的结构及其特点. 心理发展与教育，2002（1）.

［53］蔡玉胜，吕静韦. 数字时代零工经济的用工关系特点、发展困境及突破路径. 天津社会科学，2023（6）.

［54］曹云飞. 个人-组织价值观实现度匹配与绩效关系的实证研究：以科研团队为例. 科技管理研究，2012，32（10）.

［55］常娟. 我国退役运动员角色转换的影响因素研究. 北京体育大学学报，2018，41（7）.

［56］陈维政，李贵卿，吴继红. 工作分享对促进工作-生活平衡的作用研究. 中国工业经济，2007（6）.

［57］方俐洛，白利刚，凌文辁. HOLLAND式中国职业兴趣量表的建构. 心理学报，1996（2）.

［58］高雪原，周文霞，谢宝国. 职业转换：概念、测量、成因与影响. 中国人力资源开发，2017（2）.

［59］宫火良，张慧英. 工作家庭冲突研究综述. 心理科学，2006（1）.

［60］顾雪英，胡湜. MBTI人格类型量表：新近发展及应用. 心理科学进展，2012，20（10）.

［61］姜佳将. 工作-家庭平衡状况的性别差异及影响因素研究. 浙江学刊，2015（3）.

［62］李宝禄，肖建忠. 退役运动员职业转换培训课程模式研究. 广州体育学院学报，2010，30（4）.

［63］李新建，刘翔宇. 关注“超组织人”：独立签约者特征与作用研究评析. 未来与发展，2014，37（5）.

［64］李燕荣. 我国退役运动员职业转换模式剖析. 商业时代，2011（36）.

［65］李云，李锡元. 员工自我职业生涯管理研究述评与展望. 技术经济与管理研究，2016（1）.

［66］林忠，鞠蕾，陈丽. 工作-家庭冲突研究与中国议题：视角、内容和设计. 管理世界，2013（9）.

［67］刘长江，郝芳. 职业兴趣的结构：理论与研究. 心理科学进展，2003（4）.

[68] 刘视湘，洪炜．职业兴趣研究的历史与发展趋势．职业技术教育，2003，24 (1).

[69] 龙立荣．企业员工自我职业生涯管理的影响因素．心理学报，2003，35 (4).

[70] 吕翠，周文霞．家庭友好计划．企业管理，2010 (8).

[71] 罗凯．打工经历与职业转换和创业参与．世界经济，2009 (6).

[72] 马跃如，程伟波．自我职业生涯管理结构维度与人口变量的差异性分析．科技管理研究，2010，30 (9).

[73] 潘旦．互联网“零工经济”就业群体的劳动权益保障研究．浙江社会科学，2022 (4).

[74] 石丹淅，赖德胜．自我雇佣问题研究进展．经济学动态，2013 (10).

[75] 涂永前．零工群体劳动权益保护研究：域外实践及我国的应对．政法论丛，2021 (2).

[76] 王全兴，王茜．我国“网约工”的劳动关系认定及权益保护．法学，2018 (4).

[77] 魏洁文．组织社会化理论研究综述．商业时代，2008 (5).

[78] 武辉芳，谷永超．我国零工劳动者权益保护的困境与出路．北京社会科学，2022 (9).

[79] 谢义忠，曾垂凯，时勘．工作家庭冲突对电讯人员工作倦怠和心理健康的影响．心理科学，2007 (4).

[80] 徐向龙，黄玉文．关于初入职大学毕业生组织社会化影响因素的文献综述．人才资源开发，2016 (20).

[81] 闫慧慧，杨小勇．平台经济下数字零工的劳动权益保障研究．经济学家，2022 (5).

[82] 阳洪霞．论组织生命周期理论及其对大学生求职策略的影响．湖南社会科学，2010 (4).

[83] 杨菊华．边界与跨界：工作-家庭关系模式的变革．探索与争鸣，2018 (10).

[84] 杨世铭，刘益颖．“90后”新生代员工组织社会化的操作化模型构建：基于员工-组织双视角．领导科学，2018 (2).

[85] 杨伟国，等．零工就业中的异质性工作经历与保留工资：来自网约车司机的证据．人口研究，2021 (2).

[86] 杨正国．后路傍徨：论军官的职业转换．军事经济研究，1989 (2).

[87] 殷红霞，宋会芳．新生代农民工职业转换的影响因素分析：基于陕西省的调查数据．统计与信息论坛，2014，29 (6).

[88] 印建兵，等．新生代农民工职业转换与职业教育研究评述与展望．成人教育，2019 (4).

[89] 俞林，印建兵，孙明贵．新生代农民工职业转换意愿作用机理分析．统计与决策，2017 (19).

[90] 曾练平，等．中小学教师社会支持与心理健康的关系：工作家庭冲突的中介

作用．现代预防医学，2019，46（8）．

［91］张莉，张林，Karen Korabik．职业女性的工作家庭冲突：工作自主性和上司支持的调节效应．工业工程与管理，2010，15（5）．

［92］张勉，魏钧，杨百寅．工作和家庭冲突的前因和后果变量：中国情景因素形成的差异．管理工程学报，2009，23（4）．

［93］章莉．自我雇佣的收入效应、发展特征及其群体差异．北京工商大学学报（社会科学版），2018，33（6）．

［94］周文霞．职业生涯管理．上海：复旦大学出版社，2004．

第 9 章

组织职业生涯管理

「开篇导读」

迈瑞公司研发人员职业生涯管理实践

迈瑞公司总部位于中国深圳，是中国领先的高科技医疗设备研发制造厂商，同时也是全球医用诊断设备的创新领导者之一。自 1991 年成立以来，迈瑞公司始终致力于临床医疗设备的研发和制造，产品涵盖生命信息与支持、临床检验、数字超声、放射影像四大领域，将性能与价格完美平衡的医疗电子产品带到世界每一角落。在迈瑞公司，人才是第一位的，公司十分注重持续研发新产品，因此研发人才对于迈瑞公司来说是核心的人力资源。迈瑞公司研发人员的流动率一直维持在较低水平，这得益于其独具特色的组织职业生涯管理体系，迈瑞公司努力使研发人员能够在公司获得发展，同时公司也从中实现长期的发展。

迈瑞公司研发人员的职业生涯管理和公司人力资源政策紧密结合，体现在招聘、培训、绩效、薪酬、晋升五个方面。要进入迈瑞公司，必须经过人事部门和职能部门的共同筛选，最后那些符合公司价值观和文化的优秀人才会加入迈瑞。公司很重视对员工的职责描述，不同的职位有不同的职责，公司根据公司策略和业务发展需要对每个员工的职责进行准确定位，并给每个人确定相应的工作目标，每个目标都具有令同行羡慕的发展空间。根据公司的战略目标，结合对员工绩效考评提出的培训需求，迈瑞公司为研发人员提供技术和管理方面的培训，培训方式也多种多样。另外不论研发部门员工在技术通道还是管理通道发展，最终都可达到同样的薪酬水平。

迈瑞公司实行双通道职业发展策略，即管理序列、专业序列，同时按照职位划分的原则，将专业通道进行细分，衍生出技术、营销、服务与支持、采购、生产、财务、人力资源等子通道。一般而言，管理序列是当研发人员达到某个专业等级资格后才能进入的管理通道，也就是说，除少数“空降兵”之外，管理序列还是从优秀的专业序列人员中选拔产生的。研发人员可以根据自身特质和发展需要，在任何一条通道上发展或在两条通道上交叉发展，一名技术部门的管理者，一旦失去管理职位后，凭借其相应的技术等级资格，可以再转回技术通道上发展，既解决了管理队伍新老接替中“下岗干部”无法安置的问题，又使管理十分人性化。

迈瑞公司自1998年起，开始与清华大学、浙江大学、中国电子科技大学等国内优秀高校合作，共同致力于后备专业人才的培养。每年都有一批本科生、硕士生到迈瑞实习，通过实习，双方加深了了解，其中很多人硕士、博士毕业后就成了公司的员工。这种方式有利于公司降低招聘成本，找到真正需要的人才。此外，公司还定期地大批选派骨干员工赴国外著名学府深造，与全球知名企业展开学习交流，开拓员工视野，提高员工素质。

将迈瑞办成员工的终身大学是迈瑞创立以来所秉持的理念之一，公司致力于建设学习型组织，每位研发人员从加入迈瑞起，即可享有完善的培训和职业发展规划，在更大的发展空间内充分实现个人价值。研发人员从入职起，就开始接受公司级、系统级、部门级三级“新员工入职培训”，从企业文化、规章制度、质量安全、产品知识等方面熟悉公司，以尽快适应公司的工作环境。此外，迈瑞公司根据各岗位的任职资格，制定了相应的培训课程体系，包括专业类、管理类课程，必修课及选修课课程等，通过不同的培训方式来不断提升员工的专业技能及综合素质。为营造一个良好的学习氛围，迈瑞公司还定期组织各种“读书会”活动，读书范围广泛，员工参与积极，为公司员工提供了更多的学习交流平台。

迈瑞公司对于研发人员的职业生涯管理具有一定的系统性，他们聘请专家为员工设计职业生涯管理体系，将其与人力资源管理各个模块相结合，从招聘、绩效考核、培训、薪资等各个方面来设计符合研发人员职业发展的平台，提高了研发人员的满意度，降低了流动率。

资料来源：徐玲．我国高科技中小企业研发人员职业生涯管理研究．上海：华东师范大学，2010.

第1节　组织职业生涯管理体系

20世纪六七十年代，美国的企业组织最早开始了组织职业生涯管理方面的有益探索，一些企业开始有意识地帮助员工建立在本企业内部的发展目标，设计在企业内部的发展通道，并为员工提供实现目标所需的培训、轮岗和晋升机会。现在组织职业生涯管理的概念普及率越来越高，目前国内已经有超过半数的企业开展对员工的职业生涯管理活动（李英娟，2004）。有效的组织职业生涯管理一方面可以提高员工的工作满意度（刘晓燕，等，2007；李敏，黄怡，2013；王英，董志英，2015）、降低员工离职倾向（王欢欢，2007；张玲，2009；程丽云，彭爱萍，曾小英，2018），另一方面也能促进员工的职业成长（翁清雄，卞泽娟，2015）。这对于组织和个体来说是双赢的局面，所以实施组织职业生涯管理是非常重要的。

一、组织职业生涯管理的内涵

龙立荣、方俐洛和凌文辁（2001）介绍了国外组织职业生涯管理的常用方法、组织职业生涯管理的有效性评价方法和组织职业生涯管理应用时的注意事项等，率先将组织职业生涯管理这一概念引入国内。他们认为组织职业生涯管理就是从组织的角度出发，为了使员工能够不断地满足组织的要求，向员工提供组织的职业需求信息及职业提升路线或策略，了解自己的资源储备，并有针对性地开发组织内部人力资源的活动。

实际上，组织职业生涯管理是在实践的基础上对某些管理措施进行总结和制度化并加以适当的创新之后形成的。随着员工受教育程度和收入水平的不断提高，他们的工作动机也趋于高层化和多样化，人们参加工作，更多的是为了获得成就感、增加社会交往、实现个人发展的理想。员工需求的变化对组织的管理活动提出了许多新的要求。在过去的管理实践中，有些管理人员意识到不同的员工应有不同的职业选择、不同的发展目标、不同的发展道路，因此会提醒员工根据自己的情况和企业组织的需要正确地选择职业、确立人生目标和确定发展道路。随着时代的发展，人们意识到了这种管理方式的必要性，并对其加以系统化，才逐步形成职业生涯的组织管理模式。所以我们将组织职业生涯管理的内涵概括为：以实现组织目标和个人发展的有效结合为目的，从组织角度对员工从事的职业及职业发展过程进行的一系列计划、组织、领导和控制活动（周文霞，2004）。

二、组织职业生涯管理的作用

组织职业生涯管理旨在通过组织与个人的双重作用，使员工的职业生涯目标与组织的发展目标相一致，这就是所谓的双赢，即员工获得了成长，组织实现了目标（童天，2013）。因此综合来看，组织职业生涯管理的作用主要可以从组织和员工两个角度来分析。

首先，组织职业生涯管理对组织的作用表现为：

（1）使员工与组织同步发展，以适应组织发展和变革的需要。任何成功的企业，其成功的根本原因是拥有高质量的人才。而这些人才除了依靠外部招聘，更主要的是要靠组织内部培养。在当今世界竞争加剧、环境不断变化的大背景下，实施组织职业生涯管理可以有效实现员工和组织的共同发展，不断更新员工的知识、技能，提高人的创造力，这是确保企业在激烈的竞争中立于不败之地的关键所在。

（2）优化组织人力资源配置结构，提高组织人力资源配置效率。经过组织职业生涯管理，一旦组织中出现了职位空缺，可以很容易地在组织内部找到替代者，既减少了填补职位空缺的时间，又为员工提供了更加适合他们发展的舞台，解决了“人事合理配置”这一传统人力资源管理问题。

（3）提高员工满意度，降低员工流动率。组织职业生涯管理的目的就是帮助员工提高在各个需要层次上的满足程度，尤其是马斯洛的需求层次理论中提到的归属、尊重和自我实现等高层级的需求。它通过各种测评技术真正了解员工在个人发展上想要什么和应该得到什么，协调并制定规划，帮助其实现职业生涯目标。这样可以有效提高员工对组织的认同度和归属感，降低员工流动率，进而形成企业发展的强大推动力，更高效地实现企业组织目标。

其次，组织职业生涯管理对员工的作用表现为：

（1）让员工更好地认识自己，为他们发挥自己的潜力奠定基础。每个人都有自己的目标，并以此来指导自己的行为，但是人们尤其是年轻人在规划自己的发展目标时，往往会过高估计自己，而且由于从众心理的影响，人们经常会不顾自身的特点及环境提供的条件，盲目追随社会热门的职业。事实上，个人目标应该建立在对自己的客观评价和认识的基础之上。有很多人在目标实现的过程中并非不努力，而是由于缺乏对自身和对环境的正确认知，导致对工作的期望过高。通过组织职业生涯管理，组织可以帮助员工了解自己的特点及所在组织的目标、要求，制定切实可行的个人发展目标，并从工作中不断获得成就感。

（2）提高员工的专业技能和综合能力，从而提高他们自身的竞争力。组织适当地对员工进行职业生涯指导并提高他们自我职业生涯管理的能力，可以增强其对工作环境的把握能力和对工作困难的控制能力，帮助他们养成对环境和工作目标进行分析的习惯，同时又可以使员工合理地计划、分配时间和精力，提高其外部竞争力。

（3）能满足员工的归属需要、尊重需要和自我实现需要，进而提高生活质量，提高个人满意度。随着时代的发展，工作对于个体的意义可能远远超过一份养家糊口的差事，它也成为人们生活的一部分，人们越来越热衷于追求高质量的工作生活。组织职业生涯管理可以通过对职业目标的多次提炼使工作目的超越财富和地位，让人们都享受到追求更高层次自我价值实现所带来的成功。

（4）有利于员工过好职业生活，处理好职业生活和生活其他部分的关系。良好的组织职业生涯管理可以帮助个体从更高的角度看待工作中的各种问题和选择，将互相分离的事件联系起来，服务于职业目标，使其职业生活更加充实和富有成效。它同时还能平衡职业生活与个人追求、家庭目标等其他生活目标，避免陷入顾此失彼、两面为难的困境。

三、组织职业生涯管理的措施

组织职业生涯管理贯穿员工从进入职场直至退休离开组织的整个过程，因此组织职业生涯管理是与员工的个人职业生涯联系在一起的，将二者结合起来看，组织职业生涯管理的主要措施有以下几个方面（童天，2013；赵富强，2015）：

1. 建立职业发展通道

职业发展通道是企业为员工设计的自我认知、成长和晋升的管理方案，明确了组织内员工可能的发展方向及发展机会。职业发展通道的设计一方面有利于员工了解自我，激发员工的工作热情；另一方面能够使企业更好地掌握员工的情况，以便对员工的职业发展施加影响，使员工的职业目标和计划满足组织的需要。

传统的职业发展通道意味着沿着组织内部的管理职位阶梯一步一步地向高层提升，但是对许多人来说，单一的管理职位通道与他们的职业自我观和兴趣不相称。职业锚理论告诉我们，每个员工都有自己的职业定位，而综合管理型只是 8 种职业锚中的一种，因此以综合管理型为基础的职业发展通道不能满足拥有不同职业锚员工的职业发展需要。基于职业锚的类型划分，企业可以对员工的工作进行分类，设计适合本组织的多重职业发展通道，不同职业发展通道的层级之间在报酬、地位、称谓等方面具有某种对应关系，这样就可以让每一个员工都能找到适合自己的职业发展通道，朝着自己的职业里程碑前进。

2. 为员工提供职业发展信息

为使员工全面了解组织发展对员工的要求，企业应为员工提供职业发展相关信息，以帮助员工为自身职业发展设定目标，并使之与组织战略相结合。职业发展信息主要包括：

（1）企业信息。公司基本情况、内部制度、人力资源政策等。

（2）岗位信息。人员变动、岗位设置和不同岗位的任职资格标准等。

（3）员工信息。员工自身的教育、工作经历、资质、业绩等，也可包括职业目标、职业兴趣等。

（4）绩效反馈。为员工提供工作绩效反馈，以促使员工改进，获得进一步发展。

3. 设置职业指导中心

设置职业指导中心可以让专业的职业生涯顾问为员工提供职业咨询，职业生涯顾问可以由具有丰富人力资源管理经验和能力的人担任，也可以由企业或者行业中成就卓越的人担任。

该机构的主要功能是对员工的各类职业特征以及职业生涯发展状况进行评估，获得充分的信息，据此帮助员工设计职业生涯规划，或者对员工的职业生涯目标做必要的调整，使其工作、生活与职业生涯目标实现融合。

职业指导中心常用的评估方法有：（1）评价中心法，该法主要是用来甄选企业管理者，并为他们设计职业生涯发展规划以及所需接受的培训。（2）心理测试，也就是采用心理测验技术来评估员工的职业潜质、个性特征、职业兴趣等。

4. 实施职业发展项目

组织应公开、公平、公正地实施职业发展项目，使员工具备组织所需要的竞争力，主要包括以下内容：

（1）培训。基于公司内外部人力资源开发项目对员工施以各种教育与培训。

（2）岗位轮换。让个人积累多种岗位的工作经验，为今后的晋升、发展奠定基础。

（3）实施师徒制。构建员工间的“师徒模式”，让资深员工为资浅员工提供指导、支持和帮助。

（4）工作扩大化。扩大和丰富员工的工作，增加其工作内容，使员工了解多样化的工作。

（5）委以重任。给员工安排具有挑战性的工作，让其在实践中获得锻炼，以促进职业发展。

（6）重新安置。帮助被解聘的员工制定谋职计划，或者为其提供培训，使其顺利渡过转型期。

四、大数据时代的组织职业生涯管理

大数据的应用已经渗入到组织人力资源管理的方方面面，从大数据与组织职业生涯管理二者的联系来看，实际上大数据为组织职业生涯管理提供了重要的辅助规划作用。大数据对组织职业生涯管理的影响并非只是在人力资源信息系统方面进行技术的升级，更为重要的是背后的管理理念（刘晨，2018）。

1. 动态的数据管理有助于增强员工的自我认知和评价

大数据对于协助人力资源部门帮助员工提高自身的职业认知和评价具有重要的作用。大数据通过系统的规划和设计，为每位员工提供个性化、量体裁衣式的数据服务，将员工的信息在大数据平台上进行系统的整合和分析，包括对个人的职业兴趣、职业价值观、性格、基本能力、特殊能力以及工作愿望等进行深度分析，就每个阶段员工的职业认知和自我评价进行动态管理、连续分析和及时反馈，通过向员工实时提供相关信息，不仅可以增加员工对职业生涯规划的认知，减少角色模糊带来的压力，同时还能够增强员工职业生涯管理的自主控制性，对组织合理地开发使用人才和员工个人职业生涯规划的实施都有着极其重要的作用。

2. 大数据强化内部劳动力信息系统

区别于以往人力资源系统发布的内部空缺职位信息，大数据通过对职位信息的提取、加载和分析，在开放的组织职业信息中进一步整合组织发展战略规划信息，让员工不仅可以了解到职位的空缺，同时也能够比照自身的条件与所应聘职位的任职资格，对所应聘职位在企业发展中的重要性以及个人职业发展前景进行预估和判断，提高自身职业生涯管理的决策水平。而组织通过不断强化内部职位信息系统建设，不仅能够实现工作轮换，加强员工工作的弹性和适应性，增强员工在不同工作岗位上的成就感和满足感，还可以激发员工的工作兴趣和创造力，开发和培养员工的适应力和创新力等多种能力，从而使员工进一步适应组织的发展需要。

3. 大数据可以兼顾员工工作-家庭平衡计划

人们为了家庭的幸福而努力工作，大数据可以通过掌握员工的工作信息、家庭成员情况、社会关系等各种信息，构建统一的数据集成和分析平台，之后建立数据标准和建模工具，比如工作-家庭平衡关系前因变量和结果变量研究，有效预测和评估工作-家庭冲突与工作-家庭促进各变量之间的关系和作用机制，根据每个员工职业生涯管理各阶段的特点和家庭各阶段的需要，帮助员工制定工作-家庭平衡计划，协助员工找到工作-家庭的平衡点，缓解由于工作-家庭关系失衡而带来的角色冲突以及由此产生的压力。

4. 大数据可以帮助组织完善员工职业发展计划

大数据能够在组织职业生涯管理的各个环节，通过集成和整合的大量相关数据，设计相应的指标进行测算、分析和汇总，从而帮助组织进一步完善员工的职业发展计划，协助员工制定职业生涯规划。比如，一旦组织改组或者职位发生变动，如何在保证企业整体战略目标实现的基础上进行岗位的发展性培训，制定更为有效的培训发展计划，在这里，实际上大数据有效弥补了培训仅作为传统人力资源管理规定动作的局限性，更加强调以生涯管理为导向的培训计划，针对职业发展不同时期的员工，不仅根据当前岗位对现职者的要求，也根据下一时期员工个人职业生涯发展的需要，安排不同的培训内容，通过有针对性的教育与培训促进其职业生涯规划的实现，促进员工的职业发展，完善员工的职业发展计划。

5. 大数据能够提升职业咨询的便捷度和影响组织文化建设

传统的职业咨询大多以面对面的语言和现场沟通为主，在大数据爆发的背景下，实时、定量化的信息处理为组织内的咨询对象和咨询员，提供了弹性的时间与地域处理的可能性，同时也能够帮助不同员工或者同一员工对不同阶段的职业生涯数据进行更为准确、全面的搜集和分析。另外，大数据实时存储、维护、更新、检索、建模等功能，可以实现对员工年龄、性格、经验、职业目标的关联性分析，有效跟踪和解决传统职业咨询在确定职业方案和执行之后的评估问题，即保证员工在执行方案的过程中，能够获得系统的、连续性的反馈资料，并依据反馈资料调整咨询方案。

相关链接

组织职业计划与雇员职业生涯匹配模型

美国的施恩教授从职业发展观出发，设计了一个人力资源计划与开发模型，清楚呈现了组织计划与个人职业匹配的过程（Schein，1978），国内学者吴国存（1999）借鉴其模型，设计了组织职业计划与雇员职业生涯匹配模型。该模型针对雇员职业生涯周期的不同阶段，配以不同任务和内容的职业计划，与雇员的职业发展过程相匹配，为雇员在职业上不断进步开辟通路，最终达到组织与个人的目的，使双方受益（见图9-1）。

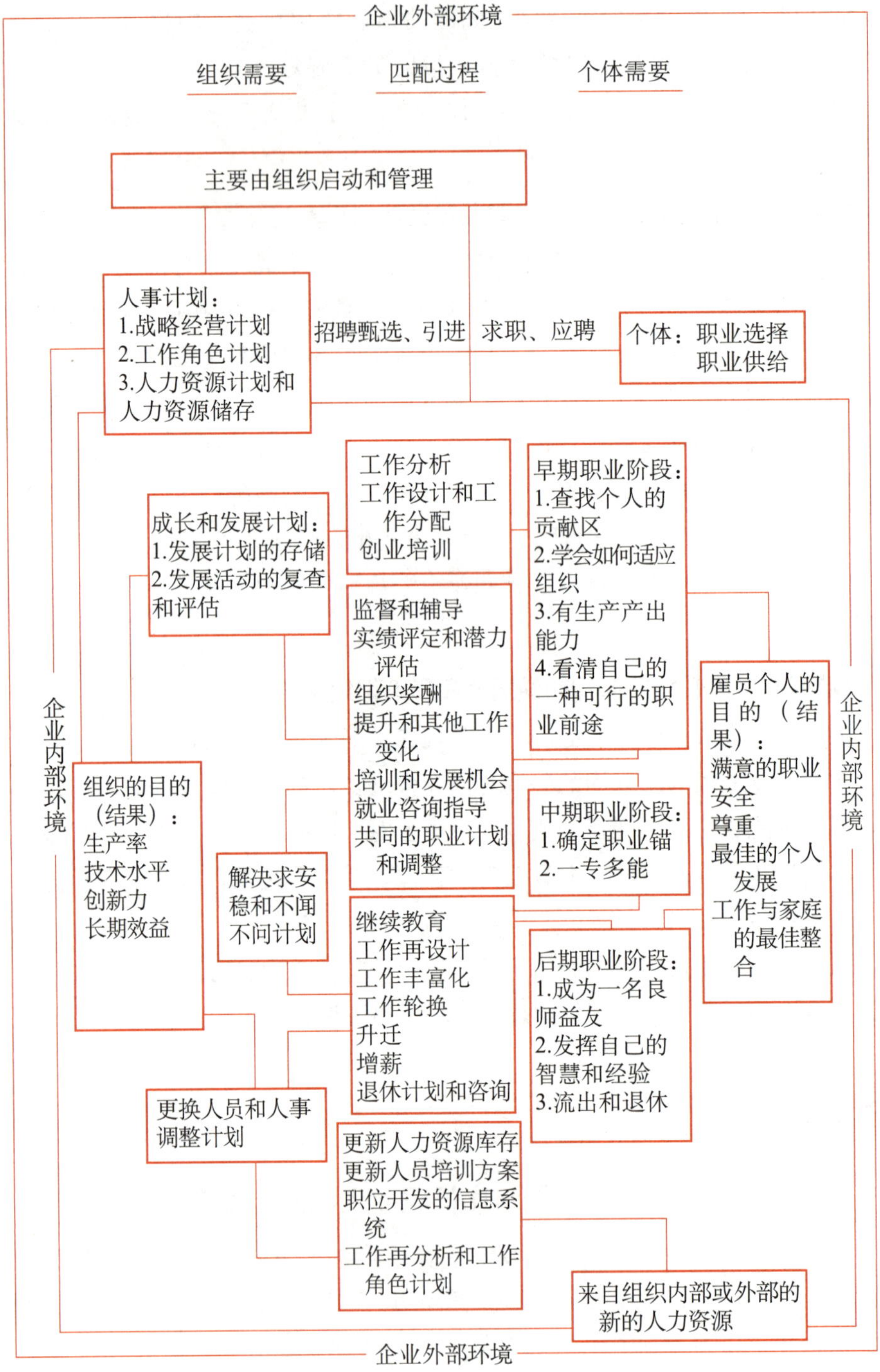

图9-1 组织职业计划与雇员职业生涯匹配模型

资料来源：吴国存．企业职业管理与雇员发展．北京：经济管理出版社，1999.

相关链接

七建集团专题推进员工职业生涯发展规划

职业生涯发展规划又叫职业生涯设计，是指个人与组织相结合，在对一个人职业生涯的主客观条件进行测定、分析、总结，对他的兴趣、爱好、能力、特点进行综合分析与权衡的基础上，确定其最佳的职业奋斗目标，并为实现这一目标做出行之有效的安排的活动。现在越来越多的企业开始注重员工职业生涯设计，期望通过对员工职业生涯的规划来倡导职业化意识，寻求职业化发展，实现企业和员工共同发展的目标。

近年来七建集团新入职大学生比较多，35 岁以下的员工占管理人员的 60%以上，已成为公司生产经营的主力军，他们素质的高低直接决定着企业未来的发展。为了加快他们成长的步伐，七建集团按照集团总公司的相关要求，积极推进员工职业生涯发展规划工作。通过与青年员工一对一谈话，了解他们的思想状况、兴趣和爱好，协助他们制定科学、切实可行的职业规划，并认真填写“员工职业生涯发展规划书”，形成书面约定，从而为他们指路子、压担子、定标准，促使他们早日成长成才。

认真工作也换来了丰硕成果，自青年员工职业生涯发展规划施行以来，七建集团有 114 人实现了学历提升，238 人实现了职称提升，149 人通过了职业资格考试，159 人实现了岗位规划目标，172 人实现了组织规划目标，为企业的进一步创新发展提供了人才支撑。

七建集团还通过召开员工职业生涯发展规划专题讲座暨推进会，组织部分领导班子成员，机关各部室负责人，基层公司经理、书记、办公室主任、团支部书记及青年员工代表共约 230 人共同参与推进员工职业生涯发展规划工作。会议根据企业实际状况向员工汇报了企业职业生涯发展规划情况，对职业规划提出了改进建议，青年员工代表与全体职工分享了成长经历，员工职业生涯发展规划成为七建集团员工未来职业发展很好的突破口。

资料来源：七建集团专题推进员工职业生涯发展规划．(2015 - 11 - 12)．http：//gs. people. com. cn/n/2015/1112/c358152 - 27080833. html.

第 2 节　新员工的入职培训

企业要不断发展，要在激烈的市场竞争中立于不败之地，员工是其赖以生存的根本性条件，是其发展的基石，而新员工是注入企业的“新鲜血液”，是企业可持续发展的重要条件（王智洪，卢刚，2015）。大多数企业已经意识到对新员工进行入职培训的必要性，认为新员工入职培训是影响企业能否留住员工的显著因素之一（郭晨炜，2008）。

新员工入职培训是企业职工培训的重要组成部分，是企业人力资源管理的一项重要工作内容，同时也是影响员工职业生涯发展的一个关键环节。在知识经济迅速发展的今天，加强企业新员工入职培训是时代的必然要求，也是企业人才培养的关键环节，更是企业增强竞争力的必胜法宝（梁琛，2015）。重视新员工的入职培训，可以使企业的人力资本价值得到最大化开发，从而为企业提高经济效益做好充足的人才储备。

一、新员工入职培训的内涵及作用

1. 新员工入职培训的内涵

新员工入职培训又称为岗前培训、上岗导引、职前教育等，是一种专门为新员工设计并实施的培训形式，是企业为了让新进员工了解企业文化、工作要求和操作规范等，将其从“学院人”转变成“职业人”，从“局外人”转变成“企业人”的过程（郭晨炜，2008），同时也是新员工熟悉组织环境、了解工作职责、与企业相互适应的过程（周芸芝，2012）。具体说，就是通过入职培训让新员工熟悉企业发展历史、现状及未来前景，了解企业文化、规章制度和工作纪律，学习岗位所需的技能或知识，并在培训中转变员工不适应企业发展的观念和习惯，使其尽快融入企业整体环境之中（陈斯胄，2008）。在此过程中，新员工开始初步规划自己的职业生涯，进行角色定位，为发挥才能打下基础。

2. 新员工入职培训的作用

新员工入职培训的主体是企业和员工，通过二者的相互作用，使企业正式接纳员工，也使员工正式融入企业，实现企业与员工的良性互动、共同发展，所以新员工入职培训的作用也应该从这两方面来看。

首先，新员工入职培训对企业的作用表现为：

（1）增强员工对企业的认同感和归属感。通过对企业历史、文化、战略、目标、业务等的介绍，企业可以将自身的优势更好地展现在新员工面前，使新员工充分认识企业，对企业产生认同感和归属感。员工对企业的归属感的养成能使员工更加忠诚于企业，更加愿意为企业付出劳动和汗水，有利于企业形成比较稳定的人力资本，防止人才外流。另外这也有利于增强新进员工的责任感和主人翁意识以及形成团队精神，从而调动新员工的工作积极性和主动性，提高新员工的工作效率，更好地促进企业发展。

（2）为企业人力资源管理提供数据支持。企业可以通过入职培训搜集新员工的个人信息，进而为人力资源管理提供有效的数据支撑。在入职培训中，可以通过培训项目的设立来观察和了解新员工的性格特点与个人能力，通过对新员工个人信息进行科学的整合与分析，不仅可以为以后的培训项目提供方向，还可以更好地为新员工安排领导、团队及岗位，将合适的人才放到与其能力相匹配的岗位上去，以提高人力资源管理的效率（钱鹏，2017）。

（3）规范新员工行为方式。在新员工入职培训中，通过加强对企业规章制度的学习，可以使员工更好地管控自己，明确在今后工作中可以有哪些行为，不可以有哪些行为。通过加强对职场礼仪的学习，可以让员工规范自己的行为方式，体现职场人的素质。这些对于企业的形象以及规范运作起着至关重要的作用。

其次，新员工入职培训对员工的作用表现为：

（1）帮助新员工熟悉企业。新员工刚进入企业，对企业的文化、历史背景、公司政策等方面有很多不了解的地方，企业通过对新员工进行入职培训让新员工全面了解企业的情况，熟悉公司的文化背景以及企业中的各项规章制度。另外也可以让新员工对企业的领导、同事及其他新员工有个初步的了解，从而使新员工从一个“局外人”变成一个“企业人”，帮助其快速融入企业中。

（2）帮助新员工认识工作岗位。新员工入职培训通过对岗位职责的学习，可以使新进员工认识自身的工作岗位，适应企业岗位管理规范和工作流程，熟悉工作环境并学会工作技能，同时还能深刻理解本岗位与其他岗位的业务往来关系，本岗位与上级管理岗位的业务关系，以及在本岗位业务出现困难时如何解决、如何寻求帮助，等等，从而使新员工从一个“学院人”迅速变成一个“职业人”，为今后的工作做好充分的准备。

（3）帮助新员工制定职业计划。对于新员工来说，入职培训有利于其提高对企业发展理念、晋升机制等信息的了解，在充分了解这些信息的基础上，新员工可以合理规划未来职业发展计划，明晰自身的岗位责任，为以后工作的高效展开奠定基础。

二、新员工入职培训的内容

新员工入职培训的内容至关重要，有效的培训内容能促使新员工迅速融入企业，使其掌握各种实用高效的工作技巧，全面提升新员工职业化水平，为今后职业生涯打下坚实的基础。新员工入职培训的内容一般包括企业知识培训、岗位信息培训、价值培训和职场技巧培训。

1. 企业知识培训

企业知识培训可以使新员工全面了解、认识企业，使员工对企业充满信心并激发员工的使命感。企业知识培训的主要内容有以下几个方面（郭晨炜，2008）：

（1）公司概况。公司发展历程；使命与愿景；发展规模；企业产品、服务及工作流程；企业客户和市场竞争状况；企业组织结构及重要人物；工作场所与设施。

（2）企业文化。向员工阐释企业经营理念，增强员工认同感和归属感。

（3）人事制度。公司在劳动用工合同、工资、奖金、福利、休假等人事方面的相关制度，对于绩效考核、晋职、加薪等规定也要详加说明，使新员工了解自己能享受的权利和应承担的义务。

（4）安全、健康教育。公司基本的安全、健康规定和违规处罚标准。目的是培养新员工的安全意识，帮助其养成良好的生活与工作习惯，同时提醒新员工在日后的工作中注意遵守，共同创造文明有序的工作环境。

（5）规章制度。规章制度是新员工工作和行为的准则，规章制度培训帮助员工规范行为模式，使员工的活动得以合理进行，内外人际关系得以协调。

2. 岗位信息培训

岗位信息是与每个员工具体工作岗位相关的信息，包括部门介绍、岗位职责、工作流程、工作条件等内容（陈斯胄，2008；王晓春，2005；郭晨炜，2008）。

（1）部门介绍。介绍新员工认识部门其他人员，同时介绍部门的功能、责任、政策、规则等，引导新员工了解他们即将任职的部门以使他们更好地理解各种不同的工作如何与整个部门相配合；另外还需对与本部门工作密切相关的其他部门进行介绍，使员工了解部门间的合作流程。

（2）岗位职责。结合岗位工作实际，向新员工讲解其应承担的岗位职责，明确其在今后的工作中所应承担的责任。

（3）工作流程。向新员工讲明具体工作流程，包括报告关系、同事关系、客户关系、顾客关系等。

（4）工作条件。向新员工阐明工作时间、工作待遇等。

3. 价值培训

价值培训一方面是将企业精神传递给员工，让员工与企业形成共同理念；另一方面是给员工传授判断事物的标准，促使员工勇于承担责任、相互关心、追求卓越。价值培训主要包括以下内容（陈彦斌，2008）：

（1）企业价值观。企业价值观是指企业在生产经营过程中所推崇的基本信念和奉行的目标标准，是企业决策者根据企业性质、目标、经营方式，经过长期培育、引导后，所形成的共同观念和价值取向。企业价值观培训的目的是增强员工的凝聚力、感召力和约束力，激发员工的信任感、自豪感和荣誉感。

（2）团队意识。团队意识是指整体配合意识，团队意识是企业内部凝聚力形成的重要心理因素。团队意识培训的目的是培养整体目标意识，将个人目标与组织目标相结合，培养集体精神、积极主动意识、使命感和团队危机感。

（3）职业道德。主要包括对爱岗敬业、诚实守信、艰苦奋斗、服务客户等精神的培训。

4. 职场技巧培训

职场技巧培训是为了使新员工尤其是刚走出校门的学生完成角色转换，成为一名职业化的工作人员而实施的培训，主要包括以下内容（陈彦斌，2008；郭晨炜，2008）：

（1）沟通技巧。主要涵盖高效商务沟通技巧，有效的肢体语言技巧，针对不同人际风格对象的沟通技巧，会议、电话沟通技巧等方面，全面提升新员工沟通能力，统一企业对话方式，降低因沟通不力而产生的误会。

（2）时间管理技巧。包括认识时间、识别时间管理陷阱、跨越时间陷阱、掌握时间管理的工具。

（3）科学工作方法。包括 PDCA 工作法、用甘特表做计划、团队工作方法等。

（4）人际关系处理。包括什么是成功的人际关系、建立成功的人际关系需要哪些条件、成功人际关系建立的十种技巧、如何处理与上司的关系等。

（5）情绪与压力管理技巧。包括管理自己的情绪与压力的技巧和管理他人的情绪与压力的技巧。

（6）社交礼仪。包括握手礼仪、介绍礼仪、会客礼仪、电梯礼仪、着装礼仪等。

相关链接

常用新员工入职培训内容清单

1. 公司历史、哲学、公司业务；
2. 组织结构图；

3. 组织所在行业概览；

4. 福利组合概览（如健康保险、休假、病假、学费报销、退休等）；

5. 业绩评估或绩效管理系统，即绩效评估的方式，何时、由谁来评估，总体的绩效期望；

6. 薪酬程序：发薪日，如何发放；

7. 职位或工作说明书和具体工作规范；

8. 员工体检日程安排和体检项目；

9. 职业发展信息（如潜在的晋升机会，职业通道，如何获得职业资源信息）；

10. 基本的人与机械控制和安全培训；

11. 员工手册、政策、程序、财务信息；

12. 有关公司识别卡或徽章、钥匙、电子邮箱账户的获取、电脑密码、电话、停车位、办公用品的使用规则等；

13. 参观设施和公司周围相关服务，如餐厅、购物场所、干洗店、散步空间等；

14. 技术或与工作相关的具体信息（或如何与相关上级主管或同事协商培训的日程安排）；

15. 着装（如周五可着便装上班）；

16. 工作外的活动（如运动队、特殊项目等）。

资料来源：王晓春．设计新员工入职培训计划．中国人力资源开发，2005（10）.

三、新员工入职培训的策略

1. 重视新员工入职培训

入职培训作为新员工完成身份转变的平台和方式，一方面可以加速其融入企业，另一方面可以促使新员工将能量释放出来。因此，在新员工的入职培训上，企业管理层应该站在企业人才战略的角度，高度重视新员工的入职培训教育工作，不能因为担心员工今后会跳槽，或认为入职培训难以量化或测算效益，而压缩在新员工入职培训教育上的支出（王智洪，卢刚，2015）。

新员工入职培训不是人力资源部门一个部门的事情，需要企业各个部门相互合作，共同参与来完成。因此，企业应该从制度上对新员工入职培训工作加以保障，将其作为一项重要工作来抓。只有企业内部各部门加以重视，建立完整的新员工入职培训体系，新员工入职培训才能有保障，培训工作才能按计划有序地开展下去（刘莉莹，2015）。

2. 做好入职培训需求分析

做好新员工入职培训需求分析是做好培训方案的前提，是为新员工做出合理的职业生涯规划的基础。需求分析包括以下几个方面：一是专业领域分析。确定企业各专业领域的培训需求，保证入职培训符合企业的战略目标和发展需要。二是工作岗位分析。工作岗位分析是根据员工岗位确定员工通过培训所需要掌握的技能和知识。三是员工个人分析。对员工现有能力水平与适应岗位所需能力进行对照，研究需要在哪些方面进行提高，哪些方面需要深入培训，同时要了解新员工内心的真实想法，以便制定个性化培训方案（刘莉莹，2015）。

由于当今企业的新员工多为应届大学毕业生，因此企业的新员工入职培训需求分析尤其需要关注大学毕业生的特点。大学毕业生一般具有以下三个特点：第一，刚从校园迈入社会，可能对未来充满迷茫；第二，大多有自己的主见和想法，兴趣爱好也不同，如果培训没有吸引力，很容易被其厌弃；第三，对于企业的认知大都停留在直观表面的层次，只看到企业发展规模等方面。新员工由于教育背景、学习模式、心理特点均不相同，对培训的需求也就不同，企业在对新员工进行入职培训前，应该根据新员工的背景、岗位特点等进行具体分析，结合本企业自身的实际情况和需求制定一套针对性强、实用性高的培训计划（蒋薇，2012）。

3. 丰富培训内容及形式

新员工入职培训的基本内容我们在前面已经讲到，在实际操作中，应该注意入职培训内容的完整性与针对性。而在培训方式上，要实现从单一化转向多样化。新员工入职培训形式多样，要因地制宜，对不同的培训内容采用与之相适应的培训方式，只有这样才能产生好的效果。比如对于企业情况的介绍可采用员工亲身体验或者讲师讲解的方式；在进行课堂培训时，面对面教学的效果会大大好于视频教学；在培训过程中可引用恰当生动的案例，并通过各种提问或头脑风暴法将学员的思维带入到讲师的案例中来。此外，还可以开展新老员工座谈会、老员工现身说法等活动，以你问我答的形式，让新员工更轻松地接受企业的工作氛围，帮助其提高职业素养（蒋薇，2012）。通过这些方式，新员工也可以更加深入地了解本岗位工作的升迁、发展前景等自己最关心的问题。

4. 加强培训效果评估与反馈

新员工入职培训的结束，并不意味着培训工作的结束，其后还需要进行培训效果评估与反馈。通过培训效果评估，可以验证新员工入职培训的结果是否达到了预期的培训期望，为入职培训提供科学的反馈信息，为改进培训系统提供可靠的依据（陈斯胄，2008）。

如何应用培训效果和应用效果如何，关系到能否及时改进新员工入职培训工作中存在的问题。培训效果主要包括：新员工的评价，即培训员工对培训有哪些评价；新员工的学习成效，即培训员工学到了什么；新员工行为的变化，即培训员工有没有把培训学到的知识用于实际；企业的效益有没有提高，这也是最基本最重要的评价指标。可以通过问卷调查法和访谈法收集新员工对培训的内容、方式、师资等方面的意见和建议，进而对新员工入职培训效果进行评估。评估的结果要向员工本人、上级主管领导和人力资源部门进行反馈，从而使各个方面对培训的效果了如指掌，进而为下次培训的改进奠定基础（梁琛，2015）。

相关链接

小王的入职培训

小王毕业于某大学机械系，毕业后进入当地一家大型的设备制造企业，但新员工培训两周下来，他变得无精打采，没有了当初的壮志豪情。以下是他两周来关于培训的内容和感受：

第一周：第一天几个领导轮流讲话，小王听得昏昏欲睡。第二天举行企业文化培训，实际上就介绍了一番公司的规章制度，而且培训老师一直在强调安全生产，让小王觉得这也不能做，那也不能做。第三天安排参观和座谈会，虽然进一步了解了企业的情况，但小王觉得老员工对他们态度不热情，敷衍了事。第四天、第五天举行技能培训，企业的几个部门经理给新员工授课，小王听得云里雾里的，感觉跟自己在大学里学的知识完全不一样。

第二周：新员工下放到各个部门，开始实际锻炼。小王想，现在应该可以开始做事了，但他的部门经理告诉他，要真正上手做事情，至少要半年以后，这让小王觉得非常郁闷。

从小王的培训体验和情绪反馈来看，该企业对新员工的入职培训是十分失败的，其不成功的原因主要有五个方面：

第一，入职培训没有针对培训对象特点和企业培训目标进行开发。在案例中，新员工的培训从领导讲话开始，到下放部门结束，存在着形式主义倾向，没有考虑到培训对象的心理特点和心理需求，企业的培训目标和培训课程设置结合得不紧密，让人产生“为培训而培训”的印象。

第二，培训内容虚化，显得单调乏味，对新员工缺乏吸引力。第一天的培训几乎成了领导的作秀场。第二天的企业文化培训，仅局限在行为、制度的约束上，重点突出了不准干什么，缺乏正面激励，未对企业文化真正的核心部分进行重点展示。

第三，培训方法落后，交互性不强，容易让人产生抵触情绪。第二、四、五天的培训基本上是采用程序化教学的方式，强调单向性的知识传授，缺乏互动性，新员工不是主动参与而是被动接受。而仅仅借助语言媒介，不能使新员工直接体验知识和技能。

第四，培训氛围营造不力，难以产生归属感和认同感。第三天虽然安排了参观和座谈会，但是老员工敷衍了事的态度，让新员工感受不到企业对他们的欢迎和重视，对新员工今后开展工作和人际交往方面产生了不良影响。

第五，在培训时间投入方面，培训安排显得比较随意。在第二周的培训中，人力资源部没有及时跟进，而直线经理一讲了事，导致后期入职培训简单化，缺乏新员工成长机制。

新员工入职培训是一个系统的工程，是实现员工发展与组织效益的双赢过程。人力资源管理者需要努力转变培训模式的单一性、培训内容的枯燥性、培训方法的落后性以及培训安排的不合理性，从而克服培训的无效性，实现个人目标与企业战略目标的共同发展。

资料来源：郭晨炜．以职业化为导向的新员工入职培训．中国人力资源开发，2008（4）.

第 3 节　师徒制

师徒制作为企业培养员工、规划员工职业发展的重要手段，实现了企业与员工的共赢，在当今许多企业中被广泛应用。通过沟通与交流，可以提升新员工对企业的信任感与忠诚度，从而使其快速进入工作角色；通过分享知识与智慧，核心员工和后备干部能够得到迅速成长（孟春梅，2012）。通过拜师学艺这种立足企业内部的培训工具，师徒制培养了一大批企业优秀人才，得到了学者和企业经营管理者的高度重视（孙瑾，2015）。

一、师徒制的内涵

关于师徒制的研究，最早可以追溯到20世纪70年代末，莱文森（Levinson，1978）对40位中产阶级男性的职业发展道路进行了研究，研究中发现这些成功男性在其职业发展初期都受过别人的指导。但是莱文森在这项研究中并没有给出“师徒制”明确的定义，只是强调师徒关系对年轻人的工作认知和职业发展有重要的作用（杨震，2017）。

1983年，克拉姆（Kram）正式提出了师徒制这一概念，他将师傅（mentor）定义为愿意为经验较少的员工提供支持以帮助他们在组织中向上流动的具备丰富经验和知识的资深员工。因此，师徒制一般是指由资深员工和资浅员工形成的组合，用来帮助资浅员工在组织内进步和发展的指导关系，其中资浅员工指的就是徒弟（mentee）。后来，克拉姆（Kram，1985）将这种指导关系扩展到资历相当的成员之间，形式也可以是多个师傅对一个徒弟，或一个师傅对多个徒弟（Baugh & Scandura，1999）。

师徒关系是一种强烈的人际互动关系，大多数情况下，这种关系是在师傅和徒弟具有共同的兴趣或价值观基础上以一种非正式形式形成的（赵富强，2015）。师傅通过自身的经验向徒弟提供有关其成长发展的指导、训练、忠告和友谊（周文霞，2004），帮助徒弟快速地掌握工作岗位所需的技能，获得职业发展。

二、师徒制的作用

师徒制使未来的员工能够边干边学，培养出既在某一工作岗位接受了培训，同时也对组织做出贡献的员工（格林豪斯，等，2006）。实际上，在组织中实施师徒制对于师傅、徒弟以及企业都会产生一定的效益，其中最直接、最显而易见的当属对徒弟的效益（王振源，王燕榕，赵琛徽，2011）。

克拉姆（Kram，1985）通过对师傅和徒弟的深度访谈发现，师徒制对徒弟的作用体现为职业生涯和社会心理两大方面。职业生涯方面的作用由师傅的五种角色呈现出来。（1）提供支持：支持初级员工的职业生涯发展，并与之建立相关的联系（赵富强，2015）。（2）提供表现机会：师傅利用自身所拥有的资源和关系，为徒弟提供展示才能的机会，带领他们参加一些开阔视野的会议，帮助徒弟拓宽人际关系。（3）提供指导：师傅以自身精湛的技术和丰富的工作经验对徒弟进行指导培养，帮助其尽早适应工作岗位，掌握岗位所需的相关技术知识（杨震，2017）。（4）提供保护：帮助徒弟避免卷入那些具有毁坏性的事件中（周文霞，2004）。（5）安排挑战性任务：为徒弟安排一些具有挑战性的工作以拓展他们的知识和技能。总的来说，职业生涯方面的作用更加关注工作本身，师傅通过对徒弟工作方向上的指引、技能传授和经验分享进而直接对徒弟的职业生涯成功起到促进作用。

师傅提供的社会心理方面的作用包括四个方面。(1) 角色榜样：角色榜样的作用会在师傅表现出让徒弟效仿的行为时产生，这有利于徒弟的社会学习。(2) 接纳和认可：接纳徒弟，并肯定徒弟在组织中的价值，这会给徒弟带来自豪感。(3) 咨询：向徒弟提供工作以外的心理咨询。(4) 友谊：当徒弟面临困难时，师傅可以像朋友一样挺身而出，充分表达对徒弟的关心和支持。总体来说，社会心理方面的这四种作用能有效提高员工的自信度，增强员工的组织承诺，降低员工的离职倾向（王振源，王燕榕，赵琛徽，2011）。

通过对比上述两种作用我们可以发现，职业生涯主要是对工作本身的支持，而社会心理不仅是对工作之内提供支持，也对工作之外进行关注。但需要注意的是，师傅在职业生涯方面可能会为徒弟提供很多支持，但未必会在社会心理上对徒弟提供同等程度的支持，这受到师徒关系质量的影响。这两大类作用有一定的关联性，但并非存在必然的联系，两者是相互独立又相互作用的（陈诚，2015）。

在师徒制中，师傅通过辅导徒弟，也可以为自身带来一些效益。通过师徒关系，有助于扩大师傅的社会网络规模，获得人际支持；通过提高徒弟的知识和技能，有助于师傅发展得力的助手，因而提高工作绩效和工作满意度；通过对徒弟的辅导，有助于提升师傅的领导力，为未来升迁奠定基础；在辅导的过程中，也有利于师傅自身知识、技能的提升，并可能从徒弟身上学习到一些新的知识、观点和技术等（王振源，王燕榕，赵琛徽，2011）。

师徒制对企业的作用则包括：促进组织社会化、降低员工缺勤率和离职率、提高对劳动者的吸引力、提高员工工作绩效，进而提升组织的竞争优势（Allen & O'Brien，2006；Wilson & Elman，1990；Byrant，2005）。近年来，越来越多的学者关注师徒制对促进组织知识共享的作用。一般认为使企业取得竞争优势的关键知识中隐性知识占90%，显性知识仅占 10%（王娟茹，赵嵩正，杨瑾，2004），而师徒制被认为是组织中共享隐性知识的最佳途径之一。徒弟在师傅指导的过程中，以“干中学、学中干”的方式不断对师傅积累的经验、技巧、观点和行为中难以用语言或文字表达出来的那部分知识进行领悟、理解以至掌握。对于企业来说，员工脑中的隐性知识是非常有价值的，由于它难以共享和转移，因此不会轻易地被别人掌握，这也是企业核心竞争力的体现。而师徒制这种培养模式不仅可以促进企业内部员工之间隐性知识的共享和转移，同时也是带动其他知识传递的一种有效途径。

三、师徒制的实施策略

1. 科学选拔与培训师傅

不是所有人都能当师傅，师徒制对师傅的能力提出了一定要求，师傅需要具备较高的理论知识和实践知识，从而保障其指导方向的正确性（孙瑾，2015）。因此，组织在选拔师傅时，应当优先考虑在岗位领域中具有较强专业技术素质和业务能力的员工。同时，师傅是否具有一定的指导经验也是需要考量的重要因素，因为有指导经验的师傅在指导过程中通常会选择一些让员工容易接受的方式来进行指导，从而对培养效果产生促进作用（杨震，2017）。除此之外，组织在选拔师傅时还需考虑的任职资格包括：认可师徒制文化；乐于助人，有较好的亲和力；具备开阔的心胸，能正确看待师徒制的作用；对师徒制具有较高的积极性；等等。师傅的选拔不分年龄和资历，符合对应岗位的师傅的任职要求并通过选拔的，就有机会担任师傅（孟春梅，2012）。

为确保师徒制的效果，企业应对选拔出来的师傅进行必要的培训。第一，要对师傅进行功能与角色定位的培训，使其正确理解师徒制和师傅在师徒关系中应发挥的作用及扮演的角色。第二，要对师傅进行企业文化、经营理念和公司战略的培训，师傅对企业相关情况的了解将直接影响到徒弟对企业的认识。第三，要对师傅进行指导技能的培训，如沟通技巧、教练技巧、人格特质分析、职业生涯规划等，使其了解师徒关系的特点与性质，为建立良好的师徒关系做准备（王振源，王燕榕，赵琛徽，2011）。

2. 合理匹配师徒组合

合理匹配师徒组合对保证师徒制有效运行具有重要的作用，企业在决定师徒配对时，要考虑师傅和徒弟双方的意愿。只有经过双方协商一致同意的情况下，才能进行师徒之间的配对组合，并且签订师徒协议书。若双方的意愿都很勉强，那么便不能强加进行匹配，否则将会对培训效果产生负作用，无法实现效用最大化（杨震，2017）。卞卉（2006）认为在实施师徒制时，让性格匹配的人成为师徒比让工作经验匹配的人成为师徒更好。因此，企业在进行师徒匹配时应更多地对师傅和徒弟进行了解，尽可能将性格相符、价值观及认知标准相似的师徒组合在一起，进而促进指导过程中的学习效果和互动效果。

师徒制的模式不用局限为“一对一”的模式，可以根据实际情况尝试“一对多”“多对一”的模式。这样徒弟不仅可以向师傅学习，还可以互相学习，从而共同解决问题（赵富强，2015）。另外，叶茂（2007）还提出了“多对多”模式，即一个徒弟可以有多个师傅，一个师傅也可以有多个徒弟。这样的“多对多”模式可以采众家之长，兼收并蓄，为己所用，并加速对隐性知识的积累，扩大隐性知识在组织内的共享范围。

在匹配方式上，可以采取主管指定和自主互选结合的方式。主管指定的方式主要面向新员工，而师傅的来源主要是部门内成员。主要原因是新员工对企业的情况尚不清楚，很难实现自主选择，而主管在求职面谈时已对该员工有一定程度的认识，再加上主管较熟悉部门内每个人的工作职责，更容易安排适合辅导新员工的师傅。自主互选指徒弟可自行邀请其他人担任师傅，而师傅也可自己寻找徒弟，双方认可后师徒关系即建立。自主互选适合运用在任何正式员工中，由人力资源部门主导此计划，师傅来源主要是公司内全部成员及供应链和异业公司成员。自主互选一方面能满足员工不同职业生涯阶段的需要，另一方面由于是自主选择和决定，双方彼此认可，个性、价值观匹配度高，指导关系良好，辅导效果更佳（王振源，王燕榕，赵琛徽，2011）。

3. 完善考核与激励机制

在实施师徒制时，需要制定一套合理的考核与激励制度，从而以健全的制度为中心来运转师徒制，让师带徒的培养效果达到最佳。

在一个培养周期内要对师徒制的效果进行评估，同时也是对师傅在这一阶段的工作进行考核。可以从徒弟的角度来考核师傅，把对徒弟考核的结果作为师傅日常考核的重要参考依据，也可以抽查师傅在对员工培养过程中所做的辅导记录等（孟春梅，2012）。另外还可以对师傅与徒弟进行满意度调查，了解他们匹配的组合是否合理、在员工技能提升方面是否有成效（杨震，2017）。

师傅向徒弟分享经验需要企业以一定方式给予回报，这样才能使其获得满足感和成就感（王晓蓉，2012）。由于“师傅”这一职责是额外的兼职任务，因此企业应当对所有师傅给予相应的津贴和补助。企业可以将考核结果作为对师傅实施激励的参考依据，一方面考核合格的师傅可享受特殊津贴，另一方面严格限制不合格师傅的晋升资格。同时，还可以评选出优秀的师徒组合，并做大力宣传，树立典范，让更多的师徒从中受到启发。通过运用这样一些激励措施，进一步强化师傅的责任感和使命感，提升徒弟学习技术、增长技能的积极性。

4. 营造良好的师徒制环境

一个制度能够合理运行，需要良好的环境作为载体。企业应当重视师徒制，在全公司上下开展相关的宣传活动，积极营造一种全员学习的良好氛围（孙瑾，2015）。为了塑造对师徒制有利的文化环境，高层的引导非常重要，高层和各部门主管应主动担任若干员工的导师以便能上行下效，形成风气，进而转化为文化的一部分（王振源，王燕榕，赵琛徽，2011）。通过借助企业文化的力量进行大力宣传，让每位员工都能接受它，了解它的优秀之处，让师徒制从真正意义上成为公司的传统。公司可以定期开展优秀师徒评比活动，对获得优秀师徒组合的员工进行表彰和奖励，在公司树立模范，提高员工对师徒制文化的认可度，带动徒弟跟随师傅学习的积极性，提升师徒制的指导效果（杨震，2017）。另外，企业还应鼓励师傅与徒弟多交流多沟通，在工作业余组织全体员工参加类似春游郊游、素质拓展、体育比赛等活动来增强师徒之间的感情。

相关链接

华为的“全员导师制”

全员导师制——员工培训模式的创新

华为的全员导师制，和国有企业过去实行的师徒制有相同的地方，又有不同的地方。在华为内部，这一做法最早来自中研部党支部设立的以党员为主的“思想导师”制度，对新员工进行帮助指导，后来被推广到整个公司。不仅新员工有导师，所有员工都有导师；不仅生产系统实行这一做法，营销、客服、行政、后勤等所有系统也都实行这一做法。华为认为，所有的员工都需要导师的具体指导，通过全员导师制实现“一帮一，一对红”。

华为对于调整到新工作岗位的“老员工”，不管资历多深、级别多高，在进入新的岗位后，公司也给安排导师。这个导师也许比你的工龄短，比你的资历浅，但在这个岗位上他比你强，那么他就是你的导师。所以，在华为，也许刚刚毕业、进入华为一两年的员工，照样可以成为导师。

每位新员工到岗后，部门都会为其安排一位资深员工做导师，在业务上新员工有任何问题和困难都可以向他请教，而导师也会不遗余力地传授，让员工尽快成长，早日独立开展工作。导师跟学生共同制定培训计划，在思想、技术、业务能力以及生活等方面对学生进行帮助与引导。

全员导师制给员工带来的激励

华为的导师职责比较宽泛，不仅仅是在业务、技术上的“传、帮、带”，还有思想上的指引、生活细节上的引领等。华为采用的是朋友式导师制，导师和学生年纪相仿，学生可以在聊天、吃饭或者娱乐的时候获得一些难以言传的知识与经验，在轻松活泼的氛围中与导师建立良好的关系。实践证明，导师制达到了很好的效果。学生在导师的传授、帮助、带领下迅速成长。这样既使员工快速适应企业，又满足了知识型员工不断增长的知识需求，所以这种全员导师制受到了员工的高度好评。

为了保证全员导师制落实到位，华为对导师实行物质激励，以补助的形式，给导师每月300元的“导师费”，并且定期评选“优秀导师”，被评为“优秀导师”的可得到公司500元的奖励。更为重要的是，华为把全员导师制上升到培养接班人的高度来认识，并以制度的形式做出严格规定：没有担任过专项导师的员工，不得提拔为行政干部；不能继续担任导师的，不能再晋升。

加强职业培训，建立学习型企业

现代社会与知识发展越来越快，企业应该在内部建立起有效的培训、教育、再教育机制。华为的全员导师制，就是对员工进行培训的一个很好的手段，一方面可以在平时的生活娱乐中缓解新进员工的紧张情绪，使其快速展开工作；另一方面，满足了知识型员工对知识不断渴求的需要，使其在工作中及时充电，从而提高员工的素质，实现组织目标。

现实中，一些企业的很多员工因为诸多原因不得不参加企业的各种培训，也不管收获怎样，全当完成工作任务。若是这种情况，培训就变得有名无实。而华为的全员导师制能克服这个问题，员工不需刻意花时间，就能从导师那里获得自己需要的知识与信息。另外，企业在全员导师制的基础上，再采用培训外包、网络技术培训、轮岗制等有效的培训措施，就能很好地达到培训的目的。

华为全员导师制的意义

华为这一做法的意义有四点：

（1）增强员工的荣誉感，尤其是对于入职时间不长就成为导师的员工来说，其会在工作上更加严格地要求自己，在新员工面前更加努力地发挥模范带头作用；

（2）对于新员工来讲，可以使他们迅速地实现从校园人到职业人的跨越，并且从思想上、感情上尽快地认可企业的制度和文化；

（3）通过全系统、全方位、全员性的导师制的推行，可以形成企业内部良好的环境氛围，层层级级的执行力必然会大大增强；

（4）有效调动导师的参与积极性，通过当导师，提高员工的管理能力，使其学会一些管理知识和技巧，为今后管理项目、承担更大的责任做演练和准备。

资料来源：华为“全员导师制”值得民企借鉴．中国人才资源开发，2008（2）；李萌．华为知识型员工的管理及启示．现代商业，2009（26）；华为独特的导师制人才培养模式．（2017－10－14）．http：//www.sohu.com/a/198155724_770091.

第 4 节 后备队伍与接班人计划

一、后备队伍与接班人计划的内涵

后备队伍是企业人才队伍的重要组成部分，代表了企业的发展潜力和未来，在激烈的市场竞争环境下，完善后备队伍培养模式更有利于企业可持续发展（周文艺，2014）。接班人计划就是企业建设后备人才队伍的一个重要途径，也称为继任计划或管理继承人计划，是指企业通过确定和持续追踪关键岗位的高潜能人才（具有胜任关键管理位置潜力的内部人才），并对这些高潜能人才进行开发和培养的一个体系，它能为公司的持续发展提供人力资本方面的有效保障（刘庆，2006）。

在很多人的概念中，接班人计划就是 CEO 的继任人选计划，其实这只是一个很狭隘的定义。很多大公司已经把接班人计划推广到了企业所有的关键管理岗位，从项目经理、部门主管一直到最高管理岗位，以保证公司整个管理层都有后备人才。接班人计划关注组织经验的延续和继任人员未来的职业生涯发展，是企业长治久安的保证，对企业的现状及未来发展意义重大（何立，凌文辁，2008）。

二、接班人计划的作用

接班人计划既关系到企业的可持续发展，又关系到企业核心竞争力的提升，重要性不言而喻，其主要作用体现在以下几个方面（许文洁，2007；郭灵琳，2006）：

1. 为企业储备充足的管理人员后备军

接班人计划可以确保组织在内部有源源不断的训练有素、经验丰富、工作能力强的候选人来接任未来的重要岗位。很多跨国大企业都会要求每个管理岗位上，有至少两位候选人，当公司管理岗位出现空缺时，马上可以有合格人选来接手。而且规划良好的接班人计划会让候选人有目的地参加系统性的培训和锻炼，成为多个关键职位的合格人选，不会出现因某主管突然离职而导致部门工作混乱和人事部门招聘加压的情况，保证公司长期稳定地运营。

2. 为优秀员工提供职业发展舞台，有利于吸引和保留人才

现代人的职业观念在逐渐改变，越来越多的人在选择工作时不再单纯考虑薪酬，而是更加重视自己在企业中能否得到更多的培训机会和更广阔的发展空间。很多时候，员工流失，特别是高层次人才的流失，并非薪酬不当所致，而是因为企业没有为他们提供继续发挥特长从而实现人生价值的舞台（Kesner & Sebora，1994）。而接班人计划正是一个为员工提供系统的个人发展和培训机会的机制，它让员工看到了企业对员工的责任感和自己的职业前景，将自己的个人特长与工作有机地协调起来，提高工作绩效与个人满足感，从而也激发了他们对企业的忠诚度和责任感、提高工作热情和员工士气，有利于员工的职业生涯发展。除此以外，良好的接班人计划能提高企业在市场上的美誉度，

让外界知道这是一个充满挑战与机遇、提供良好职业发展空间的公司，能吸引更多、更好的优秀人才加入公司。

3. 提高用人决策的成功率，降低管理层变更所带来的风险

对于企业来说，没有决策能比关键岗位用人决策的影响更深远、风险更大，也没有决策能像用人决策一样那么难以回避（Leker & Salomo，2000）。朗讯、可口可乐、宝洁、吉利等全球著名的跨国公司都曾因外聘CEO不当而给企业带来重大损失。而内部接班人一般都是经过一系列科学、严格的选拔、培养和培训从企业基层一步一步走上来的，企业对他们的工作态度、工作能力以及发展潜能等方面有比较客观、准确的认识和把握，所以相比外聘人员会更加可靠。而且内部接班人更容易在企业内部开展工作，因为一方面他们在企业内部有一定的威望，熟悉企业文化和内部规则，另一方面他们有足够的资源，比如和供应商、客户等有密切联系，这就提高了决策的质量和成功率，也就能相对容易地带领企业或者部门发展。

三、接班人计划的实施策略

接班人计划这种通过内部提升来有效获取组织人力资源的方式是一项长期的系统工程（刘庆，2006），在实施接班人计划时需要对组织未来的发展情况进行分析，将企业员工的职业生涯管理活动同企业战略与未来发展紧密联系（段宇，2011）。企业接班人的培养主要由接班人的甄选、接班人的培训、接班人的管理以及接班人的确定四个部分组成。这四个部分不是各自独立的，而是相互衔接、循环往复的。因为当一个新的管理者完成继任时，他就已经承担起培养下一任接班人的责任了。

1. 接班人的甄选

甄选接班人是建设后备队伍的前提，在选择候选人的过程中，一定要找能认同企业经营理念的人才，这是保证企业政策的持续性和长期发展的要求（段宇，2011）。要让优秀人才脱颖而出，企业就要建立竞争上岗制度，通过竞争，企业可以逐渐形成“优秀人才有成就感，平庸人员有压力感，不称职人员有危机感”的良性循环（周文艺，2014）。此外，企业需要确定一套接班人选拔标准，在确定好选拔标准后，通过一些相应的方法，如面试、笔试、心理测试、情景模拟、评价中心技术等，对候选人进行测试，从而挑选出符合要求的人员，初步确定接班人的培养对象。

在接班人选拔过程中，一定要以科学严谨的态度进行选择，严格根据绩效考核、人才测评和长期观察的数据进行选择，避免凭感觉做出决策。同时，要在企业中营造选拔发展的公平环境，注重候选人的实际贡献，重视发展潜力，而不唯学历、不唯资历、不唯职称，保障只要符合企业发展战略的人才，都能有平等的机会成为候选人。这样的计划机制，也有利于接班人确立威信。

2. 接班人的培训

选择好接班人的培养对象后，企业要对他们进行有针对性的培训。在接班人成长的每一个阶段，他们需要接受的培训是不同的，要注重理论与实践相结合，针对每一个人的特点进行培养。

第一，注重对不同岗位、不同层次管理者的针对性培训。对经营管理岗位接班人，应重点进行与经营管理相关知识的培训，引导他们不断开阔视野，提高运用理论知识解决实际问题的能力；对于专业技术岗位接班人，应注重专业知识的更新和扩展（任维仓，何莉，2009）。

第二，推行工作轮换和工作扩大化。工作轮换可以帮助员工积累丰富的工作经验或者更全面的知识，使员工形成全局观念。工作扩大化是指扩大和丰富员工的工作，增加其工作内容，目的是使员工了解多样化的工作。不管是岗位轮换，还是工作扩大化，都是为了增加员工的知识储备，同时也是建设后备队伍的一部分，只有这样才不至于在企业出现空缺时手忙脚乱（赵富强，2015）。

第三，通过参与重大项目进行实践锻炼。有意识地抽调和选派接班人参与企业重大项目和中心工作，让他们从事一些管理难度大、技术水平高、工作性质复杂、工作任务繁重的任务，为他们提供锻炼机会，进一步丰富他们的工作阅历，提升他们的领导管理能力和技术水平。

3. 接班人的管理

建设一支高素质的后备队伍，管理非常关键。在接班人计划的实施过程中，应建立“能者上、平者让、庸者下”的竞争机制，实行接班人的动态管理（任维仓，何莉，2009）。接班人在经过一个阶段的培训后，企业要对培训的成果进行评估，看看接班人在经过培训后能力是否得到了提高，其潜能是否得到了开发。根据评估结果，会有一些候选人被筛选出接班人培养计划，同时会有另外一些通过甄选的候选人进入培养计划。所以，接班人的管理是一个不断淘汰、不断更新的过程。

另外，还需要建立和完善企业接班人档案管理系统，并进行定期审查、调整修改、补充、监控和更新。该系统以岗位为中心，把接班人和核心员工当作重点，定期整理、记录和存档，形成岗位和个人信息流，从而使接班人管理正规化、制度化、日常化，使组织有目的有计划地对目标接班人进行培养和管理（赵富强，2015）。

4. 接班人的确定

经过一段时间的培训、考察后，企业会初步确定未来接班人的人选，可能是一个，也可能是几个。这时可以通过设立特别职务或者让他们独立负责某个项目，来对这些候选人进行更加细致的筛选，充分衡量候选人个人潜能与企业未来发展需求之间的匹配度，从而确定最终人选。一旦确定了人选，就要尽早公布，这样做既可以消除外界的种种猜测和疑惑，也可以避免在几个候选人之间可能发生的明争暗斗，减少内耗。

人选确定以后就是任命和交接环节了，这个环节并不是指新老管理者交接的那个时点，而是从交接点向两边延伸的一个时段，即现任管理者即将离职的准备期与新任管理者交接后适应本企业的过渡期之和。企业在对外宣布下一任接班人的最终人选时，就意味着领导权已经开始交接了。但接班人并不能马上独立地行使领导者的权力，因为走上一个新的岗位需要一段时间的磨合与适应，这就需要前任领导者的支持与帮助，从而缩短过渡时间，减少可能因为权力交接引起的各种震荡，如可能出现的企业绩效波动，外界对新领导者能力的怀疑、对企业政策的猜测等。顺利渡过过渡期后，接班人就开始独立行使权力，成为企业真正的领导者，同时也肩负起培养下一任接班人的责任（郭灵琳，2006）。

相关链接

IBM 的“接班人计划”

IBM 于 1911 年创立于美国，是全球最大的信息技术和业务解决方案公司，业务遍及全球 170 多个国家和地区。早在 1995 年，IBM 就在专业咨询公司的协助下，在公司内进行了一次全面的调查研究，确定了 11 项领导团队应该具备的优秀素质，这个领导力模型随即成为其“接班人计划”的重要指标。

IBM 总结的这 11 项优秀素质包括 4 个方面：必胜的决心（包括行业洞察力、创新的思考和达成目标的坚持）、快速执行的能力（包括团队领导、直言不讳、团队精神和决断力）、持续的动能（包括培养组织能力、领导力和工作奉献度）以及核心特质（对业务的热诚）。如今，作为公司“接班人计划”的一部分，IBM 每年依据这一模型对所有的管理人员进行评估。

“接班人计划”是 IBM 非常重要的管理文化，其目的并不是一定要接谁的班，而是在贯彻这个计划的过程中，培养和锻炼有潜质的后备人才。这个计划的实施有两方面的效果：一方面是凝聚优秀人才的注意力，让员工专心致志地为 IBM 服务；另一方面是在企业真正需要接班人时，公司有足够的挑选余地。在很多情况下，这些接班人不是接替原计划的位置，而是会出现新的接替机会，但此前通过培养锻炼，他的能力更强、素质更高，公司也可以不断成长。“接班人计划”的关键在于发现公司内部的“明日之星”，并有意识地培养员工。

IBM 的“接班人计划”分为界限清晰的两个体系，相应的培训系统也逐渐一分为二。公司新进人员都要参加集中的入职培训，认识公司、了解规章制度并启动个人职业规划，从大学招聘来的新生还要学习包括专业、财务、销售等方面的知识技能。一年以后，不论是业务代表还是行政职员都要参加专业学院的再教育，学习专业素质和技能，并且公司会开始有意识地将员工归类，即分为专业型人才和管理型人才。参加过专业学院培训的优秀员工，一旦被确定为接班人计划的“明日之星”，便会被安排参加新主管训练课程，学做主管，并开始经历更多的磨炼。

尽管此后的培训将分工明确，专业型人才和管理型人才也将分别走上技术领导和高级主管的不同位置，但 IBM 的资深人员都秉承一种观念：专业和行政管理两个序列都受尊重，由自己慎重选择。当自己觉得不喜欢或不适合做行政主管时，随时可以回到专业序列。

IBM“接班人计划”强调在实践中成长，其中最日常化的是“良师益友”计划，就是公司里的老员工帮带新员工，传承多年的工作经验。另外还有“特别助理”计划。例如，IBM 大中华区董事长兼 CEO 俞伟先生曾在 1999 年 2 月被派驻东京担任 IBM 亚太区总裁助理，一直到当年的 8 月，在这 6 个月的时间里，俞伟以特别助理的身份协助公司亚太区总裁工作，参与总裁的社交应酬等所有的日常行政工作。而在这个过程中，亚太区总裁则成为俞伟的良师益友，通过言传身教，影响他的决策方法、领导风格等。除此以外，实践锻炼还包括“外派到客户”学习、岗位轮换等。

“接班人计划”的最后一关是接受来自公司高级经理人的评审。评审委员会由技术、市场、销售等方面的高级经理共同组成，“明日之星”只有在答辩完成、成绩通过后才有资格做正式的高级专业人员或高级经理人。答辩考核的业绩包括两个方面，一个是个人业绩，另一个是帮助下属成长的业绩，比如你带过谁，他有什么进步。为了保证“接班人计划”的可持续推进，参加答辩者的上层经理也需接受 3 分钟的答辩。评审委员会预先不设立通过比例，只要半数以上同意即可通过。整个答辩过程中，评委们随机提问，能否通过完全看个人，而这本身就是一种历练。

资料来源：樊杰．IBM 的接班人计划．人才瞭望，2003（9）.

复习思考题

1. 组织职业生涯管理的内涵是什么？对个体和组织有什么意义？
2. 你认为组织职业生涯管理主要包含哪些措施？评价这些措施在当下的有效性。
3. 新员工入职培训的意义是什么？组织如何做好新员工入职培训？
4. 组织应如何保证师徒制的有效性？
5. 接班人计划对组织和员工各有什么意义？组织如何保障接班人计划的有效性？

参考文献

[1] Allen T D，O'Brien K E. Formal mentoring programs and organizational attraction. Human Resources Development Quarterly，2006（17）.

[2] Baugh S G，Scandura T A. The effects of multiple mentors on prot attitudes toward the work setting. Journal of Social Behavior and Personality，1999，14（4）.

[3] Byrant S E. The impact of peer mentoring on organizational knowledge creation and sharing. Group and Organization Management，2005，30（3）.

[4] Kesner I F，Sebora T C. Executive succession：past，present & future. Journal of Management，1994，20（2）.

[5] Kram K E. Phases of the mentor relationship. Administrative Science Quarterly，1983，26（4）.

[6] Kram K E. Improving the mentoring process. Training and Development Journal，1985（1）.

[7] Leker J，Salomo S. CEO turnover and corporate performance. Scandinavian Journal of Management，2000，16（3）.

[8] Levinson D J. The seasons of a man's life. New York：Alfred A. Knopf，1978.

[9] Schein E H. Career dynamics：matching individual and organizational needs. Reading，MA：Addison-Wesley，1978.

[10] Wilson J A，Elman N S. Organizational benefits of mentoring. Academy of Management Executive，1990（4）.

[11] 卞卉．职业导师制：企业人力资源开发的重要途径．沿海企业与科技，2006

(1).

[12] 陈诚．企业导师制研究．武汉：华中师范大学出版社，2015.

[13] 陈斯胄．新员工入职培训模式的不足与改善．生产力研究，2008 (23).

[14] 陈彦斌．关于新员工入职培训的思考．四川有色金属，2008 (4).

[15] 程丽云，彭爱萍，曾小英．中山市综合医院护士组织职业生涯管理现状及离职意愿水平．职业与健康，2018，34 (4).

[16] 段宇．中小企业管理接班人计划建设分析．知识经济，2011 (24).

[17] 樊杰．IBM 的接班人计划．人才瞭望，2003 (9).

[18] 格林豪斯，等．职业生涯管理：第 3 版．北京：清华大学出版社，2006.

[19] 郭晨炜．以职业化为导向的新员工入职培训．中国人力资源开发，2008 (4).

[20] 郭灵琳．我国企业接班人内部培养模式研究．长春：东北师范大学，2006.

[21] 何立，凌文辁．企业管理人员接班人计划的管理体系建设．科技管理研究，2008，28 (11).

[22] 胡平．职业心理学．北京：中国人民大学出版社，2015.

[23] 蒋薇．企业新员工的入职培训问题研究．中国商论，2012 (35).

[24] 李敏，黄怡．员工组织职业生涯管理感知对工作满意度的影响：组织支持感的中介作用．中国人力资源开发，2013 (17).

[25] 李英娟．当前企业职业生涯管理实践状况及对策研究．北京：首都经济贸易大学，2004.

[26] 梁琛．企业新员工入职培训中存在的问题及其对策．学理论，2015 (33).

[27] 刘晨．大数据时代的组织职业生涯管理新视角．就业与保障，2018 (7).

[28] 刘莉莹．浅谈企业如何做好新员工入职培训．人力资源管理，2015 (11).

[29] 刘庆．接班人计划：警惕危险的断裂．人力资源，2006 (11X).

[30] 刘晓燕，等．组织职业生涯管理对职业承诺和工作满意度的影响：职业延迟满足的中介作用分析．心理学报，2007 (4).

[31] 龙立荣，方俐洛，凌文辁．组织职业生涯管理的发展趋势．心理科学进展，2001，9 (4).

[32] 孟春梅．建立全员导师制．人力资源管理，2012 (7).

[33] 钱鹏．企业入职培训模式创新思考．合作经济与科技，2017 (8).

[34] 任维仓，何莉．企业后备干部队伍建设探析．合作经济与科技，2009 (6).

[35] 孙瑾．企业师徒制管理研究．商，2015 (28).

[36] 童天．职业生涯管理．北京：法律出版社，2013.

[37] 王欢欢．组织职业生涯管理对大学毕业三年内员工离职意愿影响研究．长春：吉林大学，2007.

[38] 王娟茹，赵嵩正，杨瑾．企业知识创新的模型及其关键因素研究．科学管理研究，2004，22 (5).

[39] 王晓春．设计新员工入职培训计划．中国人力资源开发，2005 (10).

[40] 王晓蓉．企业师徒制隐性知识转移影响因素实证研究．南京：南京航空航天大

学，2012.

[41] 王英，董志英．护士组织职业生涯管理对工作满意度影响的调查．中国医院管理，2015，35（8）.

[42] 王振源，王燕榕，赵琛徽．中国企业实施导师制的挑战与对策研究：基于IBM最佳实践的启示．当代财经，2011（8）.

[43] 王智洪，卢刚．关于新员工入职培训的探讨．管理观察，2015（13）.

[44] 翁清雄，卞泽娟．组织职业生涯管理与员工职业成长：基于匹配理论的研究．外国经济与管理，2015，37（8）.

[45] 吴国存．企业职业管理与雇员发展．北京：经济管理出版社，1999.

[46] 徐玲．我国高科技中小企业研发人员职业生涯管理研究．上海：华东师范大学，2010.

[47] 许文洁．对A公司管理接班人计划的研究．上海：上海交通大学，2007.

[48] 杨震．工业企业高技能岗位“师徒制”研究．北京：首都经济贸易大学，2017.

[49] 叶茂．我看“师徒制”．经济论坛，2007（21）.

[50] 张玲．组织职业生涯管理、组织支持感对知识型员工离职倾向的影响研究．厦门：厦门大学，2009.

[51] 赵富强．职业生涯管理：理论与实务．北京：科学出版社，2015.

[52] 周文霞．职业生涯管理．上海：复旦大学出版社，2004.

[53] 周文艺．企业如何做好后备人才的培养．企业技术开发，2014（21）.

[54] 周芸芝．浅谈新员工入职培训的模式．现代经济信息，2012（19）.

第 10 章

女性职业生涯管理

［开篇导读］

超越“玻璃顶”

凯·诺顿（Kay Norton）是美国北卡罗来纳大学的现任校长。诺顿女士是该校的第十二任校长，也是该校的第一任女校长。在她的任期内，该校入学率提高，于 2003 年通过了北美中部大学协会（NCA）组织的评估，实施了被 NCA 和北卡罗来纳州称赞的长期发展规划。同时，她实施的未来规划（Charting the Future）面向未来学生、教师、本州公民，以创新为手段，以提高效率为目的，使该校的教学质量、学术声誉明显提高，商学院获得全美最高质量奖。

诺顿校长出生于 20 世纪 50 年代，成长于 20 世纪 60 年代，正是美国女权运动发展的高潮时段。尽管在女权运动的推动下，美国女性的社会地位逐渐提高，但到目前为止，美国女性的发展依然面临自身与社会的双重障碍。尽管内心有强烈的成就动机，但是家庭角色与社会角色的冲突、社会性别歧视等是女性在发展的过程中无法避免的问题。诺顿校长也不例外，尽管在她的任期内学校的改革取得了明显成绩，但对这个侵入男性主导职位的女性，许多教师还是持怀疑态度。尽管教师们说话都很委婉，但一些负面的评价还是隐藏在字里行间。这种负面的评价，不但广泛存在于男性中间，也隐含在女性的心里。有的教师公然说：“一个女人当校长是比较罕见的，女性缺乏治理的能力，我们对她的改革前途没有把握。”还有的女教师说：“她能当上校长是比较偶然的，而且继任的可能性也比较小。”甚至有人说：“她不是教育学专业的，又是女性，很难把工作搞好。”

面对进入男性职位的挑战和来自各方面的不公正评价，诺顿校长早有耳闻，并微笑着回应道：“你过多地抱怨环境，只能伤害自己，我们不能改变环境，但是我们可以调整自己，我用双倍的努力对待工作，用事实来消除误解。”尽管面临复杂的环境，也许面对的就是一个她的反对者，但她始终微笑着。在毕业典礼上，她身穿博士服，带着这种超然的微笑，亲切地与获得学位的同学握手；在圣诞节教师联欢会上，她穿着美丽的圣诞毛衣，热情地与教师交流。但在更多的时间里，她身穿西装，参加会议，冷静与理智地讨论工作。她也同样面临家庭和事业的角色冲突，长时间的工作和过多的精力投入的确影响了她对家庭角色的承担，但是她在尽力平衡，“把在工作中的幸福体验与丈夫分享，也给家里带来了愉快的气氛，得到了丈夫的理解”。

资料来源：赵立莹．超越“玻璃顶”：美国大学女校长案例研究．理工高校研究，2008（6）．

第 1 节　女性职业生涯的理论基础和研究现状

一、理论基础

“女性职业生涯”这一概念源于西方，与劳动力市场的变化及女权运动的兴起密不可分。第二次世界大战之后，西方主要资本主义国家的男性青壮年劳动力短缺，大批女性进入职场，其生活重心从传统的专注于家庭，转向关注家庭与工作的平衡。因此，合理地利用、发挥女性人力资源，帮助女性工作者实现工作-家庭的平衡，以提升工作生活的质量，成为不容忽视的现实问题。20 世纪 50 年代以来，西方国家的女权运动兴起并轰轰烈烈地开展。在这一环境中，女权主义思潮席卷而来，促使学者们重新审视职业生涯领域的研究，发现当时的理论体系大部分是以中产阶级的白人男性为蓝本开发的典型的男性职业生涯模式，这一理论体系不足以解释女性职业生涯发展形态（Betz & Fitzgerald，1987）。由此，卡普洛（Caplow，1954）等提出要创建独立的女性职业生涯理论体系，宗旨在于在工作场所和职业生涯开发研究领域赋予女性更多话语权。

女性职业生涯的相关研究从两个角度展开，一是职业心理学的角度，二是组织行为学的角度。职业心理学角度的女性职业生涯研究多以个体为主体，侧重于女性个体的职业发展情况和职业满意度，并为相关研究奠定了理论基础。女性职业生涯开发研究的理论框架主要集中于职业心理学领域。例如，舒伯（Super，1957）将女性职业生涯阶段分为七种基本职业形态（长期稳定的家庭主妇型、传统职业生涯型、稳定工作型、双轨工作型、中断型、不稳定型和多重职业生涯型）和四个职业开发阶段（探索阶段、建立阶段、持续阶段和衰退阶段）。而组织行为学角度的相关研究多以组织为主体，侧重于女性职业生涯管理给组织带来的影响，并探讨如何提升组织绩效。因此，组织行为学角度的女性职业生涯的发展研究以问题导向和结果导向的研究为主（何建华，2006）。

关于女性职业生涯的理论基础，许多文章和教材都已进行了详尽细致的整理和介绍（何建华，2006；关培兰，张爱武，2009）。本书选取比较有代表性的一些理论进行介绍，并补充一些较少提到但十分重要的女性职业生涯理论（如梅尼埃洛和沙利文的生涯万花筒理论、奥尼尔和比利莫里亚的女性职业生涯发展阶段理论）。

1. 法默的女性职业动机模型

法默（Farmer）将女性在职业成就方面落后于男性的主要原因归结于职业动机，并且以班杜拉的社会学习理论为基础，于 1985 年提出女性职业动机模型（见图 10－1），从职业期望、精熟动机和职业投入三个方面解释了女性的职业动机。她认为女性的职业动机主要受个人、背景以及环境等因素的影响，又与这些因素进一步交互作用于女性的职业开发与成就。但关于职业期望、精熟动机和职业投入这三个因素之间的交互作用，法默并未给出相关结论。之后，法默于 1989 年至 1997 年对被试进行了为期近 10 年的追踪研究，试图定量研究女性的职业结构与职业动机之间的相互关系。法默的模型为后续其他学者的相关研究提供了很好的理论框架。

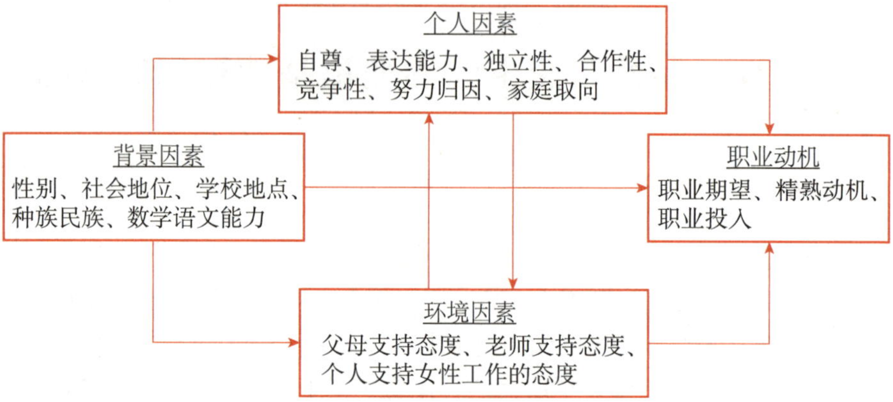

图 10－1　法默的女性职业动机模型

资料来源：何建华．国外女性职业生涯开发研究现状综述．外国经济与管理，2006（1）．

2. 贝兹和哈克特的女性职业开发自我效能理论

贝兹和哈克特（Betz & Hackett，1981）也以班杜拉的社会学习理论为依据提出了女性职业开发自我效能理论，认为女性在职场上的低自我效能是由社会化与学习经验造成的，主要包括四个方面：成就表现、替代学习、情绪唤起和言语说服（见图 10－2）。这一研究唤起了学界对于自我效能与两性教育、职业关系的关注。哈克特同时提出，自我效能不是一个独立的理论体系，应该融入其他理论体系中解释女性职业开发，但遗憾的是这一想法并未得到实践。此外，该理论还有另一个问题，即自我效能的效度和测量问题还未有深入研究。

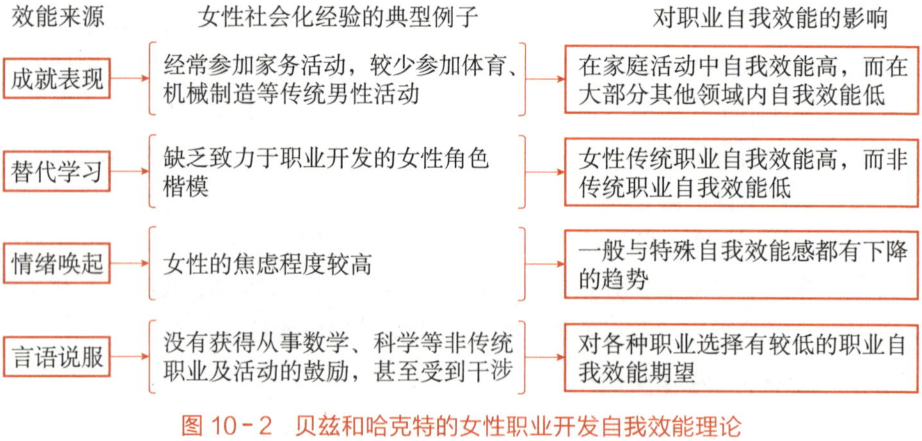

图 10－2　贝兹和哈克特的女性职业开发自我效能理论

资料来源：何建华．国外女性职业生涯开发研究现状综述．外国经济与管理，2006（1）．

3. 艾斯丁的女性职业选择与职业行为的社会心理模式

艾斯丁（Astin，1984）提出了以需求为基础，解释女性不同于男性的职业开发情境的社会心理模式。她认为女性的职业生涯受到了性别角色社会化和机会结构的限制，因此其职业期望与男性产生了差距。同时，她认为女性的职业选择与行为受到个人内心因素与社会环境因素的交互作用（见图 10－3）。这一理论的缺陷在于缺乏可操作性和实证研究的支持。

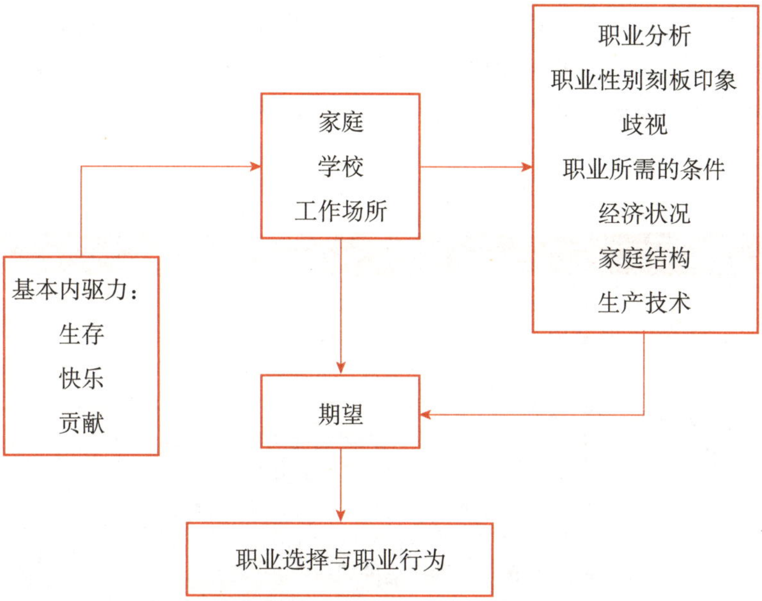

图 10－3　艾斯丁的女性职业选择与职业行为的社会心理模式

资料来源：何建华．国外女性职业生涯开发研究现状综述．外国经济与管理，2006（1）．

4. 贝兹和菲茨杰拉德的女性职业选择模型

贝兹和菲茨杰拉德（Betz & Fitzgerald，1987）的女性职业选择模型，综合了影响个人选择行为的相关因素，用以说明女性的职业选择容易低于其自身潜能。图 10－4 展示的这一模型包括四个自变量和五个因变量。工作经验、学术成就、角色楷模以及他人鼓励，会直接影响女性对工作的态度、对自身的态度以及性别角色态度，并且间接影响女性的生活方式偏好和职业选择的现实性。

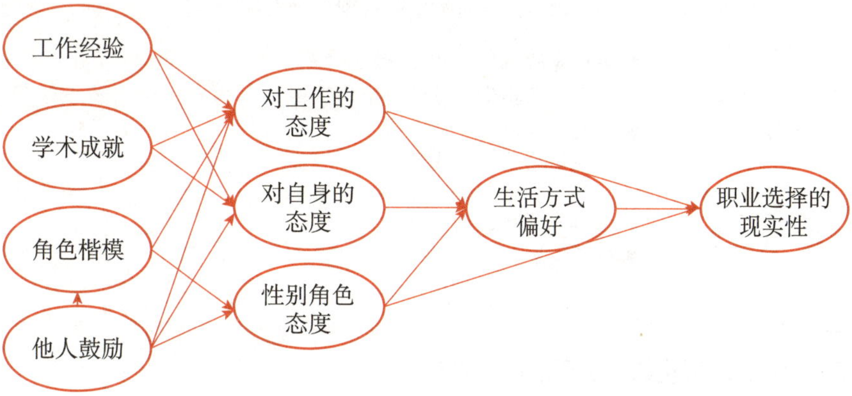

图 10－4　贝兹和菲茨杰拉德的女性职业选择模型

资料来源：何建华．国外女性职业生涯开发研究现状综述．外国经济与管理，2006（1）．

5. 怀特的成功女性职业生涯发展阶段模型

在莱文森（Levinson，1978）研究的基础上，怀特（White，1995）通过对48位成功女性的访谈，提出了成功女性职业生涯发展阶段模型（见表10－1），将职业生涯发展阶段与年龄相联系，将女性的职业发展生涯阶段分为探索期、稳定期、成熟期和维持期，并提出成功女性的生命周期是一个稳定-反思-变化-稳定的闭合循环过程。不同于其他阶段论研究，怀特在研究职业发展阶段的同时纳入了对家庭问题的考量，认为女性必须通过改变对职业成功的刻板印象来获取工作-生活平衡。但是这一模型的效度有待于进一步证实。

表10－1　怀特的成功女性职业生涯发展阶段模型

职业生涯发展阶段	具体内容
成年早期：17～25岁 转型期（探索期）	● 对某一职业开始有承诺感 ● 测试先前对生活方式所做的决定是否正确 ● 重新界定因角色冲突所造成的混淆 ● 进入成人世界 ● 加深对工作与非工作生活间关系的认知 ● 职业生涯起步晚的女性：拒绝家庭主妇的角色 ● 与配偶分离，更加认同自己的工作身份 ● 职业生涯起步早的女性：工作成为生活的中心 ● 寻找机会实践自己的职业
稳定期：25～33岁	● 快速学习和发展时期 ● 建立高成就声誉
转型期：33～35岁	● 警觉到自己的职业生涯发展受到限制 ● 决定是否要生小孩
稳定下来：35岁（进步）	● 已决定是否做母亲 ● 对是否要生小孩的最后一丝疑虑消失 ● 为个人目标而奋斗
转型期：38～40岁	● 后悔没有生子 ● 家庭-事业冲突 ● 对“玻璃天花板”的歧视现象做出反应
成熟期：40～50岁 （再平衡）	● 解决家庭-事业冲突问题 ● 理性对待不生小孩的决定 ● 实现个人目标 ● 取得更加稳定的成就
维持期：50岁之后	● 持续成长与成功 ● 持续发展与巩固

资料来源：何建华．国外女性职业生涯开发研究现状综述．外国经济与管理，2006（1）．

6. 梅尼埃洛和沙利文的生涯万花筒理论

梅尼埃洛和沙利文（Mainiero & Sullivan，2005）认为大众忽略了男性和女性在职业发展中具有不同选择范式的现实，而不同的选择导致男性和女性拥有不同的职业发展方向，据此她们提出“生涯万花筒”的概念来说明女性基于各种关系、机会和限制来评估并进行的职业选择，以获得最佳平衡。她们提出了女性职业发展 ABC 模型，认为在女性的职业生命周期中，包括真实性（authenticity）、平衡（balance）和挑战（challenge）三种要素，而女性个体的职业和生活背景决定了她们对这三个要素的重视程度。她们认为，处于职业生涯晚期的女性，更重视从职业生涯中获得真实性；处于职业生涯中期的女性更重视职业和关系事务的平衡；而处于职业生涯早期的女性则更看重工作的挑战（罗瑾琏，肖薇，2012）。

关于生涯万花筒理论的提出、发展和应用，详见本书第 6 章第 3 节。

7. 奥尼尔和比利莫里亚的女性职业生涯发展阶段理论

奥尼尔和比利莫里亚（O'Neil & Bilimoria，2005）在探索女性职业生涯发展规律时将女性职业生涯划分为三个阶段：理想主义成就阶段、注重实际的忍耐阶段和重造性贡献阶段。他们认为处于不同生命周期的女性具有不同的职业和生活责任。虽然处于不同生命周期的女性都面临有关阶段的特殊问题，但是她们都同时关注职业领域和生活领域的成功（罗瑾琏，肖薇，2012）。

理想主义成就阶段（24～35 岁）：处于这一阶段的女性在进行职业选择时，最可能考虑的因素是职业满意度、成就动机以及对他人的积极影响。这个阶段的女性希望掌控自己的职业生涯，具有内部职业控制点，会采取行动促进自己的职业发展。

注重实际的忍耐阶段（36～45 岁）：处于这一阶段的女性的职业驱动力是耐力。她们在此阶段十分务实，尽一切努力完成工作。她们在这一阶段的职业发展既有序又紧张，不仅承担工作职责，还需要承担个体义务（如承担做母亲和妻子的责任）。

重造性贡献阶段（46～60 岁）：处于这一阶段的女性的职业驱动力是创新贡献。她们更希望自己能够为组织、家庭做出贡献。在这一阶段，她们一般具有外部职业控制点，认为自己的职业发展更多地受到外部环境的影响，但是她们的职业道路会更稳定有序（O'Neil & Bilimoria，2005）。

二、研究现状

1. 国外研究现状

女性职业生涯研究源于西方，分为职业心理学和组织行为学两个方面，关注女性个体的职业选择、职业行为和职业开发。女性职业生涯研究逐步深入，研究对象也愈渐多样化，本书以女性教师和女性高层人才为例对已有研究进行介绍。

（1）女性教师。近年来，女性教师职业生涯已经成为国外关于职业生涯发展研究中的一个重要主题。教师一向被认为是“女性的职业”，许多女性投身于此，特别是中小学教师中女性占比更大。许多学者从不同角度进行了原因分析。爱特堡（Altenbough，1995）提出人们认为小学教师职业带有家庭生活性质，因此被视为女性家庭劳动的拓展和延伸。格里芬（Griffln，1997）通过调查发现，美国 72%的中小学教师为女性，但 72%的校长和 95%的学监为男性，男性在学校行政中占统治地位，而女性则主要在薪酬较低的职位上，这实际上反映了两性的垂直隔离。对此拜克伦（Biklen，1983）从职业性别刻板印象的角度进行了解释。艾普尔（Apple，1983）从政治经济学的角度分析，认为雇用女性为劳动力可以减轻公立教育普及所带来的义务教育成本增加的压力。

很多学者也对女性教师职业生涯的发展进行了研究。拜克伦（Biklen，1983，1995）提出女性教师职业生涯模式常常由于家庭原因呈现不稳定性，但是却有高承诺，倾向于在育儿期结束后重回工作岗位。女性教师对升迁和行政的兴趣并不浓厚，主要关注的是对于教育技能的提升，这实际上不利于女性教师自身的发展，因此具有持续性与职位阶梯性的传统生涯观并不适合于女性教师。格兰特（Grant，1989）通过对 38 位女性教师的访谈，也发现女性的“职业生涯期望”随着个体生活的变动而变动。此外，阿克（Acker，1994）采用民族志方法对两所英国小学进行研究，以女性教师的生活与工作为分析主轴，提出女性教师职业生涯的发展随着家庭状况、配偶情况、学校以及生活的影响而不断变化。

（2）女性高层人才。目前对于组织管理高层的调查表明，只有极少部分女性能够晋升到组织最高管理层（Ragins et al.，1998）。这一情况导致女性在组织高层中话语权丧失，也给组织中其他女性传递了一种信号，认为作为女性是一种负债，女性或是表现出竞争力，或是表现得讨人喜欢，二者不可兼得；此外，这种信号也阻止了有能力成为领导的女性寻求相关的职业发展的建议与帮助（Ibarra，1993），妨碍了她们转化为女性高管，使得组织高层中女性的比例越来越低，女性职业生涯的发展陷入恶性循环。因此，缺乏社会资本是女性工作者难以成为高层的关键障碍之一。

沙利文（Sullivan，1999）建议未来的职业模式应该考虑提高工作弹性和技能的可转移性，关注女性工作者对工作意义的追求与自我价值实现的需要，以帮助女性实现职业发展。目前，组织为女性提供的具有挑战性的工作很少，女性仍然面临许多无形的歧视（Ragins et al.，1998；Mainiero & Sullivan，2005）。越来越多的女性在这一情况下选择创业，有以下四个原因：对更大工作弹性的需求；玻璃天花板效应的影响；不满于组织工作环境；组织未能给女性创造具有挑战性的工作机遇等。由此可知，目前传统的职业发展模式仍然在组织实践中盛行，限制着女性职业生涯的发展。

女性职业生涯发展研究是多学科交叉研究的重要课题之一，国外学者的研究涉及女性职业发展的阶段、路径、模式以及影响因素和策略等多个方面，发现与女性职业发展和职业成功相关的研究构念包括社会网络、权利、玻璃天花板、性别歧视、职业晋升、个人发展、关系实践、生育、工作-家庭平衡、女性领导力等。因此，关于女性职业生涯的研究是多背景、多视角的，这也造成了研究构念的重叠，不利于我们对女性职业生涯形成一致的理解。虽然西方关于女性职业生涯的研究主题较为零碎，我们仍可以将其分为职业心理学和组织行为学两个方面。

职业心理学学者主要研究影响女性职业生涯发展的相关因素，如职业性别刻板印象、职业动力、自我效能等，比较关注个体背景因素对于个体职业生涯的影响，而忽视了组织结构的作用。

组织行为学学者主要以组织为中心，探讨提高员工生产力和绩效的方式，并最大限度地赢得员工的奉献精神。他们关注的主题为组织职业生涯的发展、晋升、职业调试、工作-家庭平衡等，从多重角色的视角出发，解释女性在职业生涯发展中所经历的角色冲突和溢出效应。此外，他们还探讨了两性职业特征的差异，认为这种差异源于组织和社会建构的结果，且随着社会的发展和组织结构的不断完善，两性在上述职业特征上的差异正不断消减。两性虽具有相同的职业特征和职业方向，但他们在职业发展上仍然存在差异，即“玻璃天花板”。组织行为学视角过多地关注组织的利益，忽视了个人福利和社会问题。

2. 国内研究现状

随着西方女性职业生涯研究的发展，国内在此领域的研究也日益丰富，关注的对象十分多样，不仅包括女性教师、女性高层人才，还包括女性大学生、女性科技工作者、女性公务员等。我们选取一些关于上述研究对象的研究成果进行介绍。

（1）女性教师。程芳和周二华（2010）以在十种管理类期刊上发表论文的 2 824 名作者为样本，研究了我国高校女性教师职业生涯发展情况，发现高校女性教师在我国管理学学术领域仍处于劣势地位，其职业发展模型可分为尝试、调整、重建、再次调整和衰退五个阶段。随着年龄的增大，两性教师职业发展的差异也不断增大。她们进一步提出国家和高校应该认识到女性职业生涯发展的特殊性，为其创造良好的条件。而高校女性教师也应当加强职业生涯规划的意识，主动、充分了解女性职业发展的规律，提高自身职业生涯开发能力。

（2）女性高层人才。同国外的情况相似，国内女性高层管理人才的比例低，数量少，女性职业发展受到了较大局限。杨慧（2013）基于职业生涯理论和社会性别视角，以党政、科研和管理三个领域的女性高层人才为研究对象，总结了她们职业生涯发展的四大挑战：职业生涯初期遭受的就业性别歧视、发展期面临的工作-家庭冲突、稳定期面对的男士优先和衰退期被迫的提前退休。罗青兰、孙乃纪和于桂兰（2014）基于文献分析法，根据女性特有的生理与心理特点，从宏观、中观和微观三个层面分析，提出社会文化、组织与家庭、个体因素及它们的交互作用都会影响女性高层人才的职业成功。

（3）女性大学生。女性大学生的职业发展程度能够反映一个国家的社会经济发展水平和社会文明发展水平。魏文风和闫京华（2013）分析了女性大学生在做职业选择时的基本心理特征，认为她们普遍缺乏清晰的职业生涯规划意识和科学的职业生涯发展设计，其生理结构和功能特征使得社会对她们产生刻板印象，她们也容易形成自身标签意识。此外，女性在职业发展中也缺少可以学习的指标。这些都让女性大学生在进行职业选择时产生危机意识，并且在一定程度上阻碍了她们的职业生涯发展。李洁、武勤和任锡源（2013）通过对北京市 7 所高校和部分科研所的调查，发现先进的社会性别意识会让女博士取得更高的职业成就，在职业生涯入口更容易获得工作，并为其提供职业发展道路上更加持久的动力。她们也进一步提出女博士尤其要注意对工作-家庭冲突的调适以便在职业生涯发展道路上走长走远。

（4）女性科技工作者。在知识经济时代，女性科技工作者既为高成本劳动力，也是高创造力群体，这些特性让一些学者将其作为一类特殊人群进行关于女性职业生涯的研究。张廷君和张再生（2009）通过分析，将女性科技工作者的职业生涯分为职业探索阶段、职业攀登阶段、职业高原阶段和职业退出适应阶段。不同的生命周期、退休政策等内外部因素都会使两性科技工作者的职业生涯发展产生差异。而女性科技工作者的职务水平较同龄男性低，两性的职业生涯发展存在水平隔离。

（5）女性公务员。随着女性公务员比例逐年提高，这一群体的职业生涯引起了学者的关注。宁本荣和赵晓康（2014）借鉴职业生涯阶段理论，将女性公务员的职业生涯发展分为探索期、徘徊转型期、上升分化期、维持期以及退出期五个阶段，并提出政治、经济、社会资源以及工作-家庭平衡与自我价值实现等因素会在各个发展阶段发挥作用。

国内女性职业生涯发展的研究最早也是从心理学与组织行为学的角度展开的，并发现了女性职业生涯发展过程中的一些特殊现象，如玻璃天花板（glass ceiling）、死巷（blind pass）和玻璃峭壁（glass cliff）等。首先，即使是在同一岗位上，女性较男性而言也更难晋升到高层，升迁的概率小于男性。其次，女性晋升机会小于男性的一个重要原因在于女性员工集聚的岗位升迁机会有限，如技术要求低、服务内容简单、替代性强的岗位。最后，女性即使晋升到领导岗位，也有可能被男性领导者怀疑、挑剔甚至排斥，让她们在领导岗位上也面临困难与挑战。

此外，国内关于女性职业生涯的研究也从社会学和经济学的视角展开。社会学的视角主要是寻找职业生涯与社会各结构和制度之间的有机联系。而经济学视角打破了传统人力资本理论对投资对象和投资环境的忽视，关注在人力环境中男女两性投资价值的差异，提出男性工薪收入高于教育投资相同（学历相同）的女性是因为存在"性别租金"；男女两性相对投资价值的变化是因为人力环境的变化。

3. 总结与展望

（1）国内外研究异同。目前国内外关于女性职业生涯的研究已经涉及心理学、社会学、管理学、经济学以及教育学等多个学科，从不同视角对女性职业生涯发展进行了研究，研究成果不断丰富，达成了一些共识。比如，国内外学者都很重视男女两性职业生涯发展的差异，以便对女性职业成功进行进一步理解。国内外的学者都提出男女性职业发展的差异不仅仅受性别影响，还会受到社会和组织因素的影响；与男性相比，女性的职业生涯更容易受到家庭责任的影响；在高层中女性占比低，限制了她们职业生涯的发展等。应该说，国内外关于两性职业成功差异性的影响因素已经达成共识，并且学者们发现女性的职业成功远比传统上认为的更为复杂，他们归纳出以下特征：首先，女性的职业成功关注自我实现和心理满足；其次，女性更加关注工作-家庭平衡；最后，女性的职业成功是一个丰富多元的概念，有更大的弹性。因此对职业成功评价标准建构还未有定论，这也为未来的研究提出了一些方向。

20世纪90年代以后，随着社会发展和科技的进步，无边界职业生涯、易变性职业生涯的概念应运而生，对中西方的女性职业生涯研究都产生了重要影响。在无边界职业生涯背景下，女性职业生涯发展呈现出新动向和新挑战。新动向包括：工作边界与生活边界逐渐融合，且在信息化的虚拟组织中女性能够平等地参与社会经济生活；"女性化组织"出现，探索女性的价值观与组织结构之间的关系，并且前者逐渐向后者渗透；柔性化的管理方式越发重要，人际沟通向"女性化"发展，以建立高效、有成效的组织。而新挑战则主要包括女性自主性不足导致的职业安全感缺失、无边界职业生涯未能消除的潜在的性别歧视所带来的障碍以及终身学习与女性职业生涯周期存在的断裂。无边界职业生涯带来的新动向和新挑战也将成为今后女性职业生涯研究的方向。

当然，国内外的研究也有一定的不同。首先，中西方在传统文化、社会制度与结构、社会经济发展水平等方面存在差异，所以适合西方女性的职业生涯理论框架和模型不一定适合中国女性。如中国相关的生育政策，从最初的“计划生育”到“单独二孩”再到“全面二孩”，都会对女性的职业生涯产生重要影响。

（2）目前的研究局限与展望。目前，国内外关于女性职业生涯的研究还存在以下一些问题：首先，不同学科背景的研究者都从不同侧面对女性职业生涯发展问题进行研究，针对女性职业生涯发展的对策建议，由于存在国家、社会企业家庭和个体的倾向，缺乏针对性和可操作性。其次，研究模式相对单一，表现为：在研究对象上，学者们倾向于研究高学历女性（如女性高校教师、女性科技工作者、女性高层人才）的职业生涯而忽视人力资本存量较少的女性群体（如服务业中的女性、女性农民工等）；在研究内容上，更多地关注职业生涯阻隔因素，较少关注职业成功；在研究方法上，中西方大部分的研究都是通过定量方式展开的，缺乏对女性职业生涯发展机制的深入研究，关键变量的作用路径、效应大小无法区分，由此无法找到促进女性职业发展的有效干扰路径。

针对目前的研究现状，未来的研究可以从以下几个方面着手：

首先，由于目前的研究比较零散，我们期待未来能够组建跨学科的研究团队，以整合宏观与微观层面不同学科背景的研究成果，而不是将社会学、经济学、管理学等研究成果单独剥离开。

其次，更好地构建女性职业成功的评价标准。具体地，将女性职业成功的标准，建构在“第二代性别偏见”研究的基础上，并且帮助女性将性别本身与职业目标、工作意义和自我价值的实现联系起来。此外，还需要关注组织环境对女性职业成功标准建构的影响。

最后，对于我国学者而言，需要加强本土化女性职业生涯相关研究。当前国内的研究大多追随西方的脚步，以西方女性职业生涯理论为研究框架，缺乏本土理论的探索。因此，未来应该更深入地对我国女性的价值观、职业动机、自我评价等方面进行系统的横向与纵向研究，探索适合于本国女性职业生涯的理论模型。

第 2 节　女性职业生涯发展的影响因素

目前国内外对于女性职业生涯发展的影响因素已有大量研究，虽然不同领域的学者关注的重点并不相同，但是这些影响因素大致可以分为两类：外在因素和内在因素。其中，外在因素指的是社会因素、组织因素和家庭因素等；而内在因素则指个体因素，比如女性的人格特质、生理特点、心理特点、人力资本和社会资本等。相对于女性职业生涯发展的促进因素来说，学者们更加关注阻碍女性职业生涯发展的相关因素。

一、社会因素

1. 传统观念

在长期社会历史发展的过程中，整个社会形成了根深蒂固的“男尊女卑”“男主内、女主外”的观念，这样的性别角色规范赋予女性照顾者、感情化的角色（杨晓，2009）。于是操持家务、抚育子女等家务事都落在女性身上，而外出赚钱、改善家庭经济状况的责任则由男性来承担。如果男性在家庭中付出较多，女性外出工作更多的话，人们会觉得这样的男性胸无大志、不思进取。如果女性的社会地位或工资收入高于男性，男子的心理往往会有阴影，这样会影响婚姻和家庭的稳定性（段学红，许丽遐，齐泽旭，2008）。

传统观念对男女性别角色期待的不同，使得两性之间的角色行为也迥然不同。就男女分工形式而言，在成家立业、为人父母以后，男性倾向于以工作为重，而女性则倾向于回归家庭（舒福灵，卢璟，2011）。即使是在职场中有一定建树的女性，也仍然要负责较多的家务及教养责任。一些女性会因为对工作投入过多、疏于照顾家人而心生愧疚，从而产生角色冲突，以至于影响到她们对于职业生涯的思考和抉择（杨晓，2009）。艾斯丁（Astin，1984）提出的以需求为基础的职业选择与职业行为的社会心理模式也表明，女性的职业生涯发展受到性别角色社会化的限制。

另外，如果女性在职场中取得了相当大的成就，人们不一定会持赞赏的态度，反而可能加以讽刺或者排斥。抱着世俗的观念，人们往往戴着有色眼镜去评价取得非凡成就的女强人，导致一些有能力、有才华的女性最终放弃对职业生涯的追求，人生归于平淡（罗青兰，孙乃纪，于桂兰，2014）。

2. 性别刻板印象

社会对于性别的刻板印象阻碍了女性职业生涯的发展。一般性别刻板印象认为女性趋于大众特质，男性则趋于管理特质（舒福灵，卢璟，2011）。中国传统文化对女性的角色期待加上女性的生育功能放大了女性的养育者身份，于是女性被认为应该具备温顺、善解人意、重感情等特征，这导致人们对女性产生偏见，认为她们缺乏管理特质，不能胜任高层管理职务，甚至被界定为情感性的提供者（卢璟，磨玉峰，2008）。而男性则被认为应具有权力动机、创造力、成就动机、思维清晰度、领导才能、对工作的责任感、对挫折的忍受力等特征（魏文风，闫京华，2013）。性别刻板印象会使那些被认为不适合某项工作或职位的女性，质疑自己的工作能力，以至于无法发挥出应有的潜能。

女性也可能因为性别刻板印象而遭遇不公正对待，研究显示，企业高层管理者认为女性升迁的最主要障碍就是人们对她们的成见太深，这些成见包括：女性不像男性那般敬业，女性不够坚强或太情绪化，女性不愿意加班或接受不正常的工作时间，女性的侵略性不够或是侵略性太强，女性无法果断决策等。这种性别刻板印象使得主管容易低估女性的能力和成就，从而造成女性不易被提拔至管理层的位置。

3. 社会教育

社会教育在女性的职业生涯发展中扮演着重要的角色，受教育程度影响女性发展的质量，学习楷模影响女性发展的程度。

（1）受教育程度。虽然随着时代的进步，女性的受教育人数和程度不断提高，但是总体上，女性的受教育程度相对于男性来说仍然偏低。我国自实行九年义务教育以来，虽在小学教育中女性和男性的比例基本持平，但是越向高层次，男女受教育的比例相差就越大，在农村地区尤为明显。这使得女性在如今偏好高学历的劳动力市场上处于弱势地位，不利于其职业生涯规划与发展（段学红，许丽遐，齐泽旭，2008）。

（2）学习楷模。在目前的教育体系下，女性相较于男性更缺乏学习楷模，而成功女性的楷模对于女性职业生涯发展具有重要影响（Reddin，1997；Walder，2000）。金庆花等对语文教材的研究显示，在教科书中绝大多数主人公为男性，且角色多为职业角色，如士兵、政府领导、工人等，而女性则多为家庭伦理角色，比如母亲和祖母。另外他们还发现小学课本中出现的科学家全部都是男性。这样的教材传统性别意识强烈，缺乏女性学习楷模。根据精神分析学派的人格形成理论，模仿和角色扮演是使青少年人格成熟的最主要学习模式，所以女性学习楷模的缺失不利于成熟的女性职业人格的形成（魏文风，闫京华，2013）。

4. 社会制度

社会制度是影响女性职业生涯发展的重要因素。我国的法律法规虽明确规定妇女享有平等的就业机会和选择职业的权利，但是这些规定缺乏可操作性，对违反规定的行为也没有严格的约束机制。另外社会保障机制也不健全，本应由社会承担的女职工生育基金补偿制度不健全，所以职工生育问题不得不由用人单位来承担。而用人单位往往追求经济利益最大化，不愿意承担女性员工在生育期间的“额外”成本，所以导致女性在就业、职务安置和晋升中受到歧视（邓子鹃，2013）。

二、组织因素

1. 性别歧视

性别歧视是制约女性职业生涯发展的根本因素。在组织当中，因受到传统观念的影响，女性在就业机会、岗位安置、薪酬水平和晋升机会方面受到歧视（佟新，2001；颜士梅，2009；范向丽，2011；傅跃琴，2008）。某些职业或职务仍然被认为是只有男性才能胜任的，在一些与传统女性角色不相符的职业领域，性别歧视对女性职业生涯发展的影响尤为突出。具体表现为：行政女性和企业女性管理者的数量较男性更少且职位晋升更困难；科技女性的数量较男性少且在职称评定、项目申请和科研团队建设等方面更加困难（张喆，徐红，2010；范向丽，2011；李全喜，2009；杨丽，2010）。

另外，一些企业认为女性由于承担家务、生育等职责，不会有太多的精力和热情来发展自己的事业，并且企业为了追求经济效益，也不愿意承担女性生育的社会责任，所以会歧视性地对待她们，要么拒绝，要么将其定位在一些辅助性的岗位上，造成女性职业生涯发展的机会和空间越来越少（杨晓，2009）。

2. 组织文化

组织文化会在一定程度上影响女性的职业生涯发展。在大多数组织中，男性文化占主导地位，这种文化与父权体制息息相关。高层管理者多为男性，这有利于男性占据支配地位，而女性则多处在执行层，在组织中处于被支配地位。在这种男性文化较强的组织中，女性需要不断突破自我限制才能达到与男性同等的水平。同时这种企业所制定的政策和做法，也一定会和女性的需求产生冲突（舒福灵，卢璟，2011）。

组织中的女性管理者往往会遭到挑剔（张戌凡，2012），因为女性管理者需要适应以男性文化为主导的环境，并将其管理风格转化成男性管理模式。这种男性管理模式让女性遭到一种双重标准的对待：如果她们的管理风格是女性化的，可能会被认为是一个无效能的主管；如果她们调整成男性化的风格以适合管理角色，又会被批评为不够女性化。

总而言之，在男性文化较强的组织中，女性的职业发展往往会受到一定的局限，甚至会出现职业隔离或职业限制的情况。而在具有崇尚性别平等的企业文化的组织中，女性的职业发展可能会相对顺畅一些（何建华，2007）。

3. 玻璃天花板

玻璃天花板指的是，当组织中的女性或少数族群慢慢往上晋升时，尤其是在接近顶端时，自然而然就会感觉到一层看不见的障碍挡在他们上面，使得他们的职位往往在上升到某一阶段后止步。这并不是因为他们的能力或经验不够，或是不想获得该职位，而是针对女性或少数族群的晋升，组织似乎设下了一层障碍，这层障碍有时甚至是无形的（卢璟，磨玉峰，2008）。

维茨和萨瓦赫（Witz & Savage，1991）指出，玻璃天花板的形成受到职业性别刻板印象和组织制度设计这两个因素的影响。女性被认为缺乏管理特质，男性是组织制度的设计者，因此整个组织都存在性别不平等的氛围，导致女性在升迁中遇到障碍。奥克利（Oakley，2000）认为组织的人力资源管理实践是造成女性遭遇玻璃天花板的原因，女性在组织中缺乏职业发展机会，无法进入以男性为主导的高管圈子。

大多数企业的高层管理者中男性数量更多，而人们往往有“同类性”倾向，所以他们更倾向于提拔跟自己相似程度更大的男性员工，而不愿意把机会留给与自己差异更大的女性员工，这使得男性担任企业高管的传统一直延续下去（刘世敏，刘淼，2014）。女性在高管中的较低比例使得她们失去话语权，这进一步限制了女性员工的职业生涯发展（罗瑾琏，肖薇，2012）。

三、家庭因素

1. 家庭责任

家庭责任对于男性和女性职业生涯的影响不同。贾奇等（Judge et al.，1995）通过研究发现婚姻对于男性来说意味着得到更多的情感支持以及家务分担；而对于女性来说则意味着对工作投入与付出的减少。女性是家务以及子女教养的主要承担者，烦琐沉重的家务劳动以及对子女培养教育的重视程度的提高，使得女性需要在家庭中花费大量的精力。工作与家庭之间的冲突常常使女性显得精疲力竭，这迫使她们不得不放弃一些自己能够胜任的职业发展机会，最终导致职业发展受阻（罗青兰，孙乃纪，于桂兰，2014）。

2. 家庭教育

家庭对于子女的教育也会对女性的职业生涯发展产生一定的影响。雷丁（Reddin，

1997）通过研究发现，家人是影响高成就女性职业生涯发展的外在因素，他们能够影响女性对于职业生涯发展的看法。父母对性别角色的态度，正面影响者会增强女性的成就动机，负面影响者会导致女性即使得到高成就，仍持自我怀疑态度。陈聪（2011）通过叙事研究发现，家庭教育影响个体对自我概念的认同以及对工作的态度。女性在从小接受的家庭教育中对性别角色、工作-家庭冲突等形成自己的认知，这些认知会对其职业生涯发展产生影响。

四、个体因素

1. 生理特点

女性由先天生理特点决定，需要承担繁衍后代的社会责任，生育会占用她们很多的时间与精力。尤其在孕期和哺乳期，女性不仅要承受身体的不适，还要完成工作任务。即使过了哺乳期，女性对抚养子女、照顾家人等家务的承担也远高于男性。这可能会导致女性工作参与度和劳动效率的降低。因此女性要想在社会中取得与男性同等的地位，就需要付出更多的努力（段学红，许丽遐，齐泽旭，2008）。

研究发现，无论是企业女性员工、参政女性、高知女性还是高校女性教师，生育都对女性的职业生涯发展有负面影响。生育与工作时间产生冲突，会导致职业生涯暂时中断，这种突如其来的巨大变化，难免会使原本的职业生涯规划与目前状况有所偏差（苏津津，李婕，2015）。生育对女性职业生涯的阻碍还表现为：职业自主权和职业机会减少；工作-家庭冲突增加；职业成就动机降低；职业地位降低等（邓子鹃，2013）。

另外，由于女性的生理周期、生理结构等特点，她们无法像男性一样承受一些高强度的工作，比如重体力活或者频繁的出差等。因此在劳动力市场中，女性比男性更缺乏竞争力，常常被认为成本更高或不可靠，这也是导致性别歧视的主要原因。

2. 心理特点

（1）职业动机。法默（Farmer，1985）认为个体、背景和环境因素影响了女性的职业动机，而职业动机又与这些因素交互作用进一步影响了女性的职业成就与职业开发。因此女性与男性职业动机的不同是影响其职业生涯发展的一个重要原因。

女性独特的人格特质决定了其与男性对职业成功的认知标准存在个体差异。一项针对创业者创业动机的研究发现，男性把赚钱作为唯一的创业动机，而女性则把独立、有成就感作为创业的首要动机，最后才是赚钱。从职业成功观来看，男性更注重薪酬、地位、晋升等客观指标，而女性则更关注发展、满意度等主观指标，并把权力和回报放在其次（罗青兰，孙乃纪，于桂兰，2014）。女性对高层职位所带来的威望、权力的需求程度显著低于男性（李静，2012），因此她们更倾向于横向的事业发展而非纵向的职位晋升。

（2）成就动机。女性比男性拥有更复杂的成就动机，除了追求成功和避免失败以外，女性的成就动机结构中还包含着成就恐惧，即害怕成功的心理。实证研究显示：如果女性的经济地位或行政职务高于男性，她们往往会产生更多的焦虑（魏文风，闫京华，2013）。因为女性成功后除了有受到赞美的可能性以外，也有很大可能会受到排斥、嫉妒、讽刺或其他的责难（舒福灵，卢璟，2011）。由于成功往往可能伴随着不被社会接纳或丧失女性特质等危险，因此“害怕成功”成为女性成就动机低于男性的重要心理因素。既害怕成功，又害怕不成功，女性这种复杂的成就动机使得她们的职业生涯发展并不像男性那样无所顾忌。

（3）自我设限。由于受社会职业性别刻板印象的影响，女性在确定自己的职业目标时，有可能无法正确认识自身的能力，缺乏挑战的勇气，因此容易自我设限。女性的人格特征一般不像男性那样坚定、执着和毫无顾虑，受传统观念的影响，一些女性渴望得到男性的庇护和照顾，而不愿在事业上付出太多。杨平（2010）认为女大学生中存在定位模糊、标签意识和依赖心理的心理误区，王婷丽、刘彦希和饶宇（2012）认为女大学生中存在娇气、依赖、犹豫不决和虚荣等心理误区，这些普遍的心理误区使得女性在职业选择过程中的自我设限效应更加明显。一些女性自认为是就业中的弱势群体，因此在职业选择上倾向于稳定、风险较小的工作，而不愿追求竞争性大、挑战性大的职业。到工作单位以后，她们也比较容易自我满足和寻求安稳，从而进入职业高原期（杨晓，2009）。

第3节　女性职业发展障碍的应对策略

如何帮助女性克服职业发展过程中的障碍？我们可以从个体、组织、社会三个方面考虑。

一、个体因素

1. 不断学习，提升自我

通过不断学习充实自己是女性提升人力资本、提高职场竞争力的重要前提。继续教育和考取职业资格证书是帮助女性白领摆脱职场弱势地位最直接、最有效的办法（崔岩，2008）。除了学习与职场相关的技能，对生活技能的学习也必不可少，良好的生活技能可以帮助女性更轻松地处理生活琐事，使女性有更多的时间精力应对职场问题。另外，女性需要从生活、工作中不断反思并总结经验，抓住一切机会提高自身的沟通能力、时间管理能力。

2. 加强自我职业生涯规划，保持工作-家庭平衡

女性可以通过个人执行力发展档案设计法（PPDF）、SWOT分析法等在对自身和环境有所认知的基础上对自己的职业生涯加以规划。女性在孕育抚养下一代上往往要付出比男性更多的时间和精力，“全面二孩”政策出台以后，生育、抚养问题带来的女性职业中断现象将更加明显，女性如何在职业生涯规划中更好地平衡职业与家庭呢？很多学者提出了应对策略，叶文振（2014）提出十月怀胎期间可以和职业培训结合起来，通过互联网紧跟职业职责和市场情况的变化，以保持职业女性的精神状态和岗位意识；鼓励女性把二次就业和创业纳入职业生涯规划，为未来职业转换做好技能准备。关培兰和张爱武（2009）提出，在职业生涯规划中应首先确定每个发展阶段的工作与家庭的优先

级，找到适合自己的一种工作生活模式。此外，女性还应摒弃传统角色观念和刻板印象，与家人保持沟通，积极寻求发展自身才能的机会（邓子鹃，2013）。

3. 找到职业使命

清晰地意识到自己的职业使命并在工作中践行这种使命，是获取可持续职业成功的先决条件。女企业家董明珠、女教育家刘彭芝等女性管理者的杰出代表，都是践行职业使命的典范。不可否认，女性管理者在职场上依然会遭遇性别歧视、刻板印象等，如果没有强大的内心世界和坚定的信念，很容易退缩和放弃。而对自己使命的感知是人的内在核心动力，是一种积极的信念，比积极情绪更持久、更稳定。一个人的使命感越强，责任感就越强，工作就越有激情，抗挫折的能力也就越强，同时也更能体会人生的意义和价值。这种精神力量对于女性管理者尤为重要（周文霞，2023）。

4. 强化管理动机

美国心理学家霍纳通过实验研究发现，在性别角色的影响下，女性有害怕竞争、恐惧成功的倾向。原因在于传统文化和社会规范给女性的定位是温柔、贤惠、照顾家庭、不应该抛头露面。要成功就不可避免地要参与竞争，这意味着对性别角色定位的挑战和背叛，可能会被男性甚至社会拒绝。女性管理者要构建可持续职业生涯，必须打破惧怕成功的心理，强化管理动机，敢于竞争，勇于承担管理职责，坚持自我，提升领导力，建立良好的人际关系（周文霞，2023）。

5. 积累职业资本

按照个人、时间、情境三个维度，职业生涯的可持续性包括在不同的职业生涯阶段保存以及创造各种有利于自身发展的资源。德费利佩和亚瑟（DeFillippi & Arthur，1994）提出了智能生涯理论，他们认为个体适应企业发展的三种就业能力分别是："know-how"——员工的知识、技能和能力，"know-whom"——一系列有助于公司社会网络活动的内外部人际关系，"know-why"——包括个体的动机、意义、认同、人格、兴趣和价值观等。我们将这三种能力视为职业发展的三种资源，并进一步将其概括为人力资本、社会资本和心理资本。

女性管理者要发挥个体的主动性，在工作中积累自己的三大资本。卢桑斯等（Luthans et al.，2004）将心理资本看作"个体的行为动机变量，是人格特征中对职业成功有正向影响的因素，能促进个体积极发展的内部心理资源"。个体的心理资本越高，心理资源越多，越有助于获得更高水平的人力资本和社会资本。人力资本指个人掌握的知识、技能、职业胜任能力，可以体现为职场的可雇佣性。社会资本指个人拥有的社会关系、社交网络，可以为个人的职业发展提供平台、机会、资源，使职业生涯有"贵人相助，高人指路"。对于女性管理者来说，首先要开发积累自己的心理资本，提升自我效能感，对工作生活充满希望，增强自己的韧性，保有从逆境、冲突、失败、责任和压力中迅速恢复的心理能力。当心理资本足够强大时，人力资本、社会资本的获取和提升，就成为水到渠成的事（周文霞，2023）。

6. 关注和谐平衡

有学者研究发现，使命感是一把双刃剑，既可以通过工作场所积极情感带来工作-

非工作增益，又有可能导致工作狂特征引发工作-非工作冲突。目前已有实证研究检验了使命践行程度对工作-家庭不平衡的显著预测作用，我们的调查也发现过高的使命感会导致工作耗竭的状态。实践中，我们也看到过度工作导致身心健康受损，甚至出现过劳死的状况。这些都违背了可持续职业发展的主张。在关于职业成功观的研究中，我们发现，中国人心目中职业成功的标准包含三个维度，即外在报酬（金钱、地位、晋升等）、内在满足（贡献、认可、发挥潜能、工作愉悦等）、和谐平衡（工作-家庭平衡、身心健康和谐），而女性比男性更看重和谐平衡（周文霞，2023）。

二、组织支持

联合国妇女署和联合国全球契约办公室于 2010 年共同发起“赋权予妇女原则”，共包含 7 条准则：（1）建立高层次的企业领导机制来促进性别平等；（2）尊重并支持人权和无歧视原则，平等对待所有男女员工；（3）保障所有男女员工的健康、安全和福利；（4）加强对女性员工的教育、培训，促进其职业发展；（5）推广有利于提高女性能力和权利的企业发展计划、供应链及市场营销方式；（6）通过社区行动和宣传促进性别平等；（7）评估和公开报告企业推动性别平等的进展情况。这 7 条准则指导企业从内部和外部企业社会责任策略来推动性别平等。

1. 倡导男女平等的企业文化

企业应该营造男女平等的企业文化，打造以能力为导向的人才发展战略，让男女员工都能够得到尊重。在工作中应减少性别偏见，保证女性职业发展通道的通畅性，对工作场所中出现的性别歧视行为进行警告与惩罚。

2. 为女性员工职业发展提供指导与支持

企业可以定期聘请专业人士为女性员工的职业发展提供咨询服务，帮助女性员工了解自身的特质与能力，了解其在组织发展中的机会与威胁，协助员工制定一份符合个人情况的职业规划，以便其在工作与家庭之间找到平衡。此外，组织应尽可能地为女性员工提供工作上、生活上的支持，如增加培训提高员工职场、生活技能，施行员工援助计划（employee assistance program）等。在宝洁中国，公司专门为 6 岁以下孩子的妈妈和处于孕期的准妈妈设立了阳光俱乐部，在俱乐部里，她们可以学习如何成为一名好家长、如何处理长辈和保姆阿姨的争论、如何看待孩子生病的问题等。专业的指导为员工解决了家庭生活的后顾之忧，提升了员工的生活品质，使他们可以更加全身心地投入工作。

三、社会保障

1. 倡导男女平等的社会理念

当前社会应摒弃“男主外、女主内”的固有思想，倡导男女平等的社会理念。应鼓励女性平等地参与社会事务，也鼓励男性共同承担家庭责任。应加强对女性工作者工作成绩的宣传，让社会充分认识到女性的能力与作用，也激发广大女性奋发向上、不断进取的动力（关培兰，张爱武，2009）。

2. 加强立法保障

我国《劳动法》《妇女权益保障法》《劳动合同法》《社会保险法》《女职工劳动保护特别规定》为女职工就业提供了相对全面的保障，但个别法律法规还应做进一步完善。同时，需要加大法律的执行力度、建立完善的监督体系，使相关的法律、法规真正落到实处，发挥其应有的作用。

相关链接

杨澜：人生需要规划

提起杨澜，很多人都说她太幸运了。从著名节目主持人到制片人，从传媒界到商界，她一次次成功地实现了人生的转型。杨澜是幸运的，但这种幸运，并非人人都有，也不是人人都能驾驭的。它需要睿智的眼光、独到的操控能力，是职业经历累积到一定程度厚积薄发而来。就像杨澜自己说的那样：“一次幸运并不可能带给一个人一辈子好运，人生还需要你自己来规划。”

第一次转型：央视节目主持人

在成为央视节目主持人以前，杨澜是北京外语学院的一名大学生，还是一个有些缺乏自信的女生，甚至曾因为在听力课上听不懂而特别沮丧。直到后来听力水平提高了，才逐渐恢复了自信。她说：“我经常觉得自己不是一个有才华和极端聪明的人。”可这一切并没有影响到杨澜后来的成功。勤勉努力的她，不仅大胆直率，看问题也通常有自己独特的视角。

1990 年 2 月，中央电视台《正大综艺》节目在全国范围内招聘主持人。杨澜以其自然清新的风格、镇定大方的台风及出众的才气逐渐脱颖而出。但是，由于她长得不是特别漂亮，在第六次试镜时还只是在“被考虑范围之列”。杨澜知道后，就反问导演：“为什么非得只招一个女主持人，是不是她一出场就是给男主持人做陪衬的？其实女性也可以很有头脑，所以如果能够有这个机会的话，我就希望做一个聪明的主持人。”“我不是很漂亮，但我很有气质。”就是杨澜的这些话，彻底打动了导演。毕业后，杨澜正式成为《正大综艺》的节目主持人。直到现在，杨澜也一直坚持认为主持人不一定非得漂亮，头脑更重要。

四年央视节目主持人的职业生涯，不仅开阔了杨澜的眼界，更确立了她未来的发展方向：做一名真正的传媒人。

第二次转型：美国留学生

1994 年，当人们还惊叹于杨澜在主持方面的成就时，她又做出了一个令人惊讶的决定：辞去央视的工作，去美国留学。

在事业最光明的时候选择急流勇退，这就意味着她要放弃目前所拥有的一切，包括唾手可得的美好未来。但资助她留学的正大集团总裁谢国民先生说了这样一句话：“我觉得一个节目没有一个人重要。”这给杨澜留下了很深的印象。

26 岁的时候，杨澜远赴美国哥伦比亚大学，就读国际传媒专业。有一次，杨澜写论文写到半夜两点钟，好不容易敲完了，没有来得及存盘，电脑就死机了。杨澜当时就哭了，觉得第二天肯定交不上了。宿舍很安静，除了自己的哭声，只有宿舍管道里的老鼠在爬来爬去。但最后，她还是擦干眼泪，把论文完成了。谈起这段生活，杨澜说："有些人遇到的苦难可能比别人多一点儿，但我遇到的困难并不比别人少，因为没有一件事是轻而易举的，需要经历的磨难委屈，一样儿也少不了。"

业余时间，她与上海东方电视台联合制作了《杨澜视线》——一个关于美国政治、经济、社会和文化的专题节目，这是杨澜第一次以独立的眼光看世界。她同时担当策划、制片、撰稿和主持的角色，实现了自己从最底层"垒砖头"的想法。40集的《杨澜视线》发行到国内52个省市电视台，杨澜借此实现了从一个娱乐节目主持人向复合型传媒人才的过渡。

更重要的是，在这期间，她认识了先生吴征。作为事业和生活上的伙伴，在为她拓展人际关系网络和事业空间方面，吴征可以说居功至伟。他总是鼓励杨澜尝试新的东西：宁可在尝试中失败，也不能在保守中成功！正是吴征的帮助，使杨澜未来的道路越走越宽。

第三次转型：凤凰卫视主持人

1997年回国后，杨澜开始寻找适合自己的机会。当时，凤凰卫视中文台刚刚成立，杨澜便加盟其中。1998年1月，《杨澜工作室》正式开播。

凤凰卫视的两年，在杨澜的职业发展中起了重要作用。她不仅积累了各方面的经验和资本，同时也预留了未来的发展空间。

在凤凰卫视，杨澜不只是主持人，还是《杨澜工作室》的当家人，自己做选题，自己负责预算，组里所有的柴米油盐，她都必须精打细算。这种经济上的拮据，对杨澜来说是一个非常好的锻炼，使她知道如何在最低的经费条件下，把节目尽量完成到什么程度。

在随后的两年时间里，杨澜一共采访了120多位名人。这些重量级的人物也构成了杨澜未来职业发展的一部分，不少人在节目之后仍和她保持密切的联系。这种联系除了会给杨澜带来一些具体的帮助之外，精神上的获益也不可忽视。同时，与来自不同行业不同背景的嘉宾交流，也让她的信息量获得了极大丰富。

两年后，杨澜已经有了质的变化。她拥有了世界级的知名度、多年的传媒工作经验，以及重量级的名人关系资源，对她而言，进军商界显然所欠缺的只是资本而已。而吴征，正是深谙资本运作的高手。

第四次转型：阳光卫视的当家人

1999年10月，杨澜辞去了凤凰卫视的工作。从凤凰卫视退出之后，杨澜曾一度沉寂。2000年3月，她突然之间收购了良记集团，更名为阳光文化网络电视控股有限公司，成功借壳上市，准备打造一个阳光文化的传媒帝国。

与大多数商人的低调不同，杨澜选择始终站在阳光卫视的前面。在报纸杂志网站上，经常可以看到关于杨澜的报道。她从一个传媒出身的人变成了一个传媒名人。这种对传媒资源驾轻就熟的运用，使得她的"阳光文化"一出生就有了许多优势。

但杨澜创业不久，就遇到了全球经济不景气，杨澜立刻感觉到了压力。她几乎天天都想着公司的经营。面对市场竞争的压力，杨澜将公司的成本锐减了差不多一半，并逐渐剥离了亏损严重的卫星电视与香港报纸出版业务，同时她还将自己的工资减了 40%。

2001 年夏，杨澜作为北京申奥的“形象大使”参加了在莫斯科成功申奥的活动。同年，她的“阳光文化”接手了中国最大的门户网站之一，开创了网络和电视相结合的时代，又与四通合作成立“阳光四通”，开始进军互联网业和 IT 业。

这一切都给公司所有员工带来了信心。终于，“阳光文化”在截至 2004 年 3 月 31 日的 2003 财务年度中取得了盈利，摆脱了近两年的亏损。之后，“阳光文化”正式更名为阳光体育，杨澜同时宣布辞去董事局主席的职务，全身心地投入到了文化电视节目的制作中。

第五次转型：重回文化圈

2006 年底，杨澜正式宣布放弃从商，重回文化圈。回归之后，她又相继和东方卫视、凤凰卫视、湖南卫视合作，主持了《杨澜视线》《杨澜访谈录》《天下女人》等节目。从体制内到体制外，从主持人转变为独立电视制片人，从娱乐节目到高端访谈，再到探讨女性成长的大型脱口秀节目。这一次转型，又令人耳目一新。

2007 年 7 月，杨澜不算完满的 5 年商业之旅画上了句号，开始了职业环境和职业路径的转换。杨澜宣布：将她与吴征共同持有的阳光媒体投资集团权益的 51%无偿捐献给社会，并成立非营利机构——阳光文化基金会。同时辞去了包括阳光媒体投资集团董事局主席在内的所有管理职务。此举意味着，杨澜已从商场抽身而退，重回她所熟悉擅长的文化传播和社会公益事业。这样的职业路径转换是社会大众未曾预料到的，这是杨澜结合自身的职场优势和职业环境进行的一次职业角色的转变。杨澜参与公益事业由来已久，曾担任国内各种大型慈善活动的形象大使。在文化圈，杨澜获得过的荣誉不少——中国第一届主持人金话筒奖、泛亚地区 20 位社会与文化领袖之一、北京 2008 年奥运会形象大使等。但是商战显然不是她的强项。这与她自身的职业性格相关，职场上的风云多少要受到职业性格的影响。性格适应职业环境就有利于职业路径的发展，反之则对职业路径有负面作用。所以要找准一个人的职业路径，就要结合其自身的职业性格和职业环境进行综合分析，只有这样得到的结论才是符合职业发展方向的。

有人说，杨澜是这个转型时代的一个符号，是一个有“大智慧”的“小女人”，是职业女性的完美典范。杨澜说：“在各种角色不断转换过程中，我就是想看看自己到底能飞多高。做好主持人，就想做好制片人，做好制片人，就想做好传媒公司。这还不够，我还想做一个好母亲、好太太、好媳妇、好女儿。当这些都加在自己身上的时候，身心会不堪重负。”“不但我个人如此，这也是这一代都市女性的困惑。”杨澜的职业规划是建立在她自身所处职业环境的基础上，对未来职业方向做出的职业生涯规划。在职业发展二维图形中，存在飞多远和飞多高两个维度，飞多远是基础，是你的强项和兴趣，飞多高往往是个人努力和客观环境的综合结果，尤其要受外界环境的影响。杨澜的故事告诉我们，职业发展必须要先认识自己，认识自己的能力、兴趣和外界环境作用的关系，力争主导环境，而不是被环境主导。

资料来源：十位名人的职业规划故事：杨澜．(2014 - 01 - 16)．http：//blog. sina. com. cn/s/blog_dbc0254c0101s1yl. html.

复习思考题

1. 简要评述女性职业生涯研究的几个理论模型。
2. 你认为两性职业生涯发展有何差异？
3. 你认为影响女性职业生涯发展的主要因素有哪些？
4. 从个体角度，女性职业生涯发展障碍的应对措施有哪些？
5. 从组织角度，企业如何保障女性职业生涯发展？

参考文献

[1] Acker S. Creating careers：women teachers at work//Acker S. Gendered education：sociological reflections on women，teaching and feminism. Philadelphia：Open University Press，1994.

[2] Altenbough R J. The irony of gender//Ginsburg M B. The politics of educators' work and lives. New York and London：Garland Publishing，Inc.，1995.

[3] Apple M W. Work，gender and teaching. Teachers College Record，1983，84 (3).

[4] Astin H S. The meaning of work in women's life：a sociopsychological model of career choice and work behavior. The Counseling Psychologist，1984 (12).

[5] Betz D C，Hackett G. The relationship of career-related self-efficacy expectations to perceived career options in college men and women. Journal of Counseling Psychology，1981 (28).

[6] Betz N E，Fitzgerald L F. The career psychology of women. New York：New York Academic Press，1987.

[7] Biklen S K. Teaching as an occupation for women：a case of an elementary school. New York：Education Designs Group，1983.

[8] Biklen S K. School work. New York：Teacher College Press，1995.

[9] Caplow T. The sociology of work. Minneapolis：University of Minnesota Press，1954.

[10] DeFillippi R J，Arthur M B. The boundaryless career：a competency-based perspective. Journal of Organizational Behavior，1994，15 (4).

[11] Farmer H S. Model of career and achievement motivation for women and men. Journal of Counseling Psychology，1985 (3).

[12] Grant R. Women teachers' career pathways：towards an alternative model of "career" //Acker S. Teachers，gender and careers. New York：The Falmer Press，1989.

[13] Griffln G. Teaching as a gendered experience. Journal of Teacher Education，1997，48 (1).

[14] Ibarra H. Personal networks of women and minorities in management：a conceptual framework. Academy of Management Review，1993，18 (1).

[15] Judge T A, et al. An empirical investigation of the predictors of executive career success. Personnel Psychology, 1995, 48 (3).

[16] Levinson D J. The seasons of a man's life. New York: Alfred A. Knopf, 1978.

[17] Luthans F, et al. Positive psychological capital: beyond human and social capital. Business Horizon, 2004, 47 (1).

[18] Mainiero L A, Sullivan S K. Kaleidoscope careers: an alternate explanation for the opt-out revolution. Academy of Management Executive, 2005, 19 (1).

[19] Oakley J G. Gender-based barriers to senior management positions: understanding the scarcity of female CEOs. Journal of Business Ethics, 2000, 27 (2).

[20] O'Connor V. Women and men in senior management: a "Different Needs" hypothesis. Women in Management Review, 2001 (16).

[21] O'Neil D A, Bilimoria D. Women's career development phases: idealism, endurance, and reinvention. Career Development International, 2005, 10 (3).

[22] Ragins B R, et al. Gender gap in the executive suite: CEOs and female executives report on breaking the glass ceiling. Academy of Management Executive, 1998, 12 (1).

[23] Reddin J. High-achievement women//Farmer H S. Diversity & women's career development. Newbury Park, CA: Sage, 1997.

[24] Sullivan S E. The changing nature of careers: a review and research agenda. Journal of Management, 1999, 25 (3).

[25] Super D E. The psychology of careers: an introduction to vocational development. New York: Harper, 1957.

[26] Walder B. Career perspectives of female superintendent in the state of Arizona. Dissertation Abstracts International, 2000, 61 (3).

[27] White B. The career development of successful women. Women in Management Review, 1995 (3).

[28] Witz A, Savage M. The gender of organizations. Sociological Review, 1991, 39 (S1).

[29] 陈聪．职业女性生涯转换历程的叙事研究．上海：华东师范大学，2011.

[30] 程芳，周二华．我国高校女教师的职业发展研究：基于10种管理期刊的实证研究．现代教育管理，2010 (2).

[31] 崔岩．性别职业隔离视野中的现代都市女性白领研究．南宁：广西民族大学，2008.

[32] 邓子鹃．近10年国内女性职业生涯发展研究综述．妇女研究论丛，2013 (3).

[33] 段学红，许丽遐，齐泽旭．中国女性就业与职业生涯发展初探．教育与职业，2008 (8).

[34] 范向丽．饭店女性部门经理职业发展危机研究．泉州：华侨大学，2011.

[35] 傅跃琴．我国女性职业生涯发展研究．重庆：重庆大学，2008.

［36］关培兰，张爱武．职业生涯设计与管理．武汉：武汉大学出版社，2009.

［37］何建华．国外女性职业生涯开发研究现状综述．外国经济与管理，2006（1）.

［38］何建华．组织环境对女性职业生涯发展的影响：基于保险业的实证研究．软科学，2007（5）.

［39］李洁，武勤，任锡源．社会性别意识对博士生职业生涯发展影响研究：北京市高校博士生调查实证研究．中国高教研究，2013（9）.

［40］李静．女性领导力提升的非制度性障碍及对策分析．妇女研究论丛，2012（4）.

［41］李全喜．女性科技工作者职业发展影响因素的三维解析．科学学与科学技术管理，2009，30（12）.

［42］李艳红，万明钢．国外女教师生涯发展研究及其启示．外国中小学教育，2008（4）.

［43］刘世敏，刘淼．领导对“玻璃天花板”的认知对女性下属职业生涯发展的影响．妇女研究论丛，2014（4）.

［44］卢璟，磨玉峰．“玻璃天花板”效应研究综述．商业时代，2008（34）.

［45］罗瑾琏，肖薇．女性职业生涯研究共识与现实矛盾梳理及未来研究展望．外国经济与管理，2012，34，402（8）.

［46］罗青兰，孙乃纪，于桂兰．基于文献分析法的女性高层次人才职业成功影响因素研究．经济经纬，2014，31（2）.

［47］宁本荣，赵晓康．女性公务员职业发展模式：基于内容分析法的研究．上海行政学院学报，2014，15（3）.

［48］舒福灵，卢璟．女性职业生涯升迁障碍因素研究．人民论坛，2011（a12）.

［49］苏津津，李婕．生育对职业女性职业生涯发展的影响及对策．中国人力资源开发，2015（5）.

［50］佟新．职业生涯研究．社会学研究，2001（1）.

［51］王婷丽，刘彦希，饶宇．浅析独立院校女大学生就业难的影响因素．学理论，2012（35）.

［52］魏文凤，闫京华．从职业选择心理特征观察女大学生职业发展．人民论坛，2013（29）.

［53］颜士梅．企业人力资源开发中的性别歧视问题研究．北京：科学出版社，2009.

［54］杨慧．女性高层人才成长面临的挑战：基于职业生涯理论的分析．山西师大学报（社会科学版），2013（3）.

［55］杨丽．中国女性科学家群体状况研究．合肥：中国科学技术大学，2010.

［56］杨平．女大学生职业生涯规划探讨．湖南师范大学教育科学学报，2010，9（3）.

［57］杨晓．职业高原期知识女性生涯发展的策略探究．继续教育研究，2009（9）.

［58］叶文振．提升职业生涯规划意识确保女性职业稳定发展．妇女研究论丛，2014（4）.

[59] 张廷君，张再生．女性科技工作者职业生涯发展模式与对策研究：基于天津的调查．妇女研究论丛，2009（5）.

[60] 张戌凡．无边界职业生涯背景下女性职业发展探析：基于社会性别的视角．南京社会科学，2012（11）.

[61] 张喆，徐红．参政女性职业生涯发展影响因素分析．上海管理科学，2010，32（2）.

[62] 周文霞．构建可持续的职业生涯：积极心理学视角下女性管理者的可持续职业发展探究．清华管理评论，2023（Z2）.

第11章

新技术对职业生涯的冲击与应对

【开篇导读】

20年内这些职业九成人被淘汰

将近70年前美国达特茅斯会议的召开，标志着人工智能正式成为一门新兴的交叉学科。人工智能一般被认为是通过模拟、延伸和扩展人类智能，产生具有类人智能的计算系统。随着硬件、软件、大数据、深度学习等技术发展到一定水平，人工智能已从过去高墙深院的研究演变成推动人类经济、社会发展的新技术引擎。自2016年谷歌研发的AlphaGO战胜人类棋手以来，人们对于人工智能技术的关注热度迅速蹿升。

近年来，中国在人工智能领域交出了漂亮的“成绩单”：天河二号、神威·太湖之光超级计算机相继夺得全球超级计算机500强榜单第一名；越来越多的中国科学家在全球人工智能相关学术会议担任主席；美国白宫的一份报告指出，中国在深度学习（人工智能的一个分支）领域发表的论文数已经超过美国；百度大脑、讯飞超脑等企业的超级人工智能平台也已向谷歌等跨国巨头看齐。

经济学家、国务院参事汤敏接受人民网记者采访时表示，未来20年内，现有的大量工作将会被机器人替代。信贷员、前台和柜台服务员、法务助理、做零售的销售员被机器人夺走饭碗的概率都超过90%；出租车司机、保安、做快餐的厨师的失业概率均会超过80%；程序员和记者的失业概率分别为48%和11%。

人工智能帮助人类提高工作效率、提升生活品质，但同时也会抢走一部分人的饭碗。在人工智能时代，人类需要在哪些方面发力，以使自己能够在竞争中立于不败之地？

汤敏表示，以人工智能、大数据为代表的震撼世界的新科技日益发展，人们的生产生活环境正面临着史无前例的大变化。在人工智能时代，最可怕的是，自己突然发现付出了几十年努力才掌握的知识不再有用武之地了。

机器会替代人类？

咨询公司普华永道预计，到2030年人工智能的发展将带动全球GDP增长14%，相当于15.7万亿美元，其中超过一半来自生产力的提升，这个数字超过中国与印度这两国目前的经济总量之和，而中国GDP预计将增加7万亿美元。在人工智能时代，人类应该如何与时俱进？

创新工场创始人兼 CEO 李开复在新书《人工智能》中指出，以往那些程式化的、重复性的、仅靠记忆与练习就可以掌握的职业技能，几乎一定可以由机器来完成。

“就连医生这种高大上的职业也岌岌可危。”汤敏感慨地说。2017 年 1 月 IBM 公司的沃森机器人来到天津第三中心医院，只用了十多秒钟就为一位胃癌晚期患者开出了精准详细的诊疗方案。中国科学院院士贺林认为，未来 5～20 年，我们如果能够合理充分地利用好人工智能技术，它将会大大提高医院内部的业务效率甚至医院间的转诊协作水平。

打造不可替代性

新科技带来新变化，不同年龄段、来自各行各业的人都存在强烈的焦虑感。我们现在的工作岗位未来会不会消失？掌握哪些职业技能才不会轻易被人工智能抢走饭碗？

在李开复看来，那些最能体现人的综合素质的技能，才是人工智能时代最有价值，最值得培养、学习的技能。例如，人对于复杂系统的综合分析、决策能力，对于艺术和文化的审美能力和创造性思维，由生活经验及文化熏陶产生的直觉、常识，基于人自身的情感与他人互动的能力，等等。

“要打造不可替代性，终身学习比以往任何时候都更迫切。”人工智能研究领域专家、东南大学信息科学与工程学院教授王桥说。人类与其被动地“丢饭碗”，不如主动地学习新技能。在信息技术发展的今天，人们应该更多地学习如何和人工智能共处，并运用新技术来帮助自己提高效率。能够胜任创造性工作或者能与人工智能自如对话的个人或团队，将更具竞争力。

资料来源：人工智能 61 岁　20 年内这些职业九成人被淘汰．（2017－08－15）．http：//scitech. people. com. cn/n1/2017/0815/c1007－29471066. html.

第 1 节　未来技术的主要发展趋势

习近平总书记在党的二十大报告中强调，要“实施科教兴国战略，强化现代化建设人才支撑”，“教育、科技、人才是全面建设社会主义现代化国家的基础性、战略性的支撑”。今天，我们正处于第四次工业革命的时代。随着信息技术的发展，人工智能、物联网、虚拟现实等未来技术的发展方向成为各方关注的焦点。在这个时代里，技术与人对话的能力逐渐提升，不仅能将数据更加直观地呈现在我们眼前，还可以更加智能地利用数据获得人类需要的结果。在这个时代里，人工智能和大数据的应用使企业能用以往难以想象的方式更好地了解、服务客户，解决在复杂多变的环境下更加棘手的挑战。

一、人工智能

目前，国外以微软、谷歌、IBM 等为代表的实力型科技企业都已经进军人工智能行业，不少公司还设立了独立的人工智能实验室。对国内人工智能产业而言，2017 年是腾飞的一年。2017 年 3 月，“人工智能”首次出现在两会政府工作报告中，并成为国家战略，获得了资本、政策的大力支持，产业规模也逐年扩大。《全球人工智能产业发展白皮书（2024年度）》显示，2023年全球人工智能产业规模达7 078亿美元，同比增长19.3%。从中国市场来看，2023年我国人工智能核心产业规模达5 787亿元，同比增长13.9%。2019—2023年，我国人工智能核心产业规模呈快速上升趋势，2023年人工智能核心产业规模是2019年的2.62倍。

人工智能赋予了计算机感知、学习、推理及协助决策的能力，从而使计算机能采用与人类相似的处理方式来解决问题。人工智能不仅是对计算机技术本身的发展，还延伸了人类的体力和脑力（李中斌，涂满章，赵聪，2018）。《新一代人工智能发展白皮书（2017）》认为，人工智能的关键技术包括：（1）视觉。计算机识别图片或视频中内容的能力。（2）语音。计算机理解人类语音中的词汇内容并将其转录成文字的能力。（3）语言。计算机把握语言中的诸多微妙差异和复杂性（例如俚语和惯用语）的能力。（4）知识。计算机理解人、事物、地点、事件等之间关系的能力。

随着大数据、机器学习等计算机技术的进一步发展，人工智能也迎来了新一轮发展浪潮，在一大批细分领域取得了令人瞩目并日臻成熟的研究成果。但即便如此，让这些成果实现产业化和全面应用还有相当长的距离，并且仍旧存在一些潜在的风险和问题。

2017年11月腾讯研究院法律研究中心编译的《AI技术革命对劳动力市场和收入分配的影响》中提到，虽然人工智能算法在识别对象和面孔方面表现突出，但其性能还存在一定的局限性。原因在于，人类可以识别更多数量的图片类别并对图像的上下文和其他方面内容进行推断。因此，人工智能未来开发的挑战在于如何构建在更广泛背景下进行推论的算法，以及推测图像下一步可能发生的情况。

此外，人工智能虽然已经为许多领域带来了变革和创新，但由于现有技术仍在发展之中，人工智能的应用范围还比较窄。因此，未来还需要结合足够的数据和计算能力，使人工智能对相关任务实现最优化处理。例如，赢得围棋游戏，或者最大限度地提高翻译文字或理解言语的准确性等。《中国未来就业的挑战与应对》背景报告表明，人工智能的最新发展方向是实现创造力，进行具有人类特征的工作。

二、大数据

随着新型信息发布方式的不断涌现，以及云计算、物联网等技术的兴起，数据量正以前所未有的速度增加和累积，世界进入了大数据时代。与此同时，大数据时代对我们的思维方式、生活方式和工作方式产生了强烈的冲击，并对公共卫生、生产制造、商贸流通、科学研究、金融保险、行政管理、服务咨询等几乎所有领域产生了深远影响（刘晨，2018；邢晓阳，2014）。

近年来，我国对大数据的重视程度也逐年提升。2015年9月，国务院印发《促进大数据发展行动纲要》，首次明确提出建设数据强国；2015年10月，党的十八届五中全会提出“实施国家大数据战略”，将大数据上升为国家战略。其后，国家政府部门、科技研究院、互联网大企业、传统工业企业等不断发布战略蓝皮书，对未来进行规划布局。

目前，企业和学术界尚未形成对“大数据”的公认定义。权威IT研究与顾问咨询公司 Gartner 将大数据定义为“在一个或多个维度上超出传统信息技术处理能力的极端信息管理和处理问题”。美国国家科学基金会（NSF）将大数据定义为“由科学仪器、传感设备、互联网交易、电子邮件、音视频软件、网络点击流等多种数据源生成的大规模、多元化、复杂、长期的分布式数据集”。拜耳和兰尼（Beyer & Laney，2012）认为，大数据是需要采用新的处理方式才能具有更强的决策力、洞察力和流程优化能力的海量、高增长率和多样化的信息资产。大数据在数据体量、数据复杂性和产生速度三个方面均大大超出了传统的数据形态，也超出了现有技术手段的处理能力，并带来了巨大的产业创新机遇（冯芷艳，等，2013；李文莲，夏健明，2013）。

邬贺铨（2013）总结了大数据技术在宏观经济、制造业、农业、金融、医疗保健等行业的应用。在宏观经济方面，IBM 日本公司建立了经济指标预测系统，从互联网新闻中搜索影响制造业的 480 项经济数据，计算采购经理人指数的预测值。制造业方面，华尔街对冲基金分析了购物网站的顾客评论，了解并预测产品的销售状况。在农业领域，硅谷某气候公司从美国气象局等数据库中获得几十年的天气数据后，将各地降雨、气温、土壤状况与历年农作物产量的相关度做成精密图表，以预测农场来年产量，向农户出售个性化保险。在金融领域，华尔街“德温特资本市场”公司分析 3.4 亿账户留言，了解民众情绪，从而决定公司股票的买入或卖出。在医疗保健领域，“谷歌流感趋势”项目依据网民搜索内容分析全球范围内流感等病疫的传播状况，与美国疾病控制和预防中心提供的报告对比，追踪疾病的精确率达到 97%。

目前，大数据技术的运用仍存在一些困难与挑战。第一，对大数据概念的内涵和外延还未有一个清晰准确的界定。第二，在数据收集和处理方面，要对数据去伪存真，尽可能收集异源甚至是异构的数据，多角度验证数据的全面性和可信性。第三，数据存储和数据安全。要达到低成本、低能耗、高可靠性的目标，通常要用到冗余配置、分布化和云计算技术，在存储时要按照一定的规则对数据进行分类，通过过滤和去重，减少存储量，同时加入便于日后检索的标签。第四，数据处理的复杂性。一些行业中的数据涉及的参数可达上百个，多源异构、多实体和多空间的交互动态性等问题难以用传统的方法进行处理。第五，结果的可视化呈现。目前，尽管计算机智能化有了很大进步，但还只能针对小规模、有结构或类结构的数据进行分析，谈不上深层次的数据挖掘，现有的数据挖掘算法在不同行业中难以通用（钟瑛，张恒山，2013；邬贺铨，2013）。

三、虚拟现实

虚拟现实（virtual reality）是应用计算机技术，模拟出在视觉、听觉、触觉等方面与真实或构想环境高度近似的数字化环境。用户借助头盔显示器、数据手套、运动捕获装置等必要设备，与数字化环境中的对象进行交互，产生亲临其境的感受和体验。根据《虚拟现实产业发展白皮书（2021 年）》，虚拟现实核心技术产品日臻成熟与非接触式经济需求高涨双轮驱动虚拟产业高速发展，全球虚拟现实产业进入新一轮的爆发期。以虚拟现实技术为核心的“元宇宙”（Metaverse）概念热度高涨，微软、英伟达、高通、腾讯、字节跳动、华为等国内外巨头持续发力虚拟现实产业。微软、苹果等科技巨头布局多年，通过投资、收购、自主开发等方式，已基本建立了从硬件、软件、内容、应用到服务的全产业链生态系统。随着技术日趋成熟以及应用加速落地，我国虚拟现实产业发展迅速。中国电子信息产业发展研究院预计，2025年我国虚拟现实产业的规模有望超过2 500亿元，可能带动万亿元的市场规模（陈宇轩，2022）。

虚拟现实技术有三个主要特征，分别是沉浸感、交互性和构想性（杨青，钟书华，2020）。沉浸感是指使用户沉浸在虚拟环境中的程度。虚拟现实系统的核心就是提高用户沉浸度（牟长军，童志伟，2007）。虚拟环境不仅能够还原现实世界的场景，还能够复刻人类社会行为。交互性是指用户与虚拟环境中的对象进行互动并获得自然反馈的行为过程。构想性则是指用户从虚拟环境中获得认知层面上的提升，使思维得到深化和开拓（杨青，钟书华，2020）。

虚拟现实技术的应用形式多样，主要包括VR游戏、VR直播、VR教育培训等。近年来，虚拟现实技术凭借可视化、交互性、沉浸式体验等独特优势，在职业教育中的应用日益广泛。党的二十大报告强调要统筹职业教育、高等教育、继续教育协同创新，“办好人民满意的教育”，为职业教育发展提供了根本指引，也有力提振了职业教育发展信念。职业教育的人才培养以就业为导向，不断适应技术进步与生产方式变革对技能人才的需求。在虚拟现实技术的辅助下，虚实融合的场景化学习能够解决实训环境匮乏的问题，实现多场景流畅衔接的体验学习（郭欣悦，吴峰，邵梁，2021）。

相关链接

数字技术正在影响并重塑职业教育生态

——虚拟现实技术如何打通实训“最后一公里”

“后舱R2门洗手间失火，我来灭火，你去报告，你来辅助……”在北京市昌平职业学校，航空服务系高三学生董涵奇正戴着VR眼镜、手握操纵柄，进行实训。她说，这套虚拟仿真设备能模拟机舱内的不同场景，学生根据场景练习标准口令、应急处置流程等，能更快掌握服务技能。

相对于普通教育，职业教育更注重技能操作。近几年，VR/AR/MR/XR等数字技术凭借可视化、交互性、沉浸式体验等独特优势，在职业教育中的应用日益广泛。2022年10月，教育部等五部门联合印发的《虚拟现实与行业应用融合发展行动计划（2022—2026年）》提出，要在中小学校、高等教育、职业学校建设一批虚拟现实课堂、教研室、实验室与虚拟仿真实训基地，开发一批基于教学大纲的虚拟现实数字课程。

中国教育科学研究院职业教育与继续教育研究所助理研究员王敬杰表示，在职业学校，虚拟现实技术在危险性高、现场安排实习困难以及教学中涉及难以理解的复杂结构等专业领域应用较多，有利于满足学生操作训练需求，同时可以通过沉浸式感官体验进一步激发学生学习兴趣。

从讲授模式到沉浸式学习

“看到模拟场景，感觉自己就在机舱内，按照系统提示一步步操作，就能掌握规范的操作流程。此外，还能在设备上进行模拟考试，针对性也比较强。”董涵奇说。

昌平职业学校航空服务系主任郭婷婷说，该院VR设备引进于2019年，现共有3

台，实训课上学生分组练习，设备内的操作场景实时投影在大屏幕上，现场师生能对该组学生的操作进行观摩点评，系统也会对每次训练进行打分。

“服务类专业比较特殊，有的服务内容是无形的，通过数字化设备模拟现实场景，学生能有更沉浸式的学习体验。”郭婷婷说。

2021年8月，教育部职业教育与成人教育司确定了215个职业教育示范性虚拟仿真实训基地培育项目。

江南造船集团职业技术学校教师喻兴文在接受采访时说，随着造船技术的发展，船舶体积越造越大，内部结构也日益复杂。2015年起，该校开始探索建设船体装配数字化教学模式，并在接下来几年时间里搭建起“船舶制造虚拟工厂”。

“在开发这套设备前，教学模式以教师讲、学生听为主，效率较低。大多数学生入校前对船舶缺乏认知，时常一个知识点需要反复讲解好几遍。”喻兴文说。现在学生戴上VR眼镜，能跟着教师在船舶内部进行三维虚拟漫游，理解起来更加立体和形象。

新技术正在影响并重塑职业教育生态

黄云是江南造船集团职业技术学校焊接技术应用专业的高二学生，他说，刚入学时看到焊接时发出的光会感到恐惧，操作不当还容易烫伤。“在虚拟仿真实训设备上训练，不仅能提前了解掌握焊接工艺、流程、设备参数、焊接姿势等，还能减少因操作不熟练导致的伤害。”

喻兴文表示，虚拟仿真设备还有利于解决实训设备数量不足、教学时长有限等问题。“一般实训课程，班额在40人左右，配备两名实训教师，引入虚拟仿真设备前，学生每节课只能训练一两次，教师指导机会有限，当使用仿真实训平台后，学生能反复训练，把基本功打扎实。”

教育部发布的《职业院校数字校园规范》明确指出，仿真实训资源分为实验软件、实训软件和实习软件，分别针对性解决培养学生分析问题与解决问题的能力、熟悉操作和技能养成、缓解下厂实习难等问题。与此同时，新技术进入职业教育领域，也在学习环境、人才培养模式、教育治理方式等方面产生了深层次影响并重塑职业教育生态。

郭婷婷说，除了在课堂使用虚拟仿真设备进行实训，一些技能大赛、职业技能等级考试等也越来越多地使用这类设备，“新技术的使用也对教师的教学工作提出新的挑战。在使用虚拟仿真设备时，教师自己要先对设备的设计有清楚的了解，才能引导学生掌握使用技术。这也有助于教师提高数字素养”。

2021年，江南造船集团职业技术学校入选教育部高新舰船制造虚拟仿真实训基地，目前基地的“船舶制造虚拟工厂”已经能为船体修造、焊接、安装与维修等9个专业的学生提供实训。

“教师在课堂上引导学生使用船舶仿真实训软件、船舶结构教学平台等进行自主探究、合作学习，教学模式从‘讲-演-练’转变为任务式，充分调动了学生积极性。”喻兴文说。

须坚持应用为王

王敬杰表示，目前数字化技术的应用对职业教育通识类、专业类和实训实践类等课程类型进行有效覆盖，并在一定程度上实现了不同地区、学段、学校、专业的师生共享优质数字教育资源。

“但目前来看，虚拟仿真设备需要配套较高的软硬件设施，需要及时对系统进行改造升级，教育成本和受教育成本相对较高。因此，其在职业学校中尚未得到有效普及。”王敬杰说。

21世纪教育研究院院长熊丙奇提醒说，虚拟现实技术的应用，在一定程度上解决了一些职业院校实习实训场地不足问题，学生能感受实际操作，但是虚拟仿真设备不能作为实习实训的替代品，而应该是辅助学习器具。

此外，职业学校要避免打着教育改革创新旗号，做表面的形象工程，应该关注实际使用效果，注重提高学生培养质量。

2022年5月，教育部部长怀进鹏在国家智慧教育平台试点工作推进会上明确指出：“要坚持应用为王，让师生感到数字化资源确实能用、真的好用、随时爱用。”把师生应用数字化资源多不多、好不好、深不深作为评价教育教学效果的重要依据，由此倒逼教育教学改革。

根据在职业院校的多年工作经验，喻兴文认为，职业院校引进虚拟仿真设备需要有一定的规划，避免盲目。引入仿真教学后产生的数据，需要及时存储、收集和分析，对学生练习效果进行评估，实现教学效果的最大化。

资料来源：数字技术正在影响并重塑职业教育生态：虚拟现实技术如何打通实训“最后一公里”？.（2022-11-23）. https：//tech. chinadaily. com. cn/a/202211/23/WS637ec52da3109bd995a51bba. html.

第2节　新技术对职业和职业生涯的深刻影响

一、新技术给职业带来的变革

几个世纪以来，工业革命带来的技术创新一直在不断地改变职业和工作的性质。如今，信息技术再度发生变革，职业和工作的性质也再次随之改变。当前以人工智能为核心的新一轮信息技术对现有就业的冲击，本质上是对岗位或者岗位中的核心模块进行的替换。麦肯锡全球研究院基于工作模块的逻辑，对2 000多种职业及其具体工作内容进行了调研。调研结果将工作能力分为5大类共18种。这5大类工作能力分别为感知能力、社交和情感能力、认知能力、自然语言处理能力和物理性身体机能能力，完成一项工作任务需要其中一种或几种能力。调研同时指出，目前已实现完全自动化、不需要人力的工作不到5%，但是60%的职业中包含至少30%可完全自动化的内容。其中，在高度稳定与可预测环境下的体力劳动、数据的收集与处理是两类最易受自动化影响的工作。这种工作较多出现于制造业、餐饮旅游业和零售贸易业，以及部分对技能需求不高的职业中。而何大勇等在《取代还是解放：人工智能对金融业劳动力市场的影响》中指出，涉及沟通、专业知识、决策规划、创造性工作以及管理和人才培训开发等的职业受自动化的影响明显较低。

不可否认的是，人工智能可能会导致一大部分劳动力不得不重新寻找合适的岗位。人工智能出现后，人们工作的方式以及对周围世界的需求都发生了翻天覆地的变化。中国发展研究基金会和红杉资本中国基金联合发布的《投资人力资本，拥抱人工智能：中国未来就业的挑战与应对》背景报告中提到，研究机构 Forrester 认为，到 2027 年，人工智能将替代 2 470 万份工作，并创造出 1 490 万份新工作。在第一和第二产业中，有大量重复性强、流程化高、以体力劳动为主的职业很容易被人工智能替代。第三产业中的职业所受影响和威胁相对较小。

二、新技术对组织职业生涯管理的辅助作用

大数据的应用已经融入组织人力资源管理的方方面面，从大数据与组织职业生涯管理二者的联系来看，实际上大数据为组织职业生涯管理提供了重要的辅助规划保障，在组织收集员工职业规划信息方面，更加注重职业规划信息的完整性与精确性，通过大数据整合员工筛选条件以及不同职位任职资格的信息，系统会帮助人力资源部门设计针对员工以及任职人员的一系列锻炼和培训计划，为员工提供有针对性的职业引导和职业规划，让员工可以更好地融入企业的发展并实现个人的发展。从企业层面，基于大数据理念，人力资源部门能够实现对员工信息的深度挖掘，包括员工的应聘申请书、求职意向、升值意愿和职业规划书等；在掌握这些信息后，对所拥有的数据进行量化分析，从而形成员工的立体信息，并据此开展一系列有效的职业生涯培训活动，持续为员工提供培训并开发其就业能力，使其可以更好地完成工作任务。从员工层面，大数据下的组织职业生涯管理，能够帮助员工更清楚地了解自己的目标，将自身的职业规划目标量化，从而更好地进行个体的职业生涯管理，提高决策的可行性（刘晨，2018）。

三、新技术对个体职业生涯的冲击

在人工智能时代，许多人关注自己是否会被人工智能所取代。《机器人崛起》的作者马丁·福特（Martin Ford）警告说："到 2100 年会出现 75%的失业率。"维维科·瓦德瓦（Vivek Wadwa）不甘示弱地宣称，美国 80%～90%的工作在未来 10～15 年内会被消除。事实上这些危言耸听的信息都可以追踪到 2013 年牛津大学研究员奥斯堡（Osborne）和弗雷（Frey）的警告——技术在未来 20 年会摧毁美国 47%的工作。

目前，与技术相关的职业仍然有较大的市场需求，未来也有一定的发展空间。柜员、服务员、销售员等职业今后可能逐渐被技术所取代，但网络工程师、程序员、数据分析师却仍是未来必不可少的职业。此外，随着信息技术的发展，数据科学家、机器人专家和人工智能工程师的需求将大幅增加。

据世界经济论坛统计，技术类专业的学生在大学第一年学到的学科知识中，约 50%在毕业前会过时。在此背景下，很可能导致技术类职业出现大量的关键人才缺失和岗位空缺。此外，技术的发展也会使大多数职业的技能要求发生变化。如果劳动者的技能不能得到转换和提升，适应新的岗位要求，我们不仅不能获得技术进步的好处，还有可能面临就业不充分、分配结构恶化等社会问题。职业教育和社会保障等人力资本投资需要未雨绸缪，积极应对。

一些企业管理者和学术研究者认为，人工智能技术尚处于初步发展期，对就业的影响有限，从如今的状态到成熟期还有较远的距离，因此从短期看其对就业的冲击较为有限（王君，等，2017）。但是我们仍需关注，人工智能可能会取代的、创造出的或改变的工作是什么。即使有些工作岗位会被人工智能取代，但也会有新的岗位被创造出来。

人工智能作为一项新的技术，其对未来职业的影响仍处于未知状态。但以上研究表明，人工智能将会给社会、科技、生活带来难以想象的改变。因此，需要进一步关注人工智能对职业的影响。

第3节　构建可持续职业生涯

党的二十大报告提出，要深入贯彻以人民为中心的发展思想，让人民群众获得感、幸福感、安全感更加充实、更有保障、更可持续。职业生涯是人生的重要组成部分，构建可持续职业生涯是保障人们幸福生活和人生意义的重要途径。在曾经相对稳定的劳动力市场环境下，个体的职业发展边界较为固定，主要依赖组织职业生涯管理（Hall，1976）。然而，当前快速变化和不可预测的全球经济环境使劳动力市场的不确定性日益增大，人们面对的不再是单一固定的职业生涯，而是动态灵活的职业生涯，需要不断调整与适应。因此，可持续职业生涯成为个人、组织和社会越来越关注的问题。

可持续职业生涯是一个周期性的自我调节过程。个体是构建可持续职业生涯的核心。在这个过程中，个体将经历许多积极或消极事件，并对这些经历和事件产生自己的解读，从中展开动态学习。这种动态学习能够使个体逐渐适应甚至影响周围的环境（De Vos，Van der Heijden & Akkermans，2020）。然而，构建可持续职业生涯不仅仅需要个人的职业生涯管理，还需要所有相关各方的积极参与，例如家庭和同事、主管、雇主、教育系统和社会。个体构建可持续职业生涯的主动性可能取决于环境是否为个体主动性营造适合的空间。这些环境因素包括家庭规范、组织政策、国家和文化因素等。因此，构建可持续职业生涯不仅要考虑个体层面的因素，还要考虑其他层面的影响因素。

一、可持续职业生涯的定义和理论框架

可持续职业生涯（sustainable career）理念源自可持续发展（sustainable development）全球倡议。具体而言，可持续职业生涯指的是个体兼顾健康、快乐和生产力的职业生涯经历，是一种能抵御外界不确定性风险，并在长时间历程中实现资源积累与职业生涯发展的经历（吴仲达，梁婧涵，陆昌勤，2023）。近年来，可持续职业生涯成为组织管理研究领域，尤其是生涯管理研究中的重要话题（Van Der Heijden et al.，2020）。

德沃斯等（De Vos，Van der Heijden & Akkermans，2020）提出了一个可持续职业生涯的概念模型（见图11-1），认为健康、快乐和生产力是可持续职业生涯的三个关键指标。其中，健康包括身体和心理健康，指的是职业与个人心理和身体能力的动态匹配；快乐关系到职业与个人价值观、职业目标/工作与生活平衡或个人成长需求的动态

匹配；生产力包括一个人在当前工作中的优异表现以及高就业能力或职业潜力（Heijde & Van der Heijden，2006）。他们认为，从健康、快乐和生产力的角度来看，人与职业的动态契合是可持续职业生涯的核心。这一理论模型基于演绎推理，核心概念（即健康、快乐和生产力）的内涵较为广泛，目前缺少对核心概念较为统一的测量方式。因此，很难根据对核心概念的测量和评价来判断个体职业生涯的可持续性（Chin，Jawahar & Li，2022）。

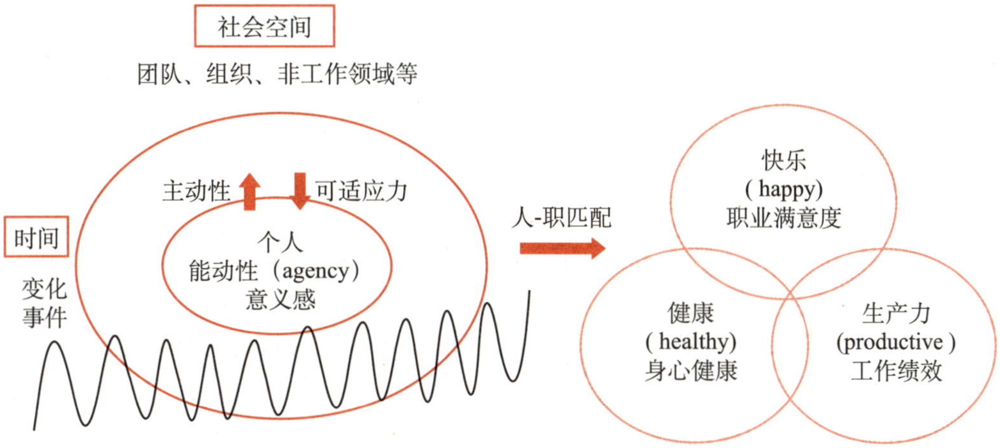

图 11－1　德沃斯等提出的可持续职业生涯理论模型

资料来源：De Vos A，Van der Heijden B I J M，Akkermans J. Sustainable careers：towards a conceptual model. Journal of Vocational Behavior，2020，117.

纽曼（Newman，2011）通过演绎推导的方式提出了研究可持续职业生涯的另一个理论框架。他提出了受到认可的可持续职业生涯定义，认为可持续职业生涯具有可再生性、灵活性和综合性三个显著特点。可再生性意味着能够不断更新、延伸，使个体不断巩固、反思、重新调整职业生涯发展方向。灵活性意味着可持续职业生涯需要个体具有敏捷性，能快速适应不断变化的环境。综合性则代表价值观与行动的一致和联系。覃大嘉等（Chin et al.，2019）扩展了这一理论框架，增加了第四个因素，即资源丰富性。他们认为，鉴于瞬息万变的商业环境，丰富的资源是保持职业生涯可持续发展的核心。人们需要充分利用自己的资源避免失业，保证收入来源稳定。

尽管可持续职业生涯在学术研究中受到越来越多的关注，但相关研究仍然处于起步阶段。国外研究探讨了可持续职业生涯和人力资源管理政策（De Vos & Van der Heijden，2017）、老龄化和动机（Akkermans et al.，2016）、学习敏捷性（Anseel，2017）和可雇佣性（Veld，Van der Heijden & Semeijn，2016）的关系。也有研究关注不同群体可持续职业生涯的构建，如母亲（Herman & Lewis，2012）、残疾人士（Baldridge & Kulkarni，2017）。相比国外研究，国内对可持续职业生涯的研究起步较晚。周文霞等（2022）对 4 288 名来自全国各地不同行业的人力资源从业者进行调查，结果表明，感恩特质能够提升个体的工作投入，进而提升职业满意度、健康和可雇佣性，对人力资源从业者的可持续职业生涯具有积极作用。吴仲达、梁婧涵和陆昌勤（2023）对可持续职业生涯的提出背景、概念界定、理论解读、影响因素进行了回顾和梳理，进一步从个体、组织以及非工作领域提出了构建可持续职业生涯的方法，并提出了未来研究的可能方向。此外，还有研究者从可持续职业生涯的角度对大学生职业规划（徐原，李莹，2017）和工作重塑行为（王琼，2022）进行了探讨。

二、如何构建可持续职业生涯

如今的职业环境下，组织结构和形式不断发生变化，组织、工作和角色的边界也逐渐模糊，增加了职业生涯的不确定性（Arthur，1994；Briscoe & Hall，2006）。在不确定的职业环境中，个体如何在保持高效率和高生产力的前提下维持身心健康并快乐工作，构建可持续职业生涯，需要引起社会、组织和研究者的重视。

1. 个体层面

传统意义上的职业成功，通常采用薪资、晋升、职级等客观指标来衡量（Hall，1976）。然而，随着现代职场和劳动力市场流动性以及职业生涯无边界特征的凸显，越来越多的职场人正在经历不断变化的职业生涯发展轨迹，传统的客观职业成功不再是评判个体职业生涯成功的唯一标准，职业生涯领域开始重视主观职业成功，例如职业满意度、职业成就感、幸福感等与个体快乐体验相关的因素（吴仲达，梁婧涵，陆昌勤，2023）。周文霞等（Zhou et al.，2013）认为职业成功的评价标准可以分为三个维度，即外在报酬、内在满足与和谐平衡。梅格利诺和拉夫林（Meglino & Ravlin，1998）研究发现，价值观会通过影响个人的态度而影响一个人的生活和工作方式，进而对其生活和工作的结果产生决定性作用。为构建可持续职业生涯，个体应该根据自身的职业成功评价体系，调整生活和工作方式，提升职业生涯适应力。

个体在组织内外的社会互动关系与互动质量都会影响其职业生涯的可持续性（Greenhaus & Kossek，2014）。家庭是组织之外非常重要的社会空间。在工作方式变化和技术融入生活的现实情境下，工作与家庭不再被视为相互独立的领域，而是不断互相渗透、互相影响的（Greenhaus & Powell，2012）。个体为了实现工作-家庭平衡需要关注以下几个方面：第一，从毕生发展理论的视角考虑，个体需要注重时间的可持续性。工作-家庭平衡作为个体对自己在工作和家庭中多重角色平衡与否的评价指标，并非一个静态的概念。理解工作-家庭平衡需要从动态的视角，考虑长期生命历程中可能经历的变化与冲击。第二，从自我决定理论的视角考虑，个体需要根据工作-家庭互动关系的变化来优化其职业生涯决策，主动在工作内容和工作规划等方面做出适应与调整。第三，可持续职业生涯也包含个体与组织内外多种社会空间的良性互动（吴仲达，梁婧涵，陆昌勤，2023）。

2. 组织层面

基于资源保存理论，实现可持续职业生涯不仅需要个体资源的积累，也需要个体所处的社会空间能够提供充足、有效的环境资源支持。因此，个体的职业生涯发展需要来自组织方面的支持，尤其需要组织层面人力资源管理所给予的资源支持（De Vos & Van der Heijden，2015；吴仲达，梁婧涵，陆昌勤，2023）。近年来，随着以人为导向（或员工导向）的管理理念的日益兴起，不少学者呼吁将职业健康与员工幸福感纳入人力资源管理体系（Peccei & Van de Voorde，2019；吴仲达，梁婧涵，陆昌勤，2023）。

此外，许多学者尝试将可持续理念与人力资源管理相结合，积极探索可持续发展与人力资源管理之间的关系。在此背景下，可持续人力资源管理（sustainable HRM）概念应运而生。可持续人力资源管理认为组织的人力资源管理需要在经济效益和社会效益之间取得平衡，区别仅在于对经济竞争力、积极的社会效益与生态效益各方面的重视和投入程度存在差异（蒋建武，张凤鸣，林莉莉，2017）。目前，可持续人力资源管理是实现可持续职业生涯不可或缺的组织措施，也是对“如何在不确定环境下构建可持续职业生涯”这一议题在组织层面的回应（吴仲达，梁婧涵，陆昌勤，2023）。

第 4 节　拥抱新技术，发展职业生涯

一、政府层面

1. 劳动力市场政策、教育和再培训

技术变革正在重新定义劳动力市场的技能需求，因此为当下和未来的员工提供适当的技能教育是政策的重要落脚点。除校内学习和职业培训以外，支持早期教育、强化职业技能培训也至关重要。当前人工智能对劳动者的冲击较小，但随着人工智能的发展，未来人工智能在产业结构中的比重会逐渐增大。为应对产业结构和经济结构的变革，政府应推出有效的劳动力市场政策，完善现有的教育体系，强化职业技能培训，从而全面提升劳动力素质（亓红强，2018）。公共和私营部门应共同参与设计基于工作的学习和教育培训体系，鼓励企业在内部加大对在岗学习和技能提升的投入，将之作为引导企业履行社会责任的重要组成部分。此外，政府还应积极与职业培训机构开展合作，并且结合人工智能技术来完善和强化职业技能评估认证体系，从而提高职业培训的质量。应鼓励相关部门将人工智能技术应用到职业培训领域中，并借助人工智能技术来提高管理职业培训的安全性。

2. 社会保障和公平分配

人工智能对个体职业生涯的冲击加速了知识技能的更新速度和劳动力市场的流动性，使一部分工人存在失业风险，而非标准就业（技术驱动）和非正式工作的增加也使许多工人在疾病、工伤和养老等方面得不到充分的保护。为有效解决这些问题，政府要完善社会保险体系和社会保障制度，为劳动者提供保护。

首先，保持劳动合同签订率，维护合法的劳动权益，营造公平的就业环境。政府可以利用互联网平台，为个体提供就业、再就业及创业指导，健全适应智能经济和智能社会需要的终身学习和职业培训体系（刘晓莉，许艳丽，2018）。

其次，制定合理先进的税收和分配政策。虽然造成大多数国家不平等现象的原因是多样的，但快速的技术变革导致了员工与员工之间、员工与和企业所有者之间的薪酬不平等现象。更为先进的税收政策可以确保新技术的利益得到广泛分享，产生更多的公共资源，为重新分配和建设全民社会保护体系提供物质支持。降低个人所得税可以鼓励就

业，减少对再分配的需要，而对新技术征税则会影响经济增长和技术采用，减少再分配来源。

二、企业层面

首先，企业应抓住转型升级的机会，将组织职业生涯管理与人力资源管理战略相结合，提升企业效率，提升企业劳动力素质，建立完善的人才发展通道。另外，企业管理者及人力资源主管部门应强化职业生涯管理工作，完善企业的人才发展布局，从市场角度及企业自身需求出发，实现企业人力资源的优化配置，并使管理者在传统人力资源管理模式中实现突破与发展。

其次，完善数据管理流程和技术，建立人工智能和大数据时代下的职业生涯管理体系。大数据时代下，数据规模大、类型多、增长和变化的速度快，数据质量很难保证。因此，企业应从流程、技术和管理三个视角出发，对大数据进行管理（宗威，吴锋，2013）。何军（2014）认为，在使用数据之前需对多源数据进行清洗、抽取和集成，保证数据的质量和可靠性，再采用统一结构来存储这些数据。利用人工智能和大数据，企业能够建立、实施、优化完善的职业生涯管理体系。如针对员工职业生涯发展建立信息管理系统，了解员工在当前职业下进一步发展的需求，以便有针对性地开展组织职业生涯管理工作及对员工发展实施良好的职业规划。此外，职业生涯规划师可借职业测评系统了解应聘者与岗位的匹配程度，同时还可以测评应聘者的通用能力及核心能力，给企业提供准确的招聘建议，为应聘者提供职业生涯发展建议（高铭禧，2019；李中斌，涂满章，赵聪，2018）。

三、个体层面

人工智能将颠覆现有的很多职业，个体如何进行合理的职业生涯规划是一个现实且紧迫的问题。

人工智能时代的到来，迫使人才必须提升个人素质，以满足新技术的挑战。亟须提升的素质包括两个方面，即硬性技术能力和软性素质能力。在硬性技术能力上，随着未来人工智能技术的逐渐发展，企业对计算机科学技术人才的需求可能会越来越旺盛。而在企业实践中，企业将需要更多既掌握专业技术又具备良好软性素质能力的复合型人才。这类人才往往具有交叉学科背景，并且具备“硬性技术＋软性素质”的综合素质。同时，他们还需要具备快速学习能力、跨界合作能力与沟通能力，从而将人工智能技术应用到各行业中。

除了与人工智能技术相关的人才，人工智能时代对劳动力市场整体人才素质和人才培养的要求也发生着潜移默化的影响。《人工智能时代》的作者杰瑞·卡普兰提出，越是懂得面对面沟通、能够触类旁通地在职业交界处发现机会的人，越是机器所无法取代的。此外，人工智能对个体职业生涯的冲击也给现有的职业教育和职业培训体系提出了挑战。职业是社会分工的产物，在满足社会的需求、适应专业化的发展中，职业规划和职业教育具有重要作用。因此，在就业准备期人们都需要进行职业规划与教育，使自身获得必要的技能和知识，满足社会发展的需要（高奇琦，李松，2017）。

总而言之，人工智能时代的到来，一方面通过机器取代人显示了人与机器之间的博弈，另一方面通过机器需要人的创造、应用与优化体现了技术进步对人才素质要求的提高。我们可以看出，新技术的诞生，不仅需要创造技术的人才，同时也需要具有应用与沟通能力的人才，以把高阶的技术成果实际应用到生产与生活中去。

相关链接

把握职业变迁，变是唯一真理

旅游体验师、数字视频策划制作师、宠物美容师、农场经理人……2017 年 5 月 1 日的《光明日报》刊发报道《你的职业过时了吗》，聚焦不断涌现的新职业，也梳理了一些传统职业的消亡，如铅字工、货郎等。

人力资源和社会保障部、国家质检总局和国家统计局编制的 2015 版《中华人民共和国职业分类大典》，与 1999 年第一版相比，新增 347 个职业、取消 894 个职业，共计减少 547 个职业。

什么样的职业可能在若干年后消失？职业变迁对人们来说意味着什么？其变迁规律又给我们带来哪些启示？

职业变迁见证着时代变迁。之前，人们用“铁饭碗”来形容一份工作或者职业的稳定性，但事实上，不少当年的“铁饭碗”如今都端不住也没人端了。比如，铅字工、寻呼台传呼员、粮油票证管理员等。因为铅字排版早已被激光照排取代，寻呼机、粮票某种程度上成了一些家庭的“历史收藏”。同时，一些新的职业和岗位应运而生，快递小哥、外卖小哥成为不少人获得“居家生活之必备”的关键。可见，有些职业被淘汰、有些职业成新宠，而这恰恰说明了经济的发展、科技的进步、社会的变迁。

职业变迁成就了品质生活。今天，很多职业的兴起缘于人们需求的多元和细化，这些需求的产生跟物质生活极大进步和丰富有关，而对这些需求的满足也将进一步提升人们生活的品质和乐趣。比如，陪跑师——不是既想减肥锻炼身体又没毅力没动力吗，有人可以提供专门的陪伴，还可以帮忙制定科学健康的锻炼计划；私人旅游策划师——“身体和灵魂总要有一个在路上”是时下不少人推崇的生活方式，私人旅游策划师可以为一些旅游爱好者量身打造出游计划；还有酒店试睡员、美甲师、宠物美容师等，这些职业提供的服务使我们的生活更加多姿多彩。

职业变迁更大的意义或者说启示在于一种求新求变的意识。诸多新职业的涌现其实是基于互联网和共享经济所进行的创新创造。比如，网约车司机、数据分析师、云服务专家、朋友圈包装师、新媒体运营师等，有些职业和服务甚至可以说是“只有你想不到没有人家做不到”的。就好比共享单车的投放和发展，不仅救活了一些本不景气的自行车生产企业，而且使得不少自行车修理工重回岗位；不仅带动了新的就业，而且使传统职业“焕发新生”——谁能否认这是创新创造结出的硕果？其设计的初衷其实很单纯，解决“最后一公里”的出行需求，同时免去私家自行车保养、防盗、存放等成本。事实证明，对这个想法和设计，人们很买账。在大众创业、万众创新的时代，有时候市场和消费群体就在那里，关键要看有没有填补空白或者发明创造的意识，有没有从公众需求出发的思维。

当然，有些新职业可能会带来一些新问题、新博弈，发展中可能生出一些枝节，比如，网约车司机的素质和乘客的安全问题，网络主播的直播界限尺度问题，代驾的安全和责任承担问题，包括由此带来的服务平台与具体劳动者之间关系的确定问题。解决好这些问题亦是发展进步的过程。

穷则变，变则通，通则久。时代迅猛发展，有的职业注定会随着时代的发展而过时、消亡，甚至被机器人取代。就普通劳动者而言，要使自己的职业生涯保持平稳、立于不败之地，有一定的超前眼光十分必要，并且还要努力学习新知识、掌握新技能。就全社会而言，要迎接、顺应这种时代的发展变化，就要鼓励、珍视创造性劳动，培养、储备更多创新型、复合型人才。

资料来源：林琳．把握职业变迁，变是唯一真理．（2017-05-03）．http：//opinion. people. com. cn/n1/2017/0503/c1003-29251188. html.

复习思考题

1. 你认为哪些新技术的发展已经或将影响人们的职业和职业生涯管理？
2. 新技术对职业和职业生涯的影响主要体现在哪些方面？
3. 你如何看待人工智能对职业的冲击？
4. 你认为什么样的职业生涯是可持续职业生涯？你将如何规划你的职业生涯，从而在职业领域获得可持续发展？
5. 政府、企业和个体如何应对新技术给职业及职业生涯管理带来的挑战？
6. 你认为个体如何在未来的竞争中获得职业成功？

参考文献

[1] Akkermans J，et al. What about time? Examining chronological and subjective age and their relation to work motivation. Career Development International，2016，21（4）.

[2] Anseel F. Agile learning strategies for sustainable careers：a review and integrated model of feedback-seeking behavior and reflection. Current Opinion in Environmental Sustainability，2017，28.

[3] Arthur M B. The boundaryless career：a new perspective for organizational inquiry. Journal of Organizational Behavior，1994，15（4）.

[4] Baldridge D C，Kulkarni M. The shaping of sustainable careers post hearing loss：toward greater understanding of adult onset disability，disability identity，and career transitions. Human Relations，2017，70（10）.

[5] Beyer M A，Laney D. The importance of "big data"：a definition. Stamford，CT：Gartner，2012.

[6] Briscoe J P，Hall D T. The interplay of boundaryless and protean careers：combinations and implications. Journal of Vocational Behavior，2006，69（1）.

[7] Chin T, et al. Career sustainability during manufacturing innovation: a review, a conceptual framework and future research agenda. Career Development International, 2019, 24 (6).

[8] Chin T, Jawahar I M, Li G. Development and validation of a career sustainability scale. Journal of Career Development, 2022, 49 (4).

[9] De Vos A, Van der Heijden B I J M. Handbook of research on sustainable careers. Cheltenham: Edward Elgar Publishing Limited, 2015.

[10] De Vos A, Van der Heijden B I J M. Current thinking on contemporary careers: the key roles of sustainable HRM and sustainability of careers. Current Opinion in Environmental Sustainability, 2017, 28.

[11] De Vos A, Van der Heijden B I J M, Akkermans J. Sustainable careers: towards a conceptual model. Journal of Vocational Behavior, 2020, 117.

[12] Greenhaus J H, Kossek E E. The contemporary career: a work-home perspective. Annual Review of Organizational Psychology and Organizational Behavior, 2014, 1.

[13] Greenhaus J H, Powell G N. The family-relatedness of work decisions: a framework and agenda for theory and research. Journal of Vocational Behavior, 2012, 80 (2).

[14] Hall D T. Careers in organizations. Glenview, IL: Scott, Foresman, 1976.

[15] Heijde C M V D, Van der Heijden B I J M. A competence-based and multidimensional operationalization and measurement of employability. Human Resource Management, 2006, 45 (3).

[16] Herman C, Lewis S. Entitled to a sustainable career? Motherhood in science, engineering, and technology. Journal of Social Issues, 2012, 68 (4).

[17] Meglino B M, Ravlin E C. Individual values in organizations: concepts, controversies, and research. Journal of Management, 1998, 24 (3).

[18] Newman K L. Sustainable careers: lifecycle engagement in work. Organizational Dynamics, 2011, 40 (2).

[19] Peccei R, Van de Voorde K. The application of the multilevel paradigm in human resource management-outcomes research: taking stock and going forward. Journal of Management, 2019, 45 (2).

[20] Van Der Heijden B, et al. Sustainable careers across the lifespan: moving the field forward. Journal of Vocational Behavior, 2020, 117.

[21] Veld M, Van der Heijden B I J M, Semeijn J H. Home-to-work spillover and employability among university employees. Journal of Managerial Psychology, 2016, 31 (8).

[22] Zhou W, et al. Criteria of career success among Chinese employees: developing a multidimensional scale with qualitative and quantitative approaches. Journal of Ca-

reer Assessment，2013，21 (2).

[23] 陈宇轩．我国虚拟现实产业：加速与千行百业融合，工业生产、医疗、教育等领域是热点．(2022-12-09)．http：//www.cac.gov.cn/2022-12/09/c_1672213783775625.htm.

[24] 冯芷艳，等．大数据背景下商务管理研究若干前沿课题．管理科学学报，2013，16 (1).

[25] 高铭禧．大数据时代下企业人力资源管理的变革．现代商贸工业，2019，40 (8).

[26] 高奇琦，李松．从功能分工到趣缘合作：人工智能时代的职业重塑．上海行政学院学报，2017 (6).

[27] 郭欣悦，吴峰，邵梁．职业教育虚实融合场景化学习活动设计研究．中国电化教育，2021 (2).

[28] 何军．大数据对企业管理决策影响分析．科技进步与对策，2014，31 (4).

[29] 胡建文．元宇宙需要数字版权保护吗?：虚拟现实技术生成场景内容可版权性的视角．江西社会科学，2022，42 (6).

[30] 蒋建武，张凤鸣，林莉莉．可持续人力资源管理研究：实践体系与理论模型．中国人力资源开发，2017 (10).

[31] 李文莲，夏健明．基于"大数据"的商业模式创新．中国工业经济，2013 (5).

[32] 李中斌，涂满章，赵聪．人工智能时代下精准职业生涯规划探析．价值工程，2018，37 (31).

[33] 刘晨．大数据时代的组织职业生涯管理新视角．就业与保障，2018，203 (7).

[34] 刘晓莉，许艳丽．技能偏好型技术进步视阈下人工智能对技能人才就业的影响．中国职业技术教育，2018，667 (15).

[35] 牟长军，童志伟．综述虚拟现实技术及其应用．装备制造技术，2007 (1).

[36] 亓红强．智能技术对就业影响几何．人民论坛，2018，602 (21).

[37] 王君，等．人工智能等新技术进步影响就业的机理与对策．宏观经济研究，2017 (10).

[38] 王琼．职业可续视角下的工作重塑行为研究：动力、路径及干预机制．心理科学进展，2022，30 (3).

[39] 邬贺铨．大数据时代的机遇与挑战．求是，2013 (4).

[40] 吴仲达，梁婧涵，陆昌勤．可持续职业生涯：概念、管理策略与研究展望．外国经济与管理，2023，45 (6).

[41] 邢晓阳．大数据时代大学生职业生涯规划课程教学的创新探索．郑州师范教育，2014 (5).

[42] 徐原，李莹．基于可持续发展的大学生职业生涯规划．中国成人教育，2017 (8).

[43] 杨青，钟书华．中国虚拟现实技术发展研究：回顾与展望．科学管理研究，

2020，38 (5).

[44] 钟瑛，张恒山．大数据的缘起、冲击及其应对．现代传播（中国传媒大学学报)，2013，35 (7).

[45] 周文霞，等．常怀感恩，持续发展：感恩对人力资源从业者可持续职业生涯的积极作用．中国人力资源开发，2022，39 (10).

[46] 宗威，吴锋．大数据时代下数据质量的挑战．西安交通大学学报（社会科学版)，2013，33 (5).

中国人民大学出版社　管理分社

教师教学服务说明

中国人民大学出版社管理分社以出版工商管理和公共管理类精品图书为宗旨。为更好地服务一线教师，我们着力建设了一批数字化、立体化的网络教学资源。教师可以通过以下方式获得免费下载教学资源的权限：

★ 在中国人民大学出版社网站 www.crup.com.cn 进行注册，注册后进入“会员中心”，在左侧点击“我的教师认证”，填写相关信息，提交后等待审核。我们将在一个工作日内为您开通相关资源的下载权限。

★ 如您急需教学资源或需要其他帮助，请加入教师 QQ 群或在工作时间与我们联络。

中国人民大学出版社　管理分社

教师 QQ 群： 648333426（工商管理）　114970332（财会）　648117133（公共管理）
教师群仅限教师加入，入群请备注（学校＋姓名）

联系电话： 010-62515735，62515987，62515782，82501048，62514760

电子邮箱： glcbfs@crup.com.cn

通讯地址： 北京市海淀区中关村大街甲 59 号文化大厦 1501 室（100872）

管理书社　　人大社财会　　公共管理与政治学悦读坊